U0960791

“营改增”企业财会知识读本

胡冬鸣　编著

中国财经出版传媒集团
中国财政经济出版社

图书在版编目（CIP）数据

“营改增”企业财会知识读本/胡冬鸣编著．—北京：中国财政经济出版社，2017.6

ISBN 978－7－5095－7421－8

Ⅰ.①营…　Ⅱ.①胡…　Ⅲ.①企业管理－财务管理－基本知识　Ⅳ.①F275

中国版本图书馆 CIP 数据核字（2017）第 076269 号

责任编辑：陈志伟　　　　　　责任校对：胡永立

封面设计：孙俪铭

中国财政经济出版社 出版

URL：http：//www.cfeph.cn

E－mail：cfeph @ cfeph.cn

社址：北京市海淀区阜成路甲 28 号　邮政编码：100142

营销中心电话：88190406　北京财经书店电话：64033436　84041336

北京财经印刷厂印刷　各地新华书店经销

787×1092 毫米　16 开　15.75 印张　232 000 字

2017 年 7 月第 1 版　2017 年 7 月北京第 1 次印刷

定价：39.00 元

ISBN 978－7－5095－7421－8

（图书出现印装问题，本社负责调换）

本社质量投诉电话：010－88190744

打击盗版举报热线：010－88190414　QQ：447268889

前　言

李克强总理指出：全面实施“营改增”，是深化财税体制改革、推进经济结构调整和产业转型的“重头戏”。李克强总理在此前多个场合表示，“营改增”有利于消除重复征税，减轻企业负担，促进工业转型、服务业发展和商业模式创新，是一项“牵一发而动全身”的改革。

营业税曾在历史上与增值税一起共同构成了我国流转税类中的主体税种。“营改增”在全国的推开大致经历了以下三个阶段：2011 年，经国务院批准，中华人民共和国财政部和国家税务总局联合下发“营改增”试点方案。从 2012 年 1 月 1 日起，在上海交通运输业和部分现代服务业开展营业税改征增值税试点。自 2012 年 8 月 1 日起至 2012 年年底，国务院又扩大“营改增”试点至 8 个省市；2013 年 8 月 1 日，“营改增”范围已推广到全国试行，将广播影视服务业纳入试点范围。2014 年 1 月 1 日起，铁路运输和邮政服务业纳入营业税改征增值税试点，至此交通运输业已全部纳入“营改增”范围；2016 年 3 月 18 日召开的国务院常务会议决定，自 2016 年 5 月 1 日起，在国内全面推开“营改增”，将建筑业、房地产业、金融业、生活服务业全部纳入“营改增”试点范围。至此，营业税最终退出历史舞台，并被增值税完全取代。这是自 1994 年分税制改革以来，财税体制的又一次深刻变革，是党中央、国务院根据经济社会发展新形势，从深化改革的总体部署出发做出的重要决策，目的是加快财税体制改革，进一步减轻企业赋税，调动各方积极性，促进服务业尤其是科技等高端服务业的发展，促进产业和消费升级，培育新动能，深化供给侧结构性改革。

为了能够帮助广大基层财务人员对“营改增”的主要法规文件有一个比较全面系统的理解，特别是对“营改增”后相关经济业务的会计处理方式方法的改变有一个全面的学习过程，作者编写了这本财会知识读本，对在“营改增"推进过程中的主要做法进行了介绍，同时对"营改增"过程中出现的一些疑难问题进行了解答，希望能够对广大基层财务工作者在"营改增"过程中准确理解与把握相关政策提供较大的帮助与启发。当然，"营改增"的过程是一个系统而漫长的过程，随着"营改增"的不断深入，许多问题还会不断反映出来，因而对于作者来讲也是一个学习与探索的过程。由于成书时间短促，书中难免有欠妥或缺乏深思熟虑之处，恳请广大读者阅读后给予指教。

编者写于香雪兰溪

2017 年 5 月 24 日

目 录

1. 增值税的一般纳税人、小规模纳税人和扣缴义务人的规定

在中华人民共和国境内销售服务、无形资产或者不动产的单位和个人为增值税纳税人，应当依照税法规定缴纳增值税。其中，销售服务、无形资产或者不动产具体包括：销售交通运输服务、邮政服务、电信服务、建筑服务、金融服务、现代服务、生活服务、无形资产或者不动产。单位包括：企业、行政单位、事业单位、军事单位、社会团体及其他单位。个人包括：个体工商户和其他个人。其他个人是指除了个体工商户外的自然人。

单位以承包、承租、挂靠方式经营的，承包人、承租人、挂靠人以发包人、出租人、被挂靠人名义对外经营并由发包人承担相关法律责任的，以该发包人为纳税人；否则，以承包人为纳税人。其中，承包经营企业是指发包方在不改变企业所有权性质的前提下，将企业发包给经营者承包，经营者以企业名义从事经营活动，并按合同分享经营成果的经营方式；承租经营企业是指在所有权性质不变的前提下，出租方将企业租赁给承租方经营，承租方向出租方交付租金并对企业实行自主经营，在租赁关系终止时返还所租财产；挂靠经营企业是指企业、合伙组织、个体户或者自然人与另外的一个经营主体达成依附协议，然后依附的企业、个体户或者自然人将其经营的财产纳入被依附的经营主体名下，并对外以该经营主体的名义进行独立核算的经营活动。

增值税纳税人分为一般纳税人和小规模纳税人两种。应税行为的年应征增值税销售额超过中华人民共和国财政部（以下简称“财政部”）和国家税务总局规定标准的纳税人为一般纳税人，未超过规定标准的纳税人为小规模纳税人。年应税销售额超过规定标准的其他个人不属于一般纳税人。年应税销售额超过规定标准但不经常发生应税行为的单位和个体工商户可选择按照小规模纳税人纳税。

应税行为年销售额标准为500万元（含500万元）。应税行为年销售额超过500万元的纳税人为一般纳税人；应税行为年销售额未超过500万元的纳税人为小规模纳税人。财政部和国家税务总局可以根据试点情况对年应税销售额标准进行调整。其中，年应税销售额是指纳税人在连续不超过12个月的经营期内累计应征增值税销售额，含减免税销售额、提供境外应税行为销售额以及

按照规定已从销售额中差额扣除的部分。如果该销售额是含税的，应按照适用税率或征收率换算为不含税销售额。

应税销售额未超过规定标准的纳税人会计核算健全，能够提供准确税务资料的，可以向主管税务机关申请一般纳税人资格认定，成为一般纳税人。其中的"会计核算健全"是指能够按照国家统一的会计制度规定设置账簿，根据合法、有效凭证核算。其中的"能够提供准确税务资料"是指能够按照增值税规定如实填报增值税纳税申报表及其他税务资料，按期申报纳税。是否做到"会计核算健全"和"能够准确提供税务资料"，由小规模纳税人的主管税务机关来认定。除国家税务总局另有规定外，一经认定为一般纳税人后，不得转为小规模纳税人。

根据《增值税一般纳税人资格认定管理办法》（国家税务总局令第 22 号）第三条规定，增值税纳税人，年应税销售额超过财政部和国家税务总局规定的小规模纳税人标准的，除个体工商户以外的其他个人、选择按照小规模纳税人纳税的非企业性单位、选择按照小规模纳税人纳税的不经常发生应税行为的企业外，应当向主管税务机关申请一般纳税人资格认定。该管理办法第四条规定，年应税销售额未超过财政部、国家税务总局规定的小规模纳税人标准但有固定的生产经营场所，能够按照国家统一的会计制度规定设置账簿，根据合法、有效凭证核算，能够提供准确税务资料以及新开业的纳税人，可以向主管税务机关申请一般纳税人资格认定。

根据《国家税务总局关于调整增值税一般纳税人管理有关事项的公告》（国家税务总局公告 2015 年第 18 号）的条文规定，自 2015 年 4 月 1 日起，增值税一般纳税人实行登记制，纳税人只需要向主管税务机关填报"增值税一般纳税人资格登记表"，符合条件的即可登记为一般纳税人。

中华人民共和国境外单位或者个人在境内发生应税行为，在境内未设有经营机构的，以购买方为增值税扣缴义务人。财政部和国家税务总局另有规定的除外。从法律层面讲，扣缴义务人是指法律、行政法规规定负有代扣代缴、代收代缴税款义务的单位和个人。扣缴义务人既可以是各种类型的企业，也可以是机关、社会团体、民办非企业单位、部队、学校和其他单位，或者是个体工商户、个人合伙经营者和其他自然人。扣缴义务人不是纳税人，自然也不承担相应的纳税义务。实际上扣缴义务人的义务是第三人根据税法的规定所承担的公法上的义务，就这种义务本身来看，是扣缴义务人自己的义务，而非他人的义务。扣缴义务人的扣留收取义务、申报义务和填发义务的性质是扣缴义务人履行一定行为的义务。扣缴义务人扣缴义务的存在，并不取消或影响纳税人的存在，也没有改变纳税人的地位。负担税款缴付义务的仍然是纳税人。

两个或者两个以上的纳税人，经财政部和国家税务总局批准可以视为一个纳税人合并纳税。该条是对两个或两个以上的纳税人，可以视同为一个纳税人合并纳税的规定。2013 年 10 月 24 日，财政部和国家税务总局在《总分机构试点纳税人增值税计算缴纳暂行办法》的通知中，规定了总机构应当汇总计算总机构及其分支机构发生《应税服务范围注释》所列业务的应交增值税，抵减分支机构发生《应税服务范围注释》所列业务已缴纳的增值税税款（包括预缴和补缴的增值税税款）后，在总机构所在地解缴入库。总机构销售货物、提供加工修理修配劳务，按照《中华人民共和国增值税暂行条例》及相关规定就地申报缴纳增值税。其中，总机构汇总的应征增值税销售额，为总机构及其分支机构发生《应税服务范围注释》所列业务的应征增值税销售额。总机构汇总的销项税额，是按照暂行办法规定的应征增值税销售额和增值税适用税率计算出的销项税额。总机构汇总的进项税额，是指总机构及其分支机构因发生《应税服务范围注释》所列业务而购进货物或者接受加工修理修配劳务和应税服务，支付或者负担的增值税税额。总机构及其分支机构用于发生《应税服务范围注释》所列业务之外的进项税额不得汇总。分支机构发生《应税服务范围注释》所列业务，按照应征增值税销售额和预征率计算缴纳增值税。分支机构销售货物、提供加工修理修配劳务，按照增值税暂行条例及相关规定就地申报缴纳增值税。分支机构发生《应税服务范围注释》所列业务当期已预缴的增值税税款，在总机构当期增值税应纳税额中抵减不完的，可以结转下期继续抵减。

依据现行《中华人民共和国增值税暂行条例》的相关规定，总、分支机构在同一县（市）的，如果统一核算，总机构应统一纳税申报；如果单独进行核算，总、分机构应分别进行纳税申报。总机构和分支机构不在同一县市的，应当分别向各自所在地主管税务机关申报缴纳增值税。经国家税务总局或其授权的税务机关批准，可以由总机构汇总向总机构所在地主管税务机关申报缴纳增值税。根据《中华人民共和国增值税暂行条例实施细则》的规定，设有两个以上机构并实行统一核算的纳税人，将货物从一个机构移送其他机构用于销售，但相关机构设在同一县（市）的除外，需总机构汇总后向所在地主管税务机关缴纳增值税应纳税额。

2. 增值税的应税行为的范围和计税依据的规定

依照《营业税改征增值税试点实施办法》第九条规定，增值税应税行为的具体范围，应按照《营业税改征增值税试点实施办法》所附的《销售服务、无形资产、不动产注释》执行。其中，销售服务、无形资产或者不动产，是指有偿提供服务、有偿转让无形资产或者不动产，但第十条规定属于下列非经营活动的情形除外：（1）行政单位收取的同时满足以下条件的政府性基金或者行政事业性收费。第一，由国务院或者财政部批准设立的政府性基金，由国务院或者省级人民政府及其财政、价格主管部门批准设立的行政事业性收费；第二，收取时开具省级以上（含省级）财政部门监（印）制的财政票据；第三，所收款项全额上缴财政。（2）单位或者个体工商户聘用的员工为本单位或者雇主提供取得工资的服务。（3）单位或者个体工商户为聘用的员工提供服务。（4）财政部和国家税务总局规定的其他情形。《营业税改征增值税试点实施办法》第十一条和第十二条规定：有偿是指取得货币、货物或者其他经济利益。而在境内销售服务、无形资产或者不动产是指：（1）服务（租赁不动产除外）或者无形资产（自然资源使用权除外）的销售方或者购买方在境内；（2）所销售或者租赁的不动产在境内；（3）所销售自然资源使用权的自然资源在境内；（4）财政部和国家税务总局规定的其他情形。第十三条规定了下列情形不属于在境内销售服务或者无形资产：（1）境外单位或者个人向境内单位或者个人销售完全在境外发生的服务；（2）境外单位或者个人向境内单位或者个人销售完全在境外使用的无形资产；（3）境外单位或者个人向境内单位或者个人出租完全在境外使用的有形动产；（4）财政部和国家税务总局规定的其他情形。

《营业税改征增值税试点实施办法》第十四条规定，下列情形视同销售服务、无形资产或者不动产：（1）单位或者个体工商户向其他单位或者个人无偿提供服务，但用于公益事业或者以社会公众为对象的除外；（2）单位或者个人向其他单位或者个人无偿转让无形资产或者不动产，但用于公益事业或者以社会公众为对象的除外；（3）财政部和国家税务总局规定的其他情形。

《营业税改征增值税试点实施办法》所附的《销售服务、无形资产、不动产注释》对销售服务、无形资产、不动产应税行为范围的具体解释如下：

（1）销售服务。销售服务是指提供交通运输服务、邮政服务、电信服务、建筑服务、金融服务、现代服务、生活服务。其中：

① 交通运输服务。交通运输服务是指利用运输工具将货物或者旅客送达目的地，使其空间位置得到转移的业务活动。包括陆路运输服务、水路运输服务、航空运输服务和管道运输服务。其中：

陆路运输服务是指通过陆路（地上或者地下）运送货物或者旅客的运输业务活动，包括铁路运输服务和其他陆路运输服务。其中，铁路运输服务是指通过铁路运送货物或者旅客的运输业务活动。其他陆路运输服务是指铁路运输以外的陆路运输业务活动，包括公路运输、缆车运输、索道运输、地铁运输、城市轻轨运输等。出租车公司向使用本公司自有出租车的出租车司机收取的管理费用，按照陆路运输服务缴纳增值税。

水路运输服务是指通过江、河、湖、川等天然、人工水道或者海洋航道运送货物或者旅客的运输业务活动。水路运输的程租、期租业务，属于水路运输服务。其中，程租业务，是指运输企业为租船人完成某一特定航次的运输任务并收取租赁费的业务。期租业务，是指运输企业将配备有操作人员的船舶承租给他人使用一定期限，承租期内听候承租方调遣，不论是否经营，均按天向承租方收取租赁费，发生的固定费用均由船东负担的业务。

航空运输服务是指通过空中航线运送货物或者旅客的运输业务活动。航空运输的湿租业务，属于航空运输服务。湿租业务是指航空运输企业将配备有机组人员的飞机承租给他人使用一定期限，承租期内听候承租方调遣，不论是否经营，均按一定标准向承租方收取租赁费，发生的固定费用均由承租方承担的业务。

航天运输服务。按照航空运输服务缴纳增值税。航天运输服务，是指利用火箭等载体将卫星、空间探测器等空间飞行器发射到空间轨道的业务活动。

管道运输服务是指通过管道设施输送气体、液体、固体物质的运输业务活动。

无运输工具承运业务，按照交通运输服务缴纳增值税。无运输工具承运业务，是指经营者以承运人身份与托运人签订运输服务合同，收取运费并承担承运人责任，然后委托实际承运人完成运输服务的经营活动。

② 邮政服务。邮政服务是指中国邮政集团公司及其所属邮政企业提供邮

件寄递、邮政汇兑和机要通信等邮政基本服务的业务活动。包括邮政普遍服务、邮政特殊服务和其他邮政服务。其中：

邮政普遍服务是指函件、包裹等邮件寄递，以及邮票发行、报刊发行和邮政汇兑等业务活动。而本条所称函件，是指信函、印刷品、邮资封片卡、无名址函件和邮政小包等。本条所称包裹，是指按照封装上的名址递送给特定个人或者单位的独立封装的物品，其重量不超过50千克，任何一边的尺寸不超过150厘米，长、宽、高合计不超过300厘米。

邮政特殊服务是指义务兵平常信函、机要通信、盲人读物和革命烈士遗物的寄递等业务活动。

其他邮政服务，是指邮册等邮品销售、邮政代理等业务活动。

③ 电信服务。电信服务是指利用有线、无线的电磁系统或者光电系统等各种通信网络资源，提供语音通话服务，传送、发射、接收或者应用图像、短信等电子数据和信息的业务活动。包括基础电信服务和增值电信服务。其中：

基础电信服务是指利用固网、移动网、卫星、互联网，提供语音通话服务的业务活动，以及出租或者出售带宽、波长等网络元素的业务活动。

增值电信服务是指利用固网、移动网、卫星、互联网、有线电视网络，提供短信和彩信服务、电子数据和信息的传输及应用服务、互联网接入服务等业务活动。

卫星电视信号落地转接服务，按照增值电信服务缴纳增值税。

④ 建筑服务。建筑服务是指各类建筑物、构筑物及其附属设施的建造、修缮、装饰，线路、管道、设备、设施等的安装以及其他工程作业的业务活动。包括工程服务、安装服务、修缮服务、装饰服务和其他建筑服务。其中：

工程服务是指新建、改建各种建筑物、构筑物的工程作业，包括与建筑物相连的各种设备或者支柱、操作平台的安装或者装设工程作业以及各种窑炉和金属结构工程作业。

安装服务是指生产设备、动力设备、起重设备、运输设备、传动设备、医疗实验设备以及其他各种设备、设施的装配、安置工程作业，包括与被安装设备相连的工作台、梯子、栏杆的装设工程作业以及被安装设备的绝缘、防腐、保温、油漆等工程作业。

固定电话、有线电视、宽带、水、电、燃气、暖气等经营者向用户收取的安装费、初装费、开户费、扩容费以及类似收费，按照安装服务缴纳增值税。

修缮服务是指对建筑物、构筑物进行修补、加固、养护、改善，使之恢复原来的使用价值或者延长其使用期限的工程作业。

装饰服务是指对建筑物、构筑物进行修饰装修，使之美观或者具有特定用途的工程作业。

其他建筑服务是指上列工程作业之外的各种工程作业服务，如钻井（打井）、拆除建筑物或者构筑物、平整土地、园林绿化、疏浚（不包括航道疏浚）、建筑物平移、搭脚手架、爆破、矿山穿孔、表面附着物（包括岩层、土层、沙层等）剥离和清理等工程作业。

⑤ 金融服务。金融服务是指经营金融保险的业务活动。包括贷款服务、直接收费金融服务、保险服务和金融商品转让。其中：

贷款服务中所称贷款是指将资金贷与他人使用而取得利息收入的业务活动。各种占用、拆借资金取得的收入，包括金融商品持有期间（含到期）利息（保本收益、报酬、资金占用费、补偿金等）收入、信用卡透支利息收入、买入返售金融商品利息收入、融资融券收取的利息收入，以及融资性售后回租、押汇、罚息、票据贴现、转贷等业务取得的利息及利息性质的收入，按照贷款服务缴纳增值税。其中，融资性售后回租，是指承租方以融资为目的，将资产出售给从事融资性售后回租业务的企业后，从事融资性售后回租业务的企业将该资产出租给承租方的业务活动。以货币资金投资收取的固定利润或者保底利润，按照贷款服务缴纳增值税。

直接收费金融服务是指为货币资金融通及其他金融业务提供相关服务并且收取费用的业务活动。包括提供货币兑换、账户管理、电子银行、信用卡、信用证、财务担保、资产管理、信托管理、基金管理、金融交易场所（平台）管理、资金结算、资金清算、金融支付等服务。

保险服务是指投保人根据合同约定，向保险人支付保险费，保险人对于合同约定的可能发生的事故因其发生所造成的财产损失承担赔偿保险金责任，或者当被保险人死亡、伤残、疾病或者达到合同约定的年龄、期限等条件时承担给付保险金责任的商业保险行为。包括人身保险服务和财产保险服务。其中所称“人身保险服务”是指以人的寿命和身体为保险标的的保险业务活动，其中所称“财产保险服务”是指以财产及其有关利益为保险标的的保险业务活动。

金融商品转让是指转让外汇、有价证券、非货物期货和其他金融商品所有权的业务活动。

其他金融商品转让包括基金、信托、理财产品等各类资产管理产品和各种金融衍生品的转让。

⑥ 现代服务。现代服务是指围绕制造业、文化产业、现代物流产业等提供技术性、知识性服务的业务活动。包括研发和技术服务、信息技术服务、文化创意服务、物流辅助服务、租赁服务、鉴证咨询服务、广播影视服务、商务辅助服务和其他现代服务。其中：

研发和技术服务，包括研发服务、合同能源管理服务、工程勘察勘探服务、专业技术服务。其中：研发服务，也称技术开发服务，是指对新技术、新产品、新工艺或者新材料及其系统进行研究与试验开发的业务活动。合同能源管理服务，是指节能服务公司与用能单位以契约形式约定节能目标，节能服务公司提供必要的服务，用能单位以节能效果支付节能服务公司投入及其合理报酬的业务活动。工程勘察勘探服务，是指在采矿、工程施工前后，对地形、地质构造、地下资源蕴藏情况进行实地调查的业务活动。专业技术服务，是指气象服务、地震服务、海洋服务、测绘服务、城市规划、环境与生态监测服务等专项技术服务。

信息技术服务是指利用计算机、通信网络等技术对信息进行生产、收集、处理、加工、存储、运输、检索和利用，并提供信息服务的业务活动，包括软件服务、电路设计及测试服务、信息系统服务、业务流程管理服务和信息系统增值服务。其中：软件服务，是指提供软件开发服务、软件维护服务、软件测试服务的业务活动。电路设计及测试服务，是指提供集成电路和电子电路产品设计、测试及相关技术支持服务的业务活动。信息系统服务，是指提供信息系统集成、网络管理、网站内容维护、桌面管理与维护、信息系统应用、基础信息技术管理平台整合、信息技术基础设施管理、数据中心、托管中心、信息安全服务、在线杀毒、虚拟主机等业务活动，包括网站对非自有的网络游戏提供的网络运营服务。业务流程管理服务，是指依托信息技术提供的人力资源管理、财务经济管理、审计管理、税务管理、物流信息管理、经营信息管理和呼叫中心等服务的活动。信息系统增值服务，是指利用信息系统资源为用户附加提供的信息技术服务，包括数据处理、分析和整合、数据库管理、数据备份、数据存储、容灾服务、电子商务平台等。

文化创意服务，包括设计服务、知识产权服务、广告服务和会议展览服务。其中：设计服务，是指把计划、规划、设想通过文字、语言、图画、声音、视觉等形式传递出来的业务活动，包括工业设计、内部管理设计、业务运作设计、供应链设计、造型设计、服装设计、环境设计、平面设计、包装设计、动漫设计、网游设计、展示设计、网站设计、机械设计、工程设计、广告设计、创意策划、文印晒图等。知识产权服务，是指处理知识产权事务的业务活动，包括对专利、商标、著作权、软件、集成电路布图设计的登记、鉴定、评估、认证、检索服务。广告服务，是指利用图书、报纸、杂志、广播、电视、电影、幻灯、路牌、招贴、橱窗、霓虹灯、灯箱、互联网等各种形式为客户的商品、经营服务项目、文体节目或者通告、声明等委托事项进行宣传和提供相关服务的业务活动，包括广告代理和广告的发布、播映、宣传、展示等。会议展览服务，是指为商品流通、促销、展示、经贸洽谈、民间交流、企业沟通、国际往来等举办或者组织安排的各类展览和会议的业务活动。

物流辅助服务，包括航空服务、港口码头服务、货运客运场站服务、打捞救助服务、装卸搬运服务、仓储服务和收派服务。其中，航空服务包括航空地面服务和通用航空服务。航空地面服务，是指航空公司、飞机场、民航管理局、航站等向在境内航行或者在境内机场停留的境内外飞机或者其他飞行器提供的导航等劳务性地面服务的业务活动，包括旅客安全检查服务、停机坪管理服务、机场候机厅管理服务、飞机清洗消毒服务、空中飞行管理服务、飞机起降服务、飞行通讯服务、地面信号服务、飞机安全服务、飞机跑道管理服务、空中交通管理服务等。通用航空服务，是指为专业工作提供飞行服务的业务活动，包括航空摄影、航空培训、航空测量、航空勘探、航空护林、航空吊挂播洒、航空降雨、航空气象探测、航空海洋监测、航空科学实验等。港口码头服务，是指港务船舶调度服务、船舶通讯服务、航道管理服务、航道疏浚服务、灯塔管理服务、航标管理服务、船舶引航服务、理货服务、系解缆服务、停泊和移泊服务、海上船舶溢油清除服务、水上交通管理服务、船只专业清洗消毒检测服务和防止船只漏油服务等为船只提供服务的业务活动。港口设施经营人收取的港口设施保安费按照港口码头服务缴纳增值税。货运客运场站服务，是指货运客运场站提供货物配载服务、运输组织服务、中转换乘服务、车辆调度服务、票务服务、货物打包整理、铁路线路使用服务、加挂铁路客车服务、铁路行包专列发送服务、铁路到达和中转服务、铁路车辆编解服务、车辆挂运服务、铁路接触网服务、铁路机车牵引服务等业务活动。打捞救助服务，是指提供船舶人员救助、船舶财产救助、水上救助和沉船沉物打捞服务的业务活动。装卸搬运服务，是指使用装卸搬运工具或者人力、畜力将货物在运输工具之间、装卸现场之间或者运输工具与装卸现场之间进行装卸和搬运的业务活动。仓储服务是指利用仓库、货场或者其他场所代客贮放、保管货物的业务活动。收派服务是指接受寄件人委托，在承诺的时限内完成函件和包裹的收件、分拣、派送服务的业务活动（收件服务是指从寄件人收取函件和包裹，并运送到服务提供方同城的集散中心的业务活动；分拣服务是指服务提供方在其集散中心对函件和包裹进行归类、分发的业务活动；派送服务，是指服务提供方从其集散中心将函件和包裹送达同城的收件人的业务活动）。

租赁服务，包括融资租赁服务和经营租赁服务。融资租赁服务，是指具有融资性质和所有权转移特点的租赁活动。即出租人根据承租人所要求的规格、型号、性能等条件购入有形动产或者不动产租赁给承租人，合同期内租赁物所有权属于出租人，承租人只拥有使用权，合同期满付清租金后，承租人有权按照残值购入租赁物，以拥有其所有权。不论出租人是否将租赁物销售给承租人，均属于融资租赁。按照标的物的不同，融资租赁服务可分为有形动产融资租赁服务和不动产融资租赁服务。通常情况下，融资性售后回租不按照本税目缴纳增值税。经营租赁服务，是指在约定时间内将有形动产或者不动产转让他人使用且租赁物所有权不变更的业务活动。按照标的物的不同，经营租赁服务可分为有形动产经营租赁服务和不动产经营租赁服务。将建筑物、构筑物等不动产或者飞机、车辆等有形动产的广告位出租给其他单位或者个人用于发布广告，按照经营租赁服务缴纳增值税。车辆停放服务、道路通行服务（包括过路费、过桥费、过闸费等）等按照不动产经营租赁服务缴纳增值税。水路运输的光租业务、航空运输的干租业务，属于经营租赁。光租业务是指运输企业将船舶在约定的时间内出租给他人使用，不配备操作人员，不承担运输过程中发生的各项费用，只收取固定租赁费的业务活动。干租业务是指航空运输企业将飞机在约定的时间内出租给他人使用，不配备机组人员，不承担运输过程中发生的各项费用，只收取固定租赁费的业务活动。

鉴证咨询服务，包括认证服务、鉴证服务和咨询服务。其中，认证服务是指具有专业资质的单位利用检测、检验、计量等技术，证明产品、服务、管理体系符合相关技术规范、相关技术规范的强制性要求或者标准的业务活动。鉴证服务是指具有专业资质的单位受托对相关事项进行鉴证，发表具有证明力的意见的业务活动，包括会计鉴证、税务鉴证、法律鉴证、职业技能鉴定、工程造价鉴证、工程监理、资产评估、环境评估、房地产土地评估、建筑图纸审核、医疗事故鉴定等。咨询服务是指提供信息、建议、策划、顾问等服务的活动，包括金融、软件、技术、财务、税收、法律、内部管理、业务运作、流程管理、健康等方面的咨询。翻译服务和市场调查服务按照咨询服务缴纳增值税。

广播影视服务，包括广播影视节目（作品）的制作服务、发行服务和播映（含放映，下同）服务。其中，广播影视节目（作品）制作服务，是指进行专题（特别节目）、专栏、综艺、体育、动画片、广播剧、电视剧、电影等广播影视节目和作品制作的服务。具体包括与广播影视节目和作品相关的策划、采编、拍摄、录音、音视频文字图片素材制作、场景布置、后期的剪辑、翻译（编译）、字幕制作、片头、片尾、片花制作、特效制作、影片修复、编目和确权等业务活动。广播影视节目（作品）发行服务是指以分账、买断、委托等方式，向影院、电台、电视台、网站等单位和个人发行广播影视节目（作品）以及转让体育赛事等活动的报道及播映权的业务活动。广播影视节目（作品）播映服务是指在影院、剧院、录像厅或其他场所播映广播影视节目（作品）以及通过电台、电视台、卫星通信、互联网、有线电视等无线或者有线装置播映广播影视节目（作品）的业务活动。

商务辅助服务，包括企业管理服务、经纪代理服务、人力资源服务、安全保护服务。其中，企业管理服务是指提供总部管理、投资与资产管理、市场管理、物业管理、日常综合管理等服务的业务活动。经纪代理服务是指各类经纪、中介、代理服务，包括金融代理、知识产权代理、货物运输代理、代理报关、法律代理、房地产中介、职业中介、婚姻中介、代理记账、拍卖等。货物运输代理服务是指接受货物收货人、发货人、船舶所有人、船舶承租人或者船舶经营人的委托，以委托人的名义，为委托人办理货物运输、装卸、仓储和船舶进出港口、引航、靠泊等相关手续的业务活动。代理报关服务是指接受进出口货物的收、发货人委托，代为办理报关手续的业务活动。人力资源服务是指提供公共就业、劳务派遣、人才委托招聘、劳动力外包等服务的业务活动。安全保护服务是指提供保护人身安全和财产安全，维护社会治安等的业务活动，包括场所住宅保安、特种保安、安全系统监控以及其他安保服务。

其他现代服务是指除研发和技术服务、信息技术服务、文化创意服务、物流辅助服务、租赁服务、鉴证咨询服务、广播影视服务和商务辅助服务以外的现代服务。

⑦ 生活服务。生活服务是指为满足城乡居民日常生活需求提供的各类服务活动，包括文化体育服务、教育医疗服务、旅游娱乐服务、餐饮住宿服务、居民日常服务和其他生活服务。其中，文化体育服务，包括文化服务和体育服务。其中所称“文化服务”是指为满足社会公众文化生活需求提供的各种服务，包括：文艺创作、文艺表演、文化比赛，图书馆的图书和资料借阅，档案馆的档案管理，文物及非物质遗产保护，组织举办宗教活动、科技活动、文化活动，提供游览场所。其中所称“体育服务”是指组织举办体育比赛、体育表演、体育活动以及提供体育训练、体育指导、体育管理的业务活动。

教育医疗服务，包括教育服务和医疗服务。其中，教育服务是指提供学历教育服务、非学历教育服务、教育辅助服务的业务活动。其中，学历教育服务是指根据教育行政管理部门确定或者认可的招生和教学计划组织教学，并颁发相应学历证书的业务活动包括初等教育、初级中等教育、高级中等教育、高等教育等。非学历教育服务，包括学前教育、各类培训、演讲、讲座、报告会等。其中的教育辅助服务，包括教育测评、考试、招生等服务。医疗服务是指提供医学检查、诊断、治疗、康复、预防、保健、接生、计划生育、防疫服务等方面的服务以及与这些服务有关的提供药品、医用材料器具、救护车、病房住宿和伙食的业务。

旅游娱乐服务，包括旅游服务和娱乐服务。其中所称“旅游服务”是指根据旅游者的要求，组织安排交通、游览、住宿、餐饮、购物、文娱、商务等服务的业务活动。其中所称“娱乐服务”是指为娱乐活动同时提供场所和服务的业务，具体包括：歌厅、舞厅、夜总会、酒吧、台球、高尔夫球、保龄球、游艺（包括射击、狩猎、跑马、游戏机、蹦极、卡丁车、热气球、动力伞、射箭、飞镖）。

餐饮住宿服务，包括餐饮服务和住宿服务。其中所称“餐饮服务”是指通过同时提供饮食和饮食场所的方式为消费者提供饮食消费服务的业务活动。其中所称“住宿服务”是指提供住宿场所及配套服务等的活动，包括宾馆、旅馆、旅社、度假村和其他经营性住宿场所提供的住宿服务。

居民日常服务是指主要为满足居民个人及其家庭日常生活需求提供的服务，包括市容市政管理、家政、婚庆、养老、殡葬、照料和护理、救助救济、美容美发、按摩、桑拿、氧吧、足疗、沐浴、洗染、摄影扩印等服务。

其他生活服务是指除文化体育服务、教育医疗服务、旅游娱乐服务、餐饮住宿服务和居民日常服务之外的生活服务。

（2）销售无形资产。销售无形资产是指转让无形资产所有权或者使用权的业务活动。无形资产是指不具有实物形态，但能带来经济利益的资产，包括技术、商标、著作权、商誉、自然资源使用权和其他权益性无形资产。其中的“技术”包括专利技术和非专利技术。“自然资源使用权”包括土地使用权、海域使用权、探矿权、采矿权、取水权和其他自然资源使用权。“其他权益性无形资产”包括基础设施资产经营权、公共事业特许权、配额、经营权（包括特许经营权、连锁经营权、其他经营权）、经销权、分销权、代理权、会员权、席位权、网络游戏虚拟道具、域名、名称权、肖像权、冠名权、转会费等。

（3）销售不动产。销售不动产是指转让不动产所有权的业务活动。不动产是指不能移动或者移动后会引起性质、形状改变的财产，包括建筑物、构筑物等。其中，建筑物包括住宅、商业营业用房、办公楼等可供居住、工作或者进行其他活动的建造物。构筑物包括道路、桥梁、隧道、水坝等建造物。转让建筑物有限产权或者永久使用权的，转让在建的建筑物或者构筑物所有权的以及在转让建筑物或者构筑物时一并转让其所占土地的使用权的，按照销售不动产缴纳增值税。

依照《增值税暂行条例》和《营业税改征增值税试点实施办法》的规定，增值税的计税依据是销售额，即纳税人销售货物或者应税劳务向购买方收取的全部价款和价外费用（不包括收取的销项税额）。若纳税人以外汇结算销售额的，应当按外汇市场价格折合成人民币计算销售额。

3. 如何理解在境内销售服务、无形资产或者不动产的具体规定

依照《营业税改征增值税试点实施办法》第十二条的规定，纳税人在境内销售服务、无形资产或者不动产是指：服务（租赁不动产除外）或者无形资产（自然资源使用权除外）的销售方或者购买方在境内；所销售或者租赁的不动产在境内；所销售自然资源使用权的自然资源在境内；财政部和国家税务总局规定的其他情形。其实，对在境内销售服务、无形资产或者不动产的具体判定，应该从以下三个方面进行把握：

（1）对境内销售服务的判定原则

第一，服务（租赁不动产除外）的销售方或者购买方在境内，也即只要是中国境内的单位或者个人销售的服务（租赁不动产除外），无论服务购买方属于境外的单位或个人还是境内的单位或个人，也无论服务发生在中国境内还是发生在中国境外，都属于在中国境内发生的服务。

第二，境外单位或者个人向中国境内单位或者个人销售未完全在境外发生的服务（租赁不动产除外），属于在中国境内销售服务。具体有：境外单位或者个人向中国境内单位或者个人销售完全在中国境内发生的服务（租赁不动产除外），属于在中国境内销售服务。例如境外的一家工程勘探公司到中国境内给某家境内公司提供工程勘察设计服务。境外单位或者个人向中国境内单位或者个人销售未完全在中国境外发生的服务（租赁不动产除外），属于在中国境内销售服务。例如境外一家咨询公司与境内一家公司签署合同，就这家公司开拓国内国外市场进行实地调研并提出合理化建议。该家境外咨询公司的咨询服务同时在中国境内境外发生，但属于在中国境内提供销售服务。

第三，境外单位或者个人销售的服务（租赁不动产除外）属于下列情形的，不属于在境内销售服务，不缴纳增值税。具体有：境外单位或者个人向境外单位或者个人销售服务，例如德国的一家信息咨询公司向加拿大的一家工程公司提供咨询服务；境外单位或者个人向境内单位或者个人销售完全在境外发生的服务，例如中国公民在境外旅游时享受到的由境外餐馆酒店提供的餐饮住宿服务；境外单位或者个人向境内单位或者个人出租完全在境外使用的有形资

产，例如境外汽车出租公司向出国自驾游的中国公民出租小轿车供其旅游消费。

第四，只要所租赁的不动产在中国境内，无论出租方是否为境内的单位或者个人，也不论承租方是否为境内的单位或者个人，均属于在中国境内租赁不动产。例如英国的一家公司将其拥有的中国境内一处办公楼出租给韩国一家公司使用。

（2）对境内销售无形资产的判定原则

第一，无形资产（自然资源使用权除外）的销售方或者购买方在境内，也即只要是中国境内的单位或者个人销售的无形资产（自然资源使用权除外），无论服务购买方属于境外的单位或个人还是境内的单位或个人，也无论服务发生在中国境内还是发生在中国境外，都属于在中国境内发生应税行为。

第二，境外单位或者个人向中国境内单位或者个人销售未完全在境外使用的无形资产（自然资源使用权除外），属于在中国境内销售无形资产。具体有：境外单位或者个人向中国境内单位或者个人销售完全在中国境内使用的无形资产（自然资源使用权除外），属于在中国境内销售无形资产。例如境外的一家餐饮连锁公司向中国境内一家公司转让其在中国境内的连锁经营权。境外单位或者个人向中国境内单位或者个人销售未完全在中国境外使用的无形资产（自然资源使用权除外），属于在中国境内销售无形资产。例如境外一家产品制造公司向中国境内一家公司转让一项非专利技术，该项非专利技术同时用于中国这家公司的境内和境外生产线上的产品生产。

第三，境外单位或者个人销售的无形资产（自然资源使用权除外）属于下列情形的，不属于在境内销售服务，不缴纳增值税。具体有：境外单位或者个人向境外单位或者个人销售无形资产（自然资源使用权除外），例如德国的一家信息技术公司向美国的一家信息技术公司转让一项专利权；境外单位或者个人向境内单位或者个人销售完全在境外使用的无形资产，例如美国的一家技术公司向中国一家公司通过签署合同，转让一项专门用于中国这家公司柬埔寨子公司的产品器件组装的非专利技术。

第四，只要所销售自然资源使用权的自然资源在中国境内，无论销售方或者购买方是境内单位或者个人还是境外单位或者个人，均属于在中国境内销售自然资源使用权。例如法国的一家公司将其拥有的中国境内一处矿产的探矿权转让给中国境内的一家矿产公司。

（3）对境内销售不动产的判定原则

只要所销售的不动产在境内，无论销售方或者购买方是境内单位或者个人还是境外单位或者个人，均属于在中国境内销售不动产。例如西班牙的一家公司将其在中国天津拥有的一座办公大楼出售给另一家西班牙公司。

4. 增值税的含税销售额和非含税销售额的规定及其计算

《营业税改征增值税试点实施办法》第三十七条对增值税计税依据的“销售额”做出了解释：销售额，是指纳税人发生应税行为取得的全部价款和价外费用，财政部和国家税务总局另有规定的除外。价外费用，是指价外收取的各种性质的收费，但不包括以下项目：（1）代为收取并符合规定的由国务院或者财政部批准设立的政府性基金或者由国务院或者由省级人民政府及其财政、价格主管部门批准设立的行政事业性收费；（2）以委托方名义开具发票代委托方收取的款项。

关于价外费用的具体范围，在原发布的《增值税暂行条例实施细则》及《营业税暂行条例实施细则》中都做了较详尽的解释。《增值税暂行条例实施细则》第十二条规定：价外收费，是指价外向购买方收取的手续费、补贴、基金、集资费、返还利润、奖励费、违约金（延期付款利息）、包装费、包装物租金、储备费、优质费、运输装卸费、代收款项、代垫款项及其他各种性质的价外收费。但下列项目不包括在内：（1）向购买方收取的销项税额；（2）委托加工应征消费税的消费品所代收代缴的消费税；（3）同时符合以下条件的代垫运费：第一是承运部门的运费发票开具给购买方，第二是纳税人将该项发票转交给购买方。凡价外费用，无论其会计制度如何核算，均应并入销售额计算应纳税额。《营业税暂行条例实施细则》第十三条规定：价外费用，包括收取的手续费、补贴、基金、集资费、返还利润、奖励费、违约金、滞纳金、延期付款利息、赔偿金、代收款项、代垫款项、罚息及其他各种性质的价外收费，但不包括同时符合以下条件代为收取的政府性基金或者行政事业性收费：（1）由国务院或者财政部批准设立的政府性基金或者由国务院或者由省级人民政府及其财政、价格主管部门批准设立的行政事业性收费；（2）收取时开具省级以上财政部门印刷的财政票据；（3）所有款项全额上缴财政。

对比上述《增值税暂行条例实施细则》及《营业税暂行条例实施细则》两个文件有关价外费用的法律解释，《营业税改征增值税试点实施办法》并未逐一列举价外费用的具体项目，而只是明确了“对符合条件的由国务院或者财政部批准设立的政府性基金或者由国务院或者由省级人民政府及其财政、价格主管部门批准设立的行政事业性收费不属于价外费用"的规定。采用排除法进行解释更加符合当前经济快速发展的需要。

由于增值税是价外税，营业税是价内税，因而对销售额的解释是否包含销项税额自然有着不同的解释：增值税下由于价税分开计算，因而其销售额是指不含增值税的销售额；而营业税下由于价税合一计算，因而其销售额是直接含有增值税的。"营改增"后，对于计税依据的使用，自然要注意遵循价税分开计算的原则，并采用不含增值税的销售额计算销项税额。但在"营改增"后的会计实践中，确定一般纳税人销售服务、无形资产或者不动产的销售额时，往往会遇到一般纳税人由于销售对象的不同、开具发票种类的不同而将销售额和销项税额合并定价的情况。对此，《营业税改征增值税试点实施办法》第二十三条规定，一般纳税人采用销售额和销项税额合并定价方法，按照以下公式换算不含税销售额。

销售额 = 含税销售额 ÷（1 + 税率）

在营业税改征增值税之前，由于营业税属于价内税，纳税人根据实际取得的价款确认营业额，按照营业额和营业税税率的乘积确认应交营业税。在营业税改征增值税之后，由于增值税属于价外税，一般纳税人取得的含税销售额，须先进行价税分离换算成不含税销售额，再按照不含税销售额与增值税税率之间的乘积确认销项税额。

《营业税改征增值税试点实施办法》第三十八条规定了增值税计税依据的"销售额"以人民币计算。纳税人按照人民币以外的货币结算销售额的，应当折合成人民币计算，折合率可以选择销售额发生的当天或者当月 1 日的人民币汇率中间价。纳税人应当在事先确定采用何种折合率，确定后 12 个月内不得变更。同时，第三十九条还规定了：纳税人兼营销售货物、劳务、服务、无形资产或者不动产，适用不同税率或者征收率的，应当分别核算适用不同税率或者征收率的销售额；未分别核算的，从高适用税率。本条规定了纳税人提供适用不同税率或者征税率的销售货物、劳务、服务、无形资产或者不动产的税收处理原则。即：应当分别核算销售额；未分别核算的，从高适用税率。具体来讲：（1）兼有不同税率的销售货物、加工修理修配劳务、服务、无形资产或者不动产，从高适用税率；（2）兼有不同征收率的销售货物、加工修理修配劳务、服务、无形资产或者不动产，从高适用征收率；（3）兼有不同税率和征收率的销售货物、加工修理修配劳务、服务、无形资产或者不动产，从高适用税率。

举例来讲：某试点一般纳税人资质的有限责任公司同期既有不动产销售业务，又有经纪代理业务，两项业务不属于混合销售。如果该纳税人能够分别核算上述两项应税行为的销售额，则销售不动产适用 11% 的增值税税率，提供经纪代理服务适用 6% 的增值税税率；如果该纳税人没有分别核算上述两项应税行为的销售额，则销售不动产和提供经纪代理服务均从高适用 11% 的增值税税率。

5. 增值税的税率和征收率

2008年11月10日，由国务院公布的《中华人民共和国增值税暂行条例》第二条规定：(1) 纳税人销售或者进口货物，除本条第（2）项、第（3）项规定外，税率为17%；(2) 纳税人销售或者进口下列货物，税率为13%：粮食、食用植物油；自来水、暖气、冷气、热水、煤气、石油液化气、天然气、沼气、居民用煤炭制品；图书、报纸、杂志；饲料、化肥、农药、农机、农膜；国务院规定的其他货物；(3) 纳税人出口货物，税率为零；但是，国务院另有规定的除外；(4) 纳税人提供加工、修理修配劳务，税率为17%。

《营业税改征增值税试点实施办法》第十五条对"营改增"后的增值税税率规定如下：(1) 纳税人发生应税行为，除以下三项规定外，税率为6%；(2) 提供交通运输、邮政、基础电信、建筑、不动产租赁服务，销售不动产，转让土地使用权，税率为11%；(3) 提供有形动产租赁服务，税率为17%；(4) 境内单位和个人发生的跨境应税行为，税率为零。具体范围由财政部和国家税务总局另行规定。

从目前来看，推行"营改增"后，增值税在现行17%标准税率和13%低税率的基础上，新增了11%和6%两档低税率。其中，交通运输服务（包括陆路运输服务、水路运输服务、航空运输服务、管道运输服务）在"营改增"后调整为11%的税率；现代服务中的研发和技术服务、信息技术服务、文化创意服务、物流辅助服务、有形动产租赁服务、验证咨询服务"营改增"后调整为6%的税率。营业税改征增值税后税率表如表1所示。

表1　营业税改征增值税后税率表

征税项目1	征税项目2	征税项目3	征税项目4	增值税税率	原营业税率
销售服务	交通运输服务	陆路运输服务	铁路运输服务	11%	3%
			其他陆路运输服务		
		水路运输服务			
		航空运输服务			
		管道运输服务			

续表

征税项目1	征税项目2	征税项目3	征税项目4	增值税税率	原营业税率
销售服务	邮政服务	邮政普遍服务		11%	3%
		邮政特殊服务			
		其他邮政服务			
	电信服务	基础电信服务		11%	3%
		增值电信服务		6%	
销售服务	建筑服务	工程服务		11%	3%
		安装服务			
		修缮服务			
		装饰服务			
		其他建筑服务			
	金融服务	贷款服务		6%	5%
		直接收费金融服务			
		保险服务	人寿保险服务		
			财产保险服务		
		金融商品转让			
	现代服务	研发和技术服务	研发服务	6%	5%
			合同能源管理服务		
			工程勘察勘探服务		
			专业技术服务		
		信息技术服务	软件服务	6%	5%
			电路设计及测试服务		
			信息系统服务		
			业务流程管理服务		
			信息系统增值服务		
		物流辅助服务	航空码头服务	6%	3%或5%
			港口码头服务		

续表

征税项目1	征税项目2	征税项目3	征税项目4	增值税税率	原营业税率
销售服务	现代服务	物流辅助服务	货运客运场站服务	6%	3%或5%
			打捞救助服务		
			装卸搬运服务		
			仓储服务		
			收派服务		
		租赁服务	不动产融资租赁	11%	5%
			不动产经营租赁		
销售服务	现代服务	租赁服务	有形动产融资租赁	17%	
			有形动产经营租赁		
		鉴证咨询服务	认证服务	6%	5%
			鉴证服务		
			咨询服务		
		广播影视服务	广播影视节目制作服务	6%	3%或5%
			广播影视节目发行服务		
			广播影视节目播映服务		
		商务辅助服务	企业管理服务	6%	5%
			经纪代理服务		
			人力资源服务		
			安全保护服务		
		其他现代服务		6%	3%或5%
	生活服务	文化体育服务	文化服务	6%	3%或5% 娱乐业 5%～20%
			体育服务		
		教育医疗服务	教育服务		
			医疗服务		
		旅游娱乐服务	旅游服务		
			娱乐服务		

续表

征税项目1	征税项目2	征税项目3	征税项目4	增值税税率	原营业税率
销售服务	生活服务	餐饮住宿服务	餐饮服务	6%	3%或5% 娱乐业 5%～20%
			住宿服务		
		居民日常服务			
		其他生活服务			
销售无形资产	专利技术和非专利技术			6%（销售土地使用权适用11%）	5%
	商标权				
	著作权				
	商誉				
	自然资源使用权				
	其他权益性无形资产				
销售不动产	建筑物			11%	5%
	构筑物				

依照《营业税改征增值税试点实施办法》第十六条规定，小规模纳税人提供应税服务，增值税征收率为3%。一般纳税人提供应税劳务，如有符合规定的特定项目且可以选择适用简易计税方法的，增值税征收率是3%。特定项目是指一般纳税人提供的公共交通运输服务可以选择按照简易计税方法计算缴纳增值税。公共交通运输服务包括有轮客渡、公交客运、轨道交通（含地铁和城市轻轨）、出租车、长途客车、班车。其中，班车是指按照固定线路、固定时间运营并在固定站点停靠的运送旅客的陆路运输。增值税一般纳税人以试点实施之前购进或者自制的有形动产为标的物提供的经营租赁服务，试点期间可以选择适用简易计税方法计算缴纳增值税。

财政部、国家税务总局于2017年5月3日联合发布《关于简并增值税税率有关政策的通知》，规定自2017年7月1日起简并增值税税率结构，取消13%的增值税税率。纳税人销售或者进口农产品（含粮食）、自来水、暖气、石油液化气等货物，税率为11%。增值税率简并为17%、11%和6%三档税率。纳税人购进农产品，取得一般纳税人开具的增值税专用发票或海关进口增值税专用缴款书的，以增值税专用发票或海关进口增值税专用缴款书上注明的增值税额为进项税额；从按照简易计税方法依照3%征收率计算缴纳增值税的小规模纳税人取得增值税专用发票的，以增值税专用发票上注明的金额和11%的扣除率计算进项税额；取得（开具）农产品销售发票或收购发票的，以农产品销售发票或收购发票上注明的农产品买价和11%的扣除率计算进项税额。营业税改征增值税试点期间，纳税人购进用于生产销售或委托受托加工17%税率货物的农产品维持原扣除力度不变。

6. 增值税应纳税额的计算

《营业税改征增值税试点实施办法》第十七条规定：增值税的计税方法，包括一般计税方法和简易计税方法。一般计税方法是按照销项税额减去进项税额的差额计算应纳税额。简易计税方法是按照销售额与征收率的乘积计算应纳税额。《营业税改征增值税试点实施办法》第十八条规定：一般纳税人发生应税行为适用一般计税方法计税。一般纳税人发生财政部和国家税务总局规定的特定应税行为，可以选择适用简易计税方法计税，但一经选择，36个月内不得变更。第十八条规定实际是对一般纳税人发生应税行为适用计税方法的规定。具体理解为：（1）通常情况下，一般纳税人发生应税行为兼有销售货物、提供加工修理修配劳务的，凡未规定可以选择按照简易计税方法计算缴纳增值税的，其全部销售额应一并按照一般计税方法计算缴纳增值税；（2）一般纳税人发生财政部和国家税务总局规定的特定应税行为，可以选择适用简易计税方法计税，也可以选择适用一般计税方法计税。但对一项特定应税行为，一般纳税人一经选择适用简易计税方法计税的，在选定后的36个月内不得再变更计税方法。特定应税行为的范围按《营业税改征增值税试点有关事项的规定》执行；（3）按照《营业税改征增值税试点实施办法》认定的一般纳税人，销售自己使用过的在试点实施以后购进或者自制的固定资产，按照适用税率征收增值税。销售自己使用过的在试点实施之前购进或者自制的固定资产，按照4%征收率减半征收增值税。使用过的固定资产，是指纳税人根据财务会计制度已经计提折旧的固定资产。

《营业税改征增值税试点实施办法》第十九条规定：小规模纳税人发生应税行为适用简易计税方法计税。小规模纳税人征收率为3%，《营业税改征增值税试点有关事项的规定》中明确了小规模纳税人销售和租赁不动产有关事项按5%征收率计税。

《营业税改征增值税试点实施办法》第二十条规定：境外单位或者个人在境内发生应税行为，在境内未设有经营机构的，扣缴义务人按照下列公式计算应扣缴税额：

应扣缴税额＝购买方支付的价款÷（1＋税率）×税率

需要说明的是：（1）本条款适用于境外单位或者个人在境内销售服务、无形资产或者不动产，且没有在境内设立经营机构的情况；（2）范围仅限定于销售服务、无形资产或者不动产，也即《营业税改征增值税试点实施办法》规定的应税行为范围。对于提供加工、修理修配劳务应按《增值税暂行条例》履行扣缴义务；（3）在计算应扣缴税额时，应将应税行为购买方支付的含税价款，换算为不含税价款，再乘以应税行为的增值税适用税率（注意不是增值税征收率），计算出应扣缴的增值税税额。举例说明如下：境外某技术咨询有限责任公司为境内某纳税人提供咨询服务，含增值税额在内的合同总价款106万元，且该境外公司没有在境内设立经营机构，应以服务购买方为增值税扣缴义务人，则购买方应当扣缴的增值税税额计算如下：

应扣缴增值税额 = 106 ÷（1 + 6%）× 6% = 6（万元）

目前我国增值税实行购进扣税法，纳税人在销售时按照不含税销售额收取销项税额，购进货物、加工修理修配劳务、服务、无形资产、不动产时支付或负担进项税额，并且允许从销项税额中扣除进项税额，这样做实际上相当于仅对货物或服务的增值部分征税。因而一般计税方法的应纳税额，是指当期销项税额抵扣当期进项税额后的余额。当期销项税额小于当期进项税额不足抵扣时，其不足部分可以结转下期继续抵扣。应纳税额计算公式如下：

应纳税额 = 当期销项税额 - 当期进项税额

在上述公式中的“销项税额”，是指纳税人发生应税行为按照销售额和增值税税率计算并收取的增值税额。销项税额计算公式是：

销项税额 = 销售额 × 税率

从销项税额的计算公式中可以看出，销项税额是应税行为的销售额和增值税税率的乘积，是该环节提供应税行为的增值税整体税金，抵扣当期进项税额之后，形成当期增值税应纳税额。而按照“营改增”会计制度的相关规定，一般纳税人应在“应交税费”科目下设置“应交增值税”明细科目。同时在“应交增值税”明细账中，还应设置“销项税额”专栏进行核算。“销项税额”专栏应记录一般纳税人销售服务、无形资产或者不动产应收取的增值税税额。一般纳税人销售服务、无形资产或者不动产应收取的销项税额，用蓝字登记；退回以及中止或者折让应冲销销项税额，用红字登记。

需要说明的是，实践中确定一般纳税人销售服务、无形资产或者不动产的销售额时，可能会遇到一般纳税人由于销售对象的不同、开具发票种类的不同而将销售额和销项税额合并定价的情况。由于一般计税方法的销售额不包括销项税额，纳税人采用销售额和销项税额合并定价方法的，按照下列公式计算不含税销售额：

不含税销售额 = 含税销售额 ÷（1 + 税率）

上述公式中，“进项税额”是指纳税人购进货物、加工修理修配劳务、服务、无形资产或者不动产，支付或者负担的增值税税额。而关于进项税额实践中可从三个方面理解：（1）必须是增值税一般纳税人，才涉及进项税额的抵扣问题；（2）产生进项税额的行为是纳税人购进货物、服务、无形资产、不动产或者接受加工修理修配劳务；（3）该进项税额购买方支付或者负担的增值税额。

一般纳税人应在“应交税费”科目下设置“应交增值税”明细科目。同时在“应交增值税”明细账中，应设置“进项税额”专栏进行核算。“进项税额”专栏，记录一般纳税人购进货物、服务、无形资产、不动产或者接受加工修理修配劳务而支付的、准予从销项税额中抵扣的增值税额。一般纳税人购进货物、服务、无形资产、不动产或者接受加工修理修配劳务支付的进项税额，用蓝字登记；退回、中止或者折让应冲销的进项税额，用红字登记。

按照《营业税改征增值税试点实施办法》第二十五条的规定，下列进项税额准予从销项税额中抵扣：（1）从销货方取得的增值税专用发票（含机动车销售统一发票）上注明的增值税额；（2）从海关取得的海关进口增值税专用缴款书上注明的增值税额；（3）购进农产品，除取得增值税专用发票或者海关进口增值税专用缴款书外，按照农产品收购发票或者销售发票上注明的农产品买价和13%的扣除率计算的进项税额。其计算公式是：

进项税额 = 买价 × 扣除率

其中，买价，是指纳税人购进农产品在农产品收购发票或者销售发票上注明的价款和按照规定缴纳的烟叶税。但购进农产品，按照《农产品增值税进项税额核定扣除试点实施办法》抵扣进项税额的除外。

从境外单位或者个人购进服务、无形资产或者不动产，自税务机关或者扣缴义务人取得的解缴税款的完税凭证上注明的增值税额作为进项税额。目前货物进口环节的增值税是由海关负责代征的，试点纳税人在进口货物办理报关进口手续时，需向海关申报缴纳进口增值税并从海关取得完税证明，其取得的海关进口增值税专用缴款书上注明的增值税额准予抵扣。试点纳税人取得海关进口增值税专用缴款书，按照《国家税务总局　海关总署关于实行海关进口增值税专用缴款书"先比对后抵扣"管理办法有关问题的公告》（国家税务总局　海关总署联合公告2013年第31号）执行"先比对，后抵扣"政策。而对于农产品进项税额的抵扣主要存在于如下五种情形：（1）从一般纳税人购进农产品，按照取得的增值税专用发票上注明的增值税额；（2）进口农产品，按照取得的海关进口增值税专用缴款书上注明的增值税额；（3）自农业生产者购进自产农产品以及自小规模纳税人购入农产品（不含享受批发零售环节免税政策的鲜活肉蛋产品和蔬菜），按照取得的销售农产品的增值税普通发票上注明的农产品买价和13%的扣除率计算的进项税额；（4）向农业生产者个人收购其自产农产品，按照收购单位自行开具农产品收购发票上注明的农产品买价和13%的扣除率计算的进项税额；（5）按照财税［2012］38号《财政部　国家税务总局关于在部分行业试行农产品增值税进项税额核定扣除办法的通知》规定，生产销售液体乳及乳制品、酒及酒精、植物油实行核定扣除。《国家税务总局关于在部分行业试行农产品增值税进项税额核定扣除办法有关问题的公告》（国家税务总局公告2012年第35号）明确了具体核定方法。纳税人购买境外单位或者个人销售的服务、无形资产或者不动产，从税务机关或者扣缴义务人取得的解缴税款的完税凭证上注明的增值税额准予抵扣。

《营业税改征增值税试点实施办法》第二十六条规定：纳税人取得的增值税扣税凭证不符合法律、行政法规或者国家税务总局有关规定的，其进项税额不得从销项税额中抵扣。增值税扣税凭证，是指增值税专用发票、海关进口增值税专用缴款书、农产品收购发票、农产品销售发票和完税凭证。纳税人凭完税凭证抵扣进项税额的，应当具备书面合同、付款证明和境外单位的对账单或者发票。资料不全的，其进项税额不得从销项税额中抵扣。

我国自实行增值税改革以来，为加强增值税管理陆续出台了若干税收规定，其中的一些税收规定至今仍然有效。这次营业税改征增值税试点纳税人发生的增值税涉税问题，除了应按照《营业税改征增值税试点实施办法》和《营业税改征增值税试点有关事项的规定》有关试点税收政策执行以外，涉及上述原有增值税政策规定的，也应当依照执行。试点纳税人在增值税进项税额抵扣方面，应重点关注如下规定：（1）《增值税专用发票使用规定》中关于增值税一般纳税人如何领购、开具、缴销、报税、认证、抵扣增值税专用发票等有关问题的具体规定；（2）关于增值税扣税凭证抵扣期限有关规定。使用规定明确了增值税一般纳税人取得的增值税专用发票，应在开具之日起180日内办理认证，并在认证通过的次月申报期内，向主管税务机关申报抵扣进项税额。而自2016年3月1日起，对纳税信用A级增值税一般纳税人取消增值税专用发票扫描认证，通过增值税发票查询平台，查询、选择用于申报抵扣或者出口退税的增值税发票信息；（3）纳税人进口货物取得的属于增值税扣税范围的海关缴款书，应自开具之日起180天内向主管税务机关报送《海关完税凭证抵扣清单》（电子数据）并申请稽核比对。

《营业税改征增值税试点实施办法》第二十七条规定了下列项目的进项税额不得从销项税额中抵扣：（1）用于简易计税方法计税项目、免征增值税项目、集体福利或者个人消费的购进货物、加工修理修配劳务、服务、无形资产和不动产。其中涉及的固定资产、无形资产、不动产，仅指专用于上述项目的固定资产、无形资产（不包括其他权益性无形资产）、不动产。纳税人的交际应酬消费属于个人消费；（2）非正常损失的购进货物，以及相关的加工修理修配劳务和交通运输服务；（3）非正常损失的在产品、产成品所耗用的购进货物（不包括固定资产）、加工修理修配劳务和交通运输服务；（4）非正常损失的不动产，以及该不动产所耗用的购进货物、设计服务和建筑服务；（5）非正常损失的不动产在建工程所耗用的购进货物、设计服务和建筑服务。纳税人新建、改建、扩建、修缮、装饰不动产，均属于不动产在建工程；（6）购进的旅客运输服务、贷款服务、餐饮服务、居民日常服务和娱乐服务；（7）财政部和国家税务总局规定的其他情形。本条所称货物，是指构成不动产实体的材料和设备，包括建筑装饰材料和给排水、采暖、卫生、通风、照明、通讯、煤气、消防、中央空调、电梯、电气、智能化楼宇设备及配套设施。

由于旅客运输服务、餐饮服务、居民日常服务和娱乐服务主要接受对象是个人。对于一般纳税人购买的旅客运输服务、餐饮服务、居民日常服务和娱乐服务，难以准确的界定接受劳务的对象是企业还是个人，因此，一般纳税人购进的旅客运输服务、餐饮服务、居民日常服务和娱乐服务的进项税额不得从销项税额中抵扣。纳税人购买应征消费税的摩托车、汽车、游艇取得的进项税额允许按规定抵扣。纳税人购买住宿服务取得的进项税额允许按规定抵扣。

需要说明的是，《销售服务、无形资产或者不动产注释》中对“固定资产”的解释是与企业会计准则中的解释有所不同。固定资产，是指使用期限超过12个月的机器、机械、运输工具以及其他与生产经营有关的设备、工具、器具等有形动产。和会计准则相比，不包括不动产及不动产在建工程。而"非正常损失"是指因管理不善造成货物被盗、丢失、霉烂变质，以及因违反法律法规造成货物或者不动产被依法没收、销毁、拆除的情形。这些非正常损失是由纳税人自身原因造成导致征税对象实体的灭失，其损失应由纳税人自行承担。

《营业税改征增值税试点实施办法》第二十九条规定：适用一般计税方法的纳税人，兼营简易计税方法计税项目、免征增值税项目而无法划分不得抵扣的进项税额，按照下列公式计算不得抵扣的进项税额：

不得抵扣的进项税额 = 当期无法划分的全部进项税额 ×（当期简易计税方法计税项目销售额 + 免征增值税项目销售额）÷ 当期全部销售额

对该计算公式的理解主要有以下情况：（1）纳税人在生产经营活动中，兼营行为经常出现进项税额不能准确划分的情形。比较典型的就是耗用的水和电力，但同时也有很多进项税额时可以划分清楚用途。因而本条的公式只是对不能准确划分的进项税额进行划分而采取的计算方法，对于能够准确划分的进项税额，直接按照归属进行区分。因此，纳税人全部不得抵扣的进项税额应按照下列公式计算：

纳税人全部不得抵扣的进项税额 = 当期可以直接划分的不得抵扣的进项税额 + 当期无法划分的全部进项税额 ×（当期简易计税方法计税项目销售额 + 免税增值税项目销售额）÷ 当期全部销售额

（2）纳税人计算进项税额转出应按月进行，但由于月度间取得进项税额的不均衡性，有可能会造成按月计算的进项转出数失真，因而主管税务机关可在年度终了对纳税人进项税额转出进行清算，对相应差异进行调整。

已抵扣进项税额的购进货物（不含固定资产）、劳务、服务，发生《营业税改征增值税试点实施办法》第二十七条规定情形（简易计税方法计税项目、免征增值税项目除外）的，应当将该进项税额从当期进项税额中扣减；无法确定该进项税额的，按照当期实际成本计算应扣减的进项税额。从原则的掌握来看：（1）对于能够确定的进项税额，如：购进后直接发生非正常损失的，应将相应的进项税额直接从当期进项税额中扣减。（2）对于无法确定的进项税额，如：非正常损失的在产品，应按照该在产品成本计算对应的各类进项税额从当期进项税额中扣减。（3）已抵扣进项税额的固定资产、无形资产或者不动产，发生《营业税改征增值税试点实施办法》第二十七条规定情形的，按照下列公式计算不得抵扣的进项税额：

不得抵扣的进项税额 = 固定资产、无形资产或者不动产净值 × 适用税率

固定资产、无形资产或者不动产净值，是指纳税人根据财务会计制度计提折旧或摊销后的余额。

纳税人适用一般计税方法计税的，因销售折让、中止或者退回而退还给购买方的增值税额，应当从当期的销项税额中扣减；因销售折让、中止或者退回而收回的增值税额，应当从当期的进项税额中扣减。其中：涉及已开具的增值税专用发票，如发生销货退回、开票有误、应税行为中止以及发票抵扣联、发票联均无法认证等情形但不符合作废条件，或者因销货部分退回及发生销售折让，需要开具红字专用发票的，必须按国家税务总局公告 2015 年第 19 号规定的以下方法处理：专用发票已交付购买方，购买方可在增值税专用发票系统升级版中填开并上传《开具红字增值税专用发票信息表》（以下简称“《信息表》”）。《信息表》所对应的蓝字专用发票应经税务机关认证（所购货物或服务等不属于增值税扣税项目范围的除外）。经认证结果为“认证相符”并且已经抵扣增值税进项税额的，购买方在填开《信息表》时不填写相对应的蓝字专用发票信息，应暂依《信息表》所列增值税税额从当期进项税额中转出，未抵扣增值税进项税额的可列入当期进项税额，待取得销售方开具的红字专用发票后，与《信息表》一并作为记账凭证；经认证结果“无法认证”、“纳税人识别号认证不符”、“专用发票代码、号码认证不符”，以及所购货物或服务不属于增值税扣税项目范围的，购买方不列入进项税额，不作进项税额转出，填开《信息表》时应填写相对应的蓝字专用发票信息。

对增值税专用发票尚未交付购买方或者购买方拒收的，销售方应于专用发票认证期限内在增值税发票系统升级版中填开并上传《信息表》。纳税人也可凭《信息表》电子信息或纸质资料到税务机关对《信息表》内容进行系统校验。纳税人需要开具红字增值税普通发票的，可以在所对应的蓝字发票金额范围内开具多份红字发票。红字机动车销售统一发票需与原蓝字机动车销售统一发票一一对应。但有下列情形之一者，应当按照销售额和增值税税率计算应纳税额，不得抵扣进项税额，也不得使用增值税专用发票：（1）一般纳税人会计核算不健全，或者不能够提供准确税务资料的；（2）应当办理一般纳税人资格登记而未办理的。

小规模纳税人一律采用简易计税方法计税，一般纳税人提供的特定应税服务可以选择适用简易计税方法。《营业税改征增值税试点实施办法》第三十四条规定：简易计税方法的应纳税额，是指按照销售额和增值税征收率计算的增值税额，不得抵扣进项税额。应纳税额计算公式是：

应纳税额 = 销售额 × 征收率

本条所称销售额为不含税销售额。纳税人采用销售额和应纳税额合并定价方法的，按照下列公式换算出销售额：

销售额 = 含税销售额 ÷ （1 + 征收率）

采取简易计税方法计算应纳税额时，不得抵扣进项税额。举例说明如下：某试点纳税人提供餐饮服务共取得103元销售额，在计税时换算为不含税销售额，即：不含税销售额 = 103 ÷ （1 + 3%） = 100（元），则增值税应纳税额 = 100 × 3% = 3（元）。

纳税人适用简易计税方法计税的，因销售折让、中止或者退回而退还给买方的销售额，应当从当期销售额中扣减。扣减当期销售额后仍有余额造成多缴的税款，可以从以后的应纳税额中扣减。若已申请代开或已自行开具增值税专用发票的，按照开具红字专用发票的方法处理。举例说明如下：某小规模纳税人仅经营某项应税服务，2017年5月发生一笔销售额1 000元的业务并就此缴纳增值税，6月该业务由于合理原因发生退款。若6月该纳税人应税服务销售额是5 000元，则在6月的销售额中扣除退款的1 000元，6月最终的计税销售额为5 000 - 1 000 = 4 000（元），6月应缴增值税额：4 000 × 3% = 120（元）。若6月该纳税人应税服务销售额仅有600元，则6月的销售额中扣除退款中的600元，6月最终的计税销售额是600 - 600 = 0（元），6月应纳增值税额为0 × 3% = 0（元）；6月销售额不足扣减的税款是400 × 3% = 12（元）。7月该纳税人应缴增值税是5 000 × 3% - 12 = 138（元）。

7. 对纳税人混合销售应纳增值税的规定怎样理解

《营业税改征增值税试点实施办法》第四十条规定：一项销售行为如果既涉及服务又涉及货物，为混合销售。从事货物的生产、批发或者零售的单位和个体工商户的混合销售行为，按照销售货物缴纳增值税；其他单位和个体工商户的混合销售行为，按照销售服务缴纳增值税。本条所称从事货物的生产、批发或者零售的单位和个体工商户，包括以从事货物的生产、批发或者零售为主，并兼营销售服务的单位和个体工商户在内。

本条沿用了原有的增值税和营业税有关混合销售的管理规定，即只有当一项销售行为既涉及服务又涉及货物时，才认定为混合销售行为。从事货物的生产、批发或者零售的单位和个体工商户的混合销售行为，按照销售货物缴纳增值税；其他单位和个体工商户的混合销售行为，按照销售服务缴纳增值税。实践中，对于混合销售行为成立其标准有两点：一是其行为必须是一项且不可分拆；二是该项行为必须即涉及服务提供又涉及货物销售。其中“货物”是指原增值税暂行条例中规定的有形动产，包括电力、热力和气体；“服务”则是指属于本次营改增范围的交通运输服务、建筑服务、金融保险服务、邮政服务、电信服务、现代服务及生活服务。如某从事空调产品销售的有限责任公司在销售产品的同时提供上门安装服务，其销售货物及提供安装服务的行为就属于混合销售，所收取的价款一律按销售货物计算缴纳增值税额。

8. 增值税纳税义务和扣缴义务发生时间怎样确认

《营业税改征增值税试点实施办法》第四十五条对增值税纳税义务、扣缴义务发生时间规定如下：（1）纳税人发生应税行为并收讫销售款项或者取得索取销售款项凭据的当天；先开具发票的，为开具发票的当天。收讫销售款项，是指纳税人销售服务、无形资产、不动产过程中或者完成后收到款项。取得索取销售款项凭据的当天，是指书面合同确定的付款日期；未签订书面合同或者书面合同未确定付款日期的，为服务、无形资产转让完成的当天或者不动产权属变更的当天；（2）纳税人提供建筑服务、租赁服务采取预收款方式的，其纳税义务发生时间为收到预收款的当天；（3）纳税人从事金融商品转让的，为金融商品所有权转移的当天；（4）纳税人发生《营业税改征增值税试点实施办法》第十四条规定情形的，其纳税义务发生时间为服务、无形资产转让完成的当天或者不动产权属变更的当天；（5）增值税扣缴义务发生时间为纳税人增值税纳税义务发生的当天。

其中，《营业税改征增值税试点实施办法》第十四条规定了下列情形视同销售服务、无形资产或者不动产：（1）单位或者个体工商户向其他单位或者个人无偿提供服务、但用于公益事业或者以社会公众为对象的除外；（2）单位或者个人向其他单位或者个人无偿转让无形资产或者不动产，但用于公益事业或者以社会公众为对象的除外；（3）中华人民共和国财政部和国家税务总局规定的其他情形。

掌握纳税义务发生时间确认的原则是：（1）先开具发票的，纳税义务发生时间为开具发票的当天。即不论是否收取款项或提供服务，如果纳税人发生应税行为时先开具发票，其纳税义务发生时间为开具发票的当天。（2）收讫销售款项，是指纳税人发生应税行为过程中或者完成后收到款项。具体掌握时，按照收讫销售款项确认应税行为纳税义务发生时间的，应以发生应税行为为前提；收讫销售款项，是指在应税行为开始提供后收到的款项，包括在应税行为发生过程中或者完成后收取的款项；除了提供建筑服务、租赁服务采取预收款方式外，在发生应税行为之前收到的款项不属于收讫销售款项，不能按照该时间确认纳税义务发生。（3）取得索取销售款项凭据的当天，是指书面合同确定的付款日期的当天；未签订书面合同或者书面合同未确定付款日期的，为应税行为完成的当天。取得索取销售款项凭据的当天按照如下顺序掌握：签订了书面合同且书面合同确定了付款日期的，按照书面合同确定的付款日期的当天确认纳税义务发生；未签订书面合同或者书面合同未确定付款日期的，按照应税服务完成的当天确认纳税义务发生。（4）纳税人提供建筑服务、租赁服务采取预收款方式的，其纳税义务发生时间为收到预收款的当天。纳税人提供有形动产租赁服务与提供其他应税服务的处理原则有所不同，如果纳税人采取预收款方式的，以收到预收款的当天作为纳税义务发生时间。如某试点纳税人出租一辆小轿车供他人使用，每月租金 5 000 元，一次性预收了对方一年的租金共 60 000 元，则应在收到租金的当天确认纳税义务发生，并按 60 000 元确认收入。而不能将 60 000元租金采取按月分摊确认收入的方法，也不能在该业务完成后再确认收入；（5）纳税人从事金融商品转让，为金融商品所有权转移的当天；（6）纳税人发生《营业税改征增值税试点实施办法》第十四条视同发生应税行为的，其纳税义务发生时间为应税行为完成的当天。

增值税扣缴义务发生时间为纳税人增值税纳税义务发生的当天。实践中须先按照《营业税改征增值税试点实施办法》第四十五条的规定确认境外单位或者个人发生应税行为的增值税纳税义务发生时间，而后再以增值税纳税义务发生的当天作为增值税扣缴义务发生时间。

9. 增值税的纳税地点和纳税期限怎样确认

现行的《营业税改征增值税试点实施办法》第四十六条对增值税的纳税地点做了如下的规定：（1）固定业户应当向其机构所在地或者居住地主管税务机关申报纳税。总机构和分支机构不在同一县（市）的，应当分别向各自所在地的主管税务机关申报纳税；经财政部和国家税务总局或者其授权的财政和税务机关批准，可以由总机构汇总向总机构所在地的主管税务机关申报纳税；（2）非固定业户应当向应税行为发生地主管税务机关申报纳税；未申报纳税的，由其机构所在地或者居住地主管税务机关补征税款；（3）其他个人提供建筑服务，销售或者租赁不动产，转让自然资源使用权，应向建筑服务发生地、不动产所在地、自然资源所在地主管税务机关申报纳税；（4）扣缴义务人应当向其机构所在地或者居住地主管税务机关申报缴纳扣缴的税款。对于上述四个方面的规定，应该理解如下：

第一，固定业户应当向其机构所在地或者居住地主管税务机关申报纳税。根据税收属地管辖原则，固定业户应当向其机构所在地的主管税务机关申报纳税，这是一般性规定。这里的机构所在地是指纳税人的注册登记地。如果固定业户设有分支机构，且不在同一县（市）的，应当分别向各自所在地的主管税务机关申报纳税。经财政部和国家税务总局或者其授权的财政和税务机关批准，可以由总机构汇总向总机构所在地的主管税务机关申报纳税。具体审批权限如下：（1）总机构和分支机构不在同一省、自治区、直辖市的，经财政部和国家税务总局批准，可以由总机构汇总向总机构所在地的主管税务机关申报纳税；（2）总机构和分支机构不在同一县（市），但在同一省、自治区、直辖市范围内的，经省、自治区、直辖市财政厅（局）、国家税务局审批同意，可以由总机构汇总向总机构所在地的主管税务机关申报纳税。

第二，非固定业户应当向应税行为发生地的主管税务机关申报纳税；未申报纳税的，由其机构所在地或者居住地的主管税务机关补征税款。

第三，其他个人提供建筑服务，销售或者租赁不动产，转让自然资源使用权，应向建筑服务发生地、不动产所在地、自然资源所在地税务机关申报纳税。既维持各地原来的财政收入不变，也保证征管质量，促进各地税务机关征管积极性。

第四，为促使扣缴义务人履行扣缴义务，同时方便其申报缴纳所扣缴税款，本条规定扣缴义务人向其机构所在地或者居住地的主管税务机关申报缴纳其扣缴的税款。

《营业税改征增值税试点实施办法》第四十七条规定：增值税的纳税期限分别为1日、3日、5日、10日、15日、1个月或者1个季度。纳税人的具体纳税期限，由主管税务机关根据纳税人应纳税额的大小分别核定。以1个季度为纳税期限的规定适用于小规模纳税人、银行、财务公司、信托投资公司、信用社，以及财政部和国家税务总局规定的其他纳税人。不能按照固定期限纳税的，可以按次纳税。纳税人以1个月或者1个季度为1个纳税期的，自期满之日起15日内申报纳税；以1日、3日、5日、10日或者15日为1个纳税期的，自期满之日起5日内预缴税款，于次月1日起15日内申报纳税并结清上月应纳税款。扣缴义务人解缴税款的期限，按照前面按期或按次规定执行。

目前在会计实践中增值税纳税期限普遍采用的有：（1）增值税一般纳税人提供应税服务的（除了另有规定的以外），以1个月为1个纳税期，并自期满之日起15日内申报纳税；（2）增值税小规模纳税人（《营业税改征增值税试点实施办法》规定的其他个人除外）提供应税服务的，原则上以1个季度为1个纳税期，并自季度期满之日起15日内申报纳税；（3）《营业税改征增值税试点实施办法》规定的其他个人提供应税服务的，实行按次纳税；（4）财政部和国家税务总局另有规定的，按规定执行。

10. 增值税的税收优惠政策和起征点规定

《营业税改征增值税试点实施办法》第四十八条规定：纳税人发生应税行为适用免税、减税规定的，可以放弃免税、减税，依照本办法的规定缴纳增值税。放弃免税、减税后，36 个月内不得再申请免税、减税。纳税人发生应税行为同时适用免税和零税率规定的，纳税人可以选择适用免税或者零税率。

理解本条文规定需注意以下几个方面：（1）放弃免税权的增值税一般纳税人发生应税行为可以开具增值税专用发票；（2）纳税人一经放弃免税权，其发生的全部应税行为均应按照适用税率征税，不得选择某一免税项目放弃免税权，也不得根据不同的对象选择部分应税行为放弃免税权；（3）纳税人在免税期内购进用于免税项目的货物、加工修理修配劳务或者应税行为所取得的增值税扣税凭证，一律不得抵扣。

现行的增值税税收优惠主要包括：直接免税、减征税款、即征即退（税务机关负责退税）、先征后返（财政部门负责退税）等形式。销售服务、无形资产或者不动产由营业税改征增值税后，为实现试点纳税人原享受的营业税优惠政策平稳过渡，《营业税改征增值税试点过渡政策的规定》明确了在试点期间试点纳税人可以享受的有关增值税优惠政策。

对于直接免税，财税［2016］36 号《营业税改征增值税试点过渡政策的规定》中规定了下列项目免征增值税：

（1）托儿所、幼儿园提供的保育和教育服务。托儿所、幼儿园，是指经县级以上教育部门审批成立、取得办园许可证的实施 0 ~6 岁学前教育的机构，包括公办和民办的托儿所、幼儿园、学前班、幼儿班、保育院。公办托儿所、幼儿园免征增值税的收入是指，在省级财政部门和价格主管部门审核报省级人民政府批准的收费标准以内收取的教育费、保育费。民办托儿所、幼儿园免征增值税的收入是指，在报经当地有关部门备案并公示的收费标准范围内收取的教育费、保育费。超过规定收费标准的收费，以开办实验班、特色班和兴趣班等为由另外收取的费用以及与幼儿入园挂钩的赞助费、支教费等超过规定范围的收入，不属于免征增值税的收入。

（2）养老机构提供的养老服务。养老机构，是指依照民政部《养老机构设立许可办法》（民政部令第48号）设立并依法办理登记的为老年人提供集中居住和照料服务的各类养老机构；养老服务，是指上述养老机构按照民政部《养老机构管理办法》（民政部令第49号）的规定，为收住的老年人提供的生活照料、康复护理、精神慰藉、文化娱乐等服务。

（3）残疾人福利机构提供的育养服务。

（4）婚姻介绍服务。

（5）殡葬服务。殡葬服务，是指收费标准由各地价格主管部门会同有关部门核定，或者实行政府指导价管理的遗体接运（含抬尸、消毒）、遗体整容、遗体防腐、存放（含冷藏）、火化、骨灰寄存、吊唁设施设备租赁、墓穴租赁及管理等服务。

（6）残疾人员本人为社会提供的服务。

（7）医疗机构提供的医疗服务。医疗机构，是指依据国务院《医疗机构管理条例》（国务院令第149号）及卫生部《医疗机构管理条例实施细则》（卫生部令第35号）的规定，经登记取得《医疗机构执业许可证》的机构，以及军队、武警部队各级各类医疗机构。具体包括：各级各类医院、门诊部（所）、社区卫生服务中心（站）、急救中心（站）、城乡卫生院、护理院（所）、疗养院、临床检验中心，各级政府及有关部门举办的卫生防疫站（疾病控制中心）、各种专科疾病防治站（所），各级政府举办的妇幼保健所（站）、母婴保健机构、儿童保健机构，各级政府举办的血站（血液中心）等医疗机构。医疗服务，是指医疗机构按照不高于地（市）级以上价格主管部门会同同级卫生主管部门及其他相关部门制定的医疗服务指导价格（包括政府指导价和按照规定由供需双方协商确定的价格等）为就医者提供《全国医疗服务价格项目规范》所列的各项服务，以及医疗机构向社会提供卫生防疫、卫生检疫的服务。

（8）从事学历教育的学校提供的教育服务。学历教育，是指受教育者经过国家教育考试或者国家规定的其他入学方式，进入国家有关部门批准的学校或者其他教育机构学习，获得国家承认的学历证书的教育形式。具体包括：①初等教育：普通小学、成人小学。②初级中等教育：普通初中、职业初中、成人初中。③高级中等教育：普通高中、成人高中和中等职业学校（包括普通中专、成人中专、职业高中、技工学校）。④高等教育：普通本专科、成人本专科、网络本专科、研究生（博士、硕士）、高等教育自学考试、高等教育学历文凭考试。从事学历教育的学校，是指：①普通学校。②经地（市）级以上人民政府或者同级政府的教育行政部门批准成立、国家承认其学员学历的各类学校。③经省级及以上人力资源社会保障行政部门批准成立的技工学校、高级技工学校。④经省级人民政府批准成立的技师学院。上述学校均包括符合规定的从事学历教育的民办学校，但不包括职业培训机构等国家不承认学历的教育机构。

提供教育服务免征增值税的收入，是指对列入规定招生计划的在籍学生提供学历教育服务取得的收入，具体包括：经有关部门审核批准并按规定标准收取的学费、住宿费、课本费、作业本费、考试报名费收入，以及学校食堂提供餐饮服务取得的伙食费收入。除此之外的收入，包括学校以各种名义收取的赞助费、择校费等，不属于免征增值税的范围。学校食堂是指依照《学校食堂与学生集体用餐卫生管理规定》（教育部令第 14 号）管理的学校食堂。

（9）学生勤工俭学提供的服务。

（10）农业机耕、排灌、病虫害防治、植物保护、农牧保险以及相关技术培训业务，家禽、牲畜、水生动物的配种和疾病防治。农业机耕，是指在农业、林业、牧业中使用农业机械进行耕作（包括耕耘、种植、收割、脱粒、植物保护）的业务；排灌，是指对农田进行灌溉或者排涝的业务；病虫害防治，是指从事农业、林业、牧业、渔业的病虫害测报和防治的业务；农牧保险，是指为种植业、养殖业、牧业种植和饲养的动植物提供保险的业务；相关技术培训，是指与农业机耕、排灌、病虫害防治、植物保护业务相关以及为使农民获得农牧保险知识的技术培训业务；家禽、牲畜、水生动物的配种和疾病防治业务的免税范围，包括与该项服务有关的提供药品和医疗用具的业务。

（11）纪念馆、博物馆、文化馆、文物保护单位管理机构、美术馆、展览馆、书画院、图书馆在自己的场所提供文化体育服务取得的第一道门票收入。

（12）寺院、宫观、清真寺和教堂举办文化、宗教活动的门票收入。

（13）行政单位之外的其他单位收取的符合《营业税改征增值税试点实施办法》第十条规定条件的政府性基金和行政事业性收费。

（14）个人转让著作权。

（15）个人销售自建自用住房。

（16）2018 年 12 月 31 日前，公共租赁住房经营管理单位出租公共租赁住房。公共租赁住房，是指纳入省、自治区、直辖市、计划单列市人民政府及新疆生产建设兵团批准的公共租赁住房发展规划和年度计划，并按照《关于加快发展公共租赁住房的指导意见》（建保［2010］87 号）和市、县人民政府制定的具体管理办法进行管理的公共租赁住房。

（17）台湾航运公司、航空公司从事海峡两岸海上直航、空中直航业务在大陆取得的运输收入。台湾航运公司，是指取得交通运输部颁发的“台湾海峡两岸间水路运输许可证”且该许可证上注明的公司登记地址在台湾的航运公司和取得中国民用航空局颁发的“经营许可”或者依据《海峡两岸空运协议》和《海峡两岸空运补充协议》规定，批准经营两岸旅客、货物和邮件不定期（包机）运输业务，且公司登记地址在台湾的航空公司。

（18）纳税人提供的直接或者间接国际货物运输代理服务。主要要求是：①纳税人提供直接或者间接国际货物运输代理服务，向委托方收取的全部国际货物运输代理服务收入，以及向国际运输承运人支付的国际运输费用，必须通过金融机构进行结算。②纳税人为大陆与香港、澳门、台湾地区之间的货物运输提供的货物运输代理服务参照国际货物运输代理服务有关规定执行。③委托方索取发票的，纳税人应当就国际货物运输代理服务收入向委托方全额开具增值税普通发票。

（19）以下利息收入。①2016 年 12 月 31 日前，金融机构农户小额贷款。小额贷款，是指单笔且该农户贷款余额总额在 10 万元（含本数）以下的贷款。所称农户，是指长期（一年以上）居住在乡镇（不包括城关镇）行政管理区域内的住户，还包括长期居住在城关镇所辖行政村范围内的住户和户口不在本地而在本地居住一年以上的住户，国有农场的职工和农村个体工商户。位于乡镇（不包括城关镇）行政管理区域内和在城关镇所辖行政村范围内的国有经济的机关、团体、学校、企事业单位的集体户；有本地户口，但举家外出谋生一年以上的住户，无论是否保留承包耕地均不属于农户。农户以户为统计单位，既可以从事农业生产经营，也可以从事非农业生产经营。农户贷款的判定应以贷款发放时的承贷主体是否属于农户为准。② 国家助学贷款。③ 国债、地方政府债。④ 人民银行对金融机构的贷款。⑤ 住房公积金管理中心用住房公积金在指定的委托银行发放的个人住房贷款。⑥ 外汇管理部门在从事国家外汇储备经营过程中，委托金融机构发放的外汇贷款。⑦ 统借统还业务中，企业集团或企业集团中的核心企业以及集团所属财务公司按不高于支付给金融机构的借款利率水平或者支付的债券票面利率水平，向企业集团或者集团内下属单位收取的利息。统借方向资金使用单位收取的利息，高于支付给金融机构借款利率水平或者支付的债券票面利率水平的，应全额缴纳增值税。统借统还业务是指：① 企业集团或者企业集团中的核心企业向金融机构借款或对外发行债券取得资金后，将所借资金分拨给下属单位（包括独立核算单位和非独立核算单位，下同），并向下属单位收取用于归还金融机构或债券购买方本息的业务。② 企业集团向金融机构借款或对外发行债券取得资金后，由集团所属财务公司与企业集团或者集团内下属单位签订统借统还贷款合同并分拨资金，并向企业集团或者集团内下属单位收取本息，再转付企业集团，由企业集团统一归还金融机构或债券购买方的业务。

（20）被撤销金融机构以货物、不动产、无形资产、有价证券、票据等财产清偿债务。被撤销金融机构，是指经人民银行、银监会依法决定撤销的金融机构及其分设于各地的分支机构，包括被依法撤销的商业银行、信托投资公司、财务公司、金融租赁公司、城市信用社和农村信用社。除另有规定外，被撤销金融机构所属、附属企业，不享受被撤销金融机构增值税免税政策。

（21）保险公司开办的一年期以上人身保险产品取得的保费收入。一年期以上人身保险，是指保险期间为一年期及以上返还本利的人寿保险、养老年金保险，以及保险期间为一年期及以上的健康保险。人寿保险，是指以人的寿命为保险标的的人身保险。养老年金保险，是指以养老保障为目的，以被保险人生存为给付保险金条件，并按约定的时间间隔分期给付生存保险金的人身保险。养老年金保险应当同时符合下列条件：① 保险合同约定给付被保险人生存保险金的年龄不得小于国家规定的退休年龄。② 相邻两次给付的时间间隔不得超过一年。健康保险，是指以因健康原因导致损失为给付保险金条件的人身保险。上述免税政策实行备案管理，具体备案管理办法按照《国家税务总局关于一年期以上返还性人身保险产品免征营业税审批事项取消后有关管理问题的公告》（国家税务总局公告 2015 年第 65 号）规定执行。

（22）下列金融商品转让收入：① 合格境外投资者（QFII）委托境内公司在我国从事证券买卖业务。② 香港市场投资者（包括单位和个人）通过沪港通买卖上海证券交易所上市 A 股。③ 对香港市场投资者（包括单位和个人）通过基金互认买卖内地基金份额。④ 证券投资基金（封闭式证券投资基金，开放式证券投资基金）管理人运用基金买卖股票、债券。⑤ 个人从事金融商品转让业务。

（23）金融同业往来利息收入。包括有：① 金融机构与人民银行所发生的资金往来业务。包括人民银行对一般金融机构贷款，以及人民银行对商业银行的再贴现。② 银行联行往来业务。同一银行系统内部不同行、处之间所发生的资金账务往来业务。③ 金融机构间的资金往来业务。是指经人民银行批准，进入全国银行间同业拆借市场的金融机构之间通过全国统一的同业拆借网络进行的短期（一年以下含一年）无担保资金融通行为。④ 金融机构之间开展的转贴现业务。其中的“金融机构”是指：① 银行：包括人民银行、商业银行、政策性银行。② 信用合作社。③ 证券公司。④ 金融租赁公司、证券基金管理公司、财务公司、信托投资公司、证券投资基金。⑤ 保险公司。⑥ 其他经人民银行、银监会、证监会、保监会批准成立且经营金融保险业务的机构等。

（24）同时符合下列条件的担保机构从事中小企业信用担保或者再担保业务取得的收入（不含信用评级、咨询、培训等收入）三年内免征增值税：① 已取得监管部门颁发的融资性担保机构经营许可证，依法登记注册为企事业法人，实收资本超过2 000万元。② 平均年担保费率不超过银行同期贷款基准利率的50%。平均年担保费率＝本期担保费收入÷（期初担保余额＋本期增加担保金额）×100%。③ 连续合规经营两年以上，资金主要用于担保业务，具备健全的内部管理制度和为中小企业提供担保的能力，经营业绩突出，对受保项目具有完善的事前评估、事中监控、事后追偿与处置机制。④ 为中小企业提供的累计担保贷款额占其两年累计担保业务总额的80%以上，单笔800万元以下的累计担保贷款额占其累计担保业务总额的50%以上。⑤ 对单个受保企业提供的担保余额不超过担保机构实收资本总额的10%，且平均单笔担保责任金额最多不超过3 000万元人民币。⑥ 担保责任余额不低于其净资产的3倍，且代偿率不超过2%。

担保机构免征增值税政策采取备案管理方式。符合条件的担保机构应到所在地县（市）主管税务机关和同级中小企业管理部门履行规定的备案手续，自完成备案手续之日起，享受3年免征增值税政策。3年免税期满后，符合条件的担保机构可按规定程序办理备案手续后继续享受该项政策。具体备案管理办法按照《国家税务总局关于中小企业信用担保机构免征营业税审批事项取消后有关管理问题的公告》（国家税务总局公告2015年第69号）规定执行，其中税务机关的备案管理部门统一调整为县（市）级国家税务局。

（25）国家商品储备管理单位及其直属企业承担商品储备任务，从中央或者地方财政取得的利息补贴收入和价差补贴收入。国家商品储备管理单位及其直属企业，是指接受中央、省、市、县四级政府有关部门（或者政府指定管理单位）委托，承担粮（含大豆）、食用油、棉、糖、肉、盐（限于中央储备）等6种商品储备任务，并按有关政策收储、销售上述6种储备商品，取得财政储备经费或者补贴的商品储备企业。利息补贴收入，是指国家商品储备管理单位及其直属企业因承担上述商品储备任务从金融机构贷款，并从中央或者地方财政取得的用于偿还贷款利息的贴息收入。价差补贴收入包括销售价差补贴收入和轮换价差补贴收入。销售价差补贴收入，是指按照中央或者地方政府指令销售上述储备商品时，由于销售收入小于库存成本而从中央或者地方财政获得的全额价差补贴收入。轮换价差补贴收入，是指根据要求定期组织政策性储备商品轮换而从中央或者地方财政取得的商品新陈品质价差补贴收入。

（26）纳税人提供技术转让、技术开发和与之相关的技术咨询、技术服务。其中：①技术转让、技术开发，是指《销售服务、无形资产、不动产注释》中“转让技术”、“研发服务”范围内的业务活动。技术咨询，是指就特定技术项目提供可行性论证、技术预测、专题技术调查、分析评价报告等业务活动。②与技术转让、技术开发相关的技术咨询、技术服务，是指转让方（或者受托方）根据技术转让或者开发合同的规定，为帮助受让方（或者委托方）掌握所转让（或者委托开发）的技术，而提供的技术咨询、技术服务业务，且这部分技术咨询、技术服务的价款与技术转让或者技术开发的价款应当在同一张发票上开具。

试点纳税人申请免征增值税时，须持技术转让、开发的书面合同，到纳税人所在地省级科技主管部门进行认定，并持有关的书面合同和科技主管部门审核意见证明文件报主管税务机关备查。

（27）同时符合下列条件的合同能源管理服务：①节能服务公司实施合同能源管理项目相关技术，应当符合国家质量监督检验检疫总局和国家标准化管理委员会发布的《合同能源管理技术通则》（GB/T 24915－2010）规定的技术要求。②节能服务公司与用能企业签订节能效益分享型合同，其合同格式和内容，符合《中华人民共和国合同法》和《合同能源管理技术通则》（GB/T 24915－2010）等规定。

（28）2017年12月31日前，科普单位的门票收入，以及县级及以上党政部门和科协开展科普活动的门票收入。其中，科普单位，是指科技馆、自然博物馆，对公众开放的天文馆（站、台）、气象台（站）、地震台（站），以及高等院校、科研机构对公众开放的科普基地。科普活动，是指利用各种传媒以浅显的、让公众易于理解、接受和参与的方式，向普通大众介绍自然科学和社会科学知识，推广科学技术的应用，倡导科学方法，传播科学思想，弘扬科学精神的活动。

（29）政府举办的从事学历教育的高等、中等和初等学校（不含下属单位），举办进修班、培训班取得的全部归该学校所有的收入。全部归该学校所有，是指举办进修班、培训班取得的全部收入进入该学校统一账户，并纳入预算全额上缴财政专户管理，同时由该学校对有关票据进行统一管理和开具。举办进修班、培训班取得的收入进入该学校下属部门自行开设账户的，不予免征增值税。

（30）政府举办的职业学校设立的主要为在校学生提供实习场所、并由学校出资自办、由学校负责经营管理、经营收入归学校所有的企业，从事《销售服务、无形资产或者不动产注释》中“现代服务”（不含融资租赁服务、广告服务和其他现代服务）、“生活服务”（不含文化体育服务、其他生活服务和桑拿、氧吧）业务活动取得的收入。

（31）家政服务企业由员工制家政服务员提供家政服务取得的收入。家政服务企业，是指在企业营业执照的规定经营范围中包括家政服务内容的企业。员工制家政服务员，是指同时符合下列三个条件的家政服务员：① 依法与家政服务企业签订半年及半年以上的劳动合同或者服务协议，且在该企业实际上岗工作。② 家政服务企业为其按月足额缴纳了企业所在地人民政府根据国家政策规定的基本养老保险、基本医疗保险、工伤保险、失业保险等社会保险。对已享受新型农村养老保险和新型农村合作医疗等社会保险或者下岗职工原单位继续为其缴纳社会保险的家政服务员，如果本人书面提出不再缴纳企业所在地人民政府根据国家政策规定的相应的社会保险，并出具其所在乡镇或者原单位开具的已缴纳相关保险的证明，可视同家政服务企业已为其按月足额缴纳了相应的社会保险。③ 家政服务企业通过金融机构向其实际支付不低于企业所在地适用的经省级人民政府批准的最低工资标准的工资。

（32）福利彩票、体育彩票的发行收入。

（33）军队空余房产租赁收入。

（34）为了配合国家住房制度改革，企业、行政事业单位按房改成本价、标准价出售住房取得的收入。

(35) 将土地使用权转让给农业生产者用于农业生产。

(36) 涉及家庭财产分割的个人无偿转让不动产、土地使用权。家庭财产分割，包括下列情形：离婚财产分割；无偿赠与配偶、父母、子女、祖父母、外祖父母、孙子女、外孙子女、兄弟姐妹；无偿赠与对其承担直接抚养或者赡养义务的抚养人或者赡养人；房屋产权所有人死亡，法定继承人、遗嘱继承人或者受遗赠人依法取得房屋产权。

(37) 土地所有者出让土地使用权和土地使用者将土地使用权归还给土地所有者。

(38) 县级以上地方人民政府或自然资源行政主管部门出让、转让或收回自然资源使用权（不含土地使用权）。

(39) 随军家属就业。主要税收优惠政策有：① 为安置随军家属就业而新开办的企业，自领取税务登记证之日起，其提供的应税服务 3 年内免征增值税。享受税收优惠政策的企业，是指随军家属必须占企业总人数的 60%（含）以上，并有军（含）以上政治和后勤机关出具的证明。② 从事个体经营的随军家属，自办理税务登记事项之日起，其提供的应税服务 3 年内免征增值税。但随军家属必须有师以上政治机关出具的可以表明其身份的证明。按照规定，每一名随军家属可以享受一次免税政策。

(40) 军队转业干部就业。主要优惠政策有：① 从事个体经营的军队转业干部，自领取税务登记证之日起，其提供的应税服务 3 年内免征增值税。② 为安置自主择业的军队转业干部就业而新开办的企业，凡安置自主择业的军队转业干部占企业总人数 60%（含）以上的，自领取税务登记证之日起，其提供的应税服务 3 年内免征增值税。按照规定，享受上述优惠政策的自主择业的军队转业干部必须持有师以上部队颁发的转业证件。

增值税即征即退，是指税务机关按照有关规定将纳税人的增值税应纳税额及时足额征收入库，再由税务机关将已征收入库的增值税税款全部或部分退还给纳税人。纳税人提供应税服务享受增值税即征即退优惠政策的，可以开具增值税专用发票，并按照一般计税方法计算增值税的销项税额、进项税额和应纳税额。按照规定，下列项目的增值税实行即征即退政策：

(1) 一般纳税人提供管道运输服务，对其增值税实际税负超过 3% 的部分实行增值税即征即退政策。所称增值税实际税负，是指纳税人当期提供应税服务实际缴纳的增值税额占纳税人当期提供应税服务取得的全部价款和价外费用的比例。

（2）经人民银行、银监会或者商务部批准从事融资租赁业务的试点纳税人中的一般纳税人，提供有形动产融资租赁服务和有形动产融资性售后回租服务，对其增值税实际税负超过3%的部分实行增值税即征即退政策。商务部授权的省级商务主管部门和国家经济技术开发区批准的从事融资租赁业务和融资性售后回租业务的试点纳税人中的一般纳税人，2016年5月1日后实收资本达到1.7亿元的，从达到标准的当月起按照上述规定执行；2016年5月1日后实收资本未达到1.7亿元，但注册资本达到1.7亿元的，在2016年7月31日前仍可按照上述规定执行，2016年8月1日后开展的有形动产融资租赁业务和有形动产融资性售后回租业务不得按照上述规定执行。

扣减增值税规定如下：

（1）退役士兵创业就业扣减增值税规定

① 对自主就业退役士兵从事个体经营的，在3年内按每户每年8 000元为限额依次扣减其当年实际应缴纳的增值税、城市维护建设税、教育费附加、地方教育附加和个人所得税。限额标准最高可上浮20%，各省、自治区、直辖市人民政府可根据本地区实际情况在此幅度内确定具体限额标准，并报财政部和国家税务总局备案。

纳税人年度应缴纳税款小于上述扣减限额的，以其实际缴纳的税款为限；大于上述扣减限额的，应以上述扣减限额为限。纳税人的实际经营期不足一年的，应当以实际月份换算其减免税限额。换算公式为：减免税限额 = 年度减免税限额 ÷ 12 × 实际经营月数。纳税人在享受税收优惠政策的当月，持《中国人民解放军义务兵退出现役证》或《中国人民解放军士官退出现役证》以及税务机关要求的相关材料向主管税务机关备案。

② 对商贸企业、服务型企业、劳动就业服务企业中的加工型企业和街道社区具有加工性质的小型企业实体，在新增加的岗位中，当年新招用自主就业退役士兵，与其签订1年以上期限劳动合同并依法缴纳社会保险费的，在3年内按实际招用人数予以定额依次扣减增值税、城市维护建设税、教育费附加、地方教育附加和企业所得税优惠。定额标准为每人每年4 000元，最高可上浮50%，各省、自治区、直辖市人民政府可根据本地区实际情况在此幅度内确定具体定额标准，并报财政部和国家税务总局备案。本条所称服务型企业是指从

事《销售服务、无形资产、不动产注释》中"不动产租赁服务"、"商务辅助服务"（不含货物运输代理和代理报关服务）、"生活服务"（不含文化体育服务）范围内业务活动的企业以及按照《民办非企业单位登记管理暂行条例》（国务院令第251号）登记成立的民办非企业单位。

纳税人按企业招用人数和签订的劳动合同时间核定企业减免税总额，在核定减免税总额内每月依次扣减增值税、城市维护建设税、教育费附加和地方教育附加。纳税人实际应缴纳的增值税、城市维护建设税、教育费附加和地方教育附加小于核定减免税总额的，以实际应缴纳的增值税、城市维护建设税、教育费附加和地方教育附加为限；实际应缴纳的增值税、城市维护建设税、教育费附加和地方教育附加大于核定减免税总额的，以核定减免税总额为限。

纳税年度终了，如果企业实际减免的增值税、城市维护建设税、教育费附加和地方教育附加小于核定的减免税总额，企业在企业所得税汇算清缴时扣减企业所得税。当年扣减不足的，不再结转以后年度扣减。

企业自招用自主就业退役士兵的次月起享受税收优惠政策，并于享受税收优惠政策的当月，持下列材料向主管税务机关备案：新招用自主就业退役士兵的《中国人民解放军义务兵退出现役证》或《中国人民解放军士官退出现役证》；企业与新招用自主就业退役士兵签订的劳动合同（副本），企业为职工缴纳的社会保险费记录；自主就业退役士兵本年度在企业工作时间表；主管税务机关要求的其他相关材料。

③ 上述所称自主就业退役士兵是指依照《退役士兵安置条例》（国务院、中央军委令第608号）的规定退出现役并按自主就业方式安置的退役士兵。

④ 上述税收优惠政策的执行期限为2016年5月1日至2016年12月31日，纳税人在2016年12月31日未享受满3年的，可继续享受至3年期满为止。按照《财政部、国家税务总局和民政部关于调整完善扶持自主就业退役士兵创业就业有关税收政策的通知》（财税［2014］42号）规定，享受营业税优惠政策的纳税人，自2016年5月1日起按照上述规定享受增值税优惠政策，在2016年12月31日未享受满3年的，可继续享受至3年期满为止。《财政部、国家税务总局关于将铁路运输和邮政业纳入营业税改征增值税试点的通知》（财税［2013］106号）附件3第一条第（十二）项城镇退役士兵就业免征增值税政策，自2014年7月1日起停止执行。在2014年6月30日未享受满3年的，可继续享受至3年期满为止。

（2）重点群体创业就业扣减增值税规定

① 对持《就业创业证》（注明“自主创业税收政策”或“毕业年度内自主创业税收政策”）或2015年1月27日前取得的《就业失业登记证》（注明“自主创业税收政策”或附着《高校毕业生自主创业证》）的人员从事个体经营的，在3年内按每户每年8 000元为限额依次扣减其当年实际应缴纳的增值税、城市维护建设税、教育费附加、地方教育附加和个人所得税。限额标准最高可上浮20%，各省、自治区、直辖市人民政府可根据本地区实际情况在此幅度内确定具体限额标准，并报财政部和国家税务总局备案。

纳税人年度应缴纳税款小于上述扣减限额的，以其实际缴纳的税款为限；大于上述扣减限额的，应以上述扣减限额为限。重点群体创业就业人员是指：在人力资源社会保障部门公共就业服务机构登记失业半年以上的人员；零就业家庭、享受城市居民最低生活保障家庭劳动年龄内的登记失业人员；毕业年度内高校毕业生。高校毕业生是指实施高等学历教育的普通高等学校、成人高等学校毕业的学生；毕业年度是指毕业所在自然年，即1月1日至12月31日。

② 对商贸企业、服务型企业、劳动就业服务企业中的加工型企业和街道社区具有加工性质的小型企业实体，在新增加的岗位中，当年新招用在人力资源社会保障部门公共就业服务机构登记失业半年以上且持《就业创业证》或2015年1月27日前取得的《就业失业登记证》（注明“企业吸纳税收政策”）人员，与其签订1年以上期限劳动合同并依法缴纳社会保险费的，在3年内按实际招用人数予以定额依次扣减增值税、城市维护建设税、教育费附加、地方教育附加和企业所得税优惠。定额标准为每人每年4 000元，最高可上浮30%，各省、自治区、直辖市人民政府可根据本地区实际情况在此幅度内确定具体定额标准，并报财政部和国家税务总局备案。按上述标准计算的税收扣减额应在企业当年实际应缴纳的增值税、城市维护建设税、教育费附加、地方教育附加和企业所得税税额中扣减，当年扣减不足的，不得结转下年使用。

本条所称服务型企业是指从事《销售服务、无形资产、不动产注释》中不动产租赁服务、商务辅助服务（不含货物运输代理和代理报关服务）、生活服务（不含文化体育服务）范围内业务活动的企业以及按照《民办非企业单位登记管理暂行条例》（国务院令第251号）登记成立的民办非企业单位。

③ 享受上述优惠政策的人员按以下规定申领《就业创业证》：按照《就业服务与就业管理规定》（劳动和社会保障部令第28号）第六十三条的规定，

在法定劳动年龄内，有劳动能力，有就业要求，处于无业状态的城镇常住人员，在公共就业服务机构进行失业登记，申领《就业创业证》。其中，农村进城务工人员和其他非本地户籍人员在常住地稳定就业满6个月的，失业后可以在常住地登记。零就业家庭凭社区出具的证明，城镇低保家庭凭低保证明，在公共就业服务机构登记失业，申领《就业创业证》。毕业年度内高校毕业生在校期间凭学生证向公共就业服务机构按规定申领《就业创业证》，或委托所在高校就业指导中心向公共就业服务机构按规定代为其申领《就业创业证》；毕业年度内高校毕业生离校后直接向公共就业服务机构按规定申领《就业创业证》。

上述人员申领相关凭证后，由就业和创业地人力资源社会保障部门对人员范围、就业失业状态、已享受政策情况进行核实，在《就业创业证》上注明"自主创业税收政策"、"毕业年度内自主创业税收政策"或"企业吸纳税收政策"字样，同时符合自主创业和企业吸纳税收政策条件的，可同时加注；主管税务机关在《就业创业证》上加盖戳记，注明减免税所属时间。

服务型企业招录的人员，在公共就业服务机构申领《就业失业登记证》。《再就业优惠证》不再发放，原持证人员应当到公共就业服务机构换发《就业失业登记证》。正在享受下岗失业人员再就业税收优惠政策的原持证人员，继续享受原税收优惠政策至期满为止。

④ 上述税收优惠政策的执行期限为2016年5月1日至2016年12月31日，纳税人在2016年12月31日未享受满3年的，可继续享受至3年期满为止。按照《财政部　国家税务总局　人力资源社会保障部关于继续实施支持和促进重点群体创业就业有关税收政策的通知》（财税2014年39号）规定享受营业税优惠政策的纳税人，自2016年5月1日起按照上述规定享受增值税优惠政策，在2016年12月31日未享受满3年的，可继续享受至3年期满为止。《财政部　国家税务总局关于将铁路运输和邮政业纳入营业税改征增值税试点的通知》（财税2013年106号）附件3第一条第（十三）项失业人员就业增值税优惠政策，自2014年1月1日起停止执行。在2013年12月31日未享受满3年的，可继续享受至3年期满为止。

《营业税改征增值税试点实施办法》第四十九条规定：个人发生应税行为的销售额未达到增值税起征点的，免征增值税；达到起征点的，全额计算缴纳增值税。增值税起征点不适用于登记为一般纳税人的个体工商户。

增值税起征点仅适用于个体工商户小规模纳税人纳税的和其他个人。增值税起征点所称的销售额不包括其应纳税额，即不含税销售额。纳税人达到增值税起征点的，应全额计算缴纳增值税，不应仅就超过增值税起征点的部分计算缴纳增值税。举例来讲，某增值税纳税人提供应税服务的起征点为20 000元，某个体工商户（小规模纳税人）本月取得含税餐饮服务收入40 000元。该个体工商户本月餐饮服务不含税收入计算结果是40 000 ÷ （1 + 3%） = 38 834.95元。餐饮服务取得的收入超过起征点，全额征税。应纳税额 = 38 834.95 × 3% = 1 165.05元。

《营业税改征增值税试点实施办法》第五十条对增值税起征点幅度规定如下：(1) 增值税按期纳税的，为纳税人月销售额5 000～20 000元（含本数）；(2) 增值税按次纳税的，为纳税人每次（日）销售额300～500元（含本数）。起征点的调整由财政部和国家税务总局规定。省、自治区、直辖市财政厅（局）和国家税务局应当在规定的幅度内，根据实际情况确定本地区适用的起征点，并报财政部和国家税务总局备案。对增值税小规模纳税人中月销售额未达到2万元的企业或非企业性单位，免征增值税。2017年12月31日前，对月销售额2万元（含本数）至3万元的增值税小规模纳税人，免征增值税。

11. 怎样履行增值税减免税税收优惠备案和报批手续

按照2015年国家税务总局发布的第43号公告《税收减免管理办法》第四条和第五条的规定，减免税税收优惠措施分为核准类减免税和备案类减免税。其中，核准类减免税是指法律、法规规定应由税务机关核准的减免税项目；备案类减免税是指不需要税务机关核准的减免税项目。纳税人享受核准类减免税，应当提交核准材料，提出申请，经依法具有批准权限的税务机关按本办法规定核准确认后执行。未按规定申请或虽申请但未经有批准权限的税务机关核准确认的，纳税人不得享受减免税。纳税人享受备案类减免税，应当具备相应的减免税资质，并履行规定的备案手续。依照上述规定，增值税减免税税收优惠同样分为核准类减免税和备案类减免税两类。而增值税优惠备案项目按照纳税人享受增值税税收优惠的类型，可分为减免税资格备案和简易征收备案两种。

根据《财政部和国家税务总局关于全面推开营业税改征增值税试点的通知》（财税［2016］36号）、《财政部和国家税务总局关于营业税改征增值税试点若干政策的通知》（财税［2016］39号）的规定，为保证试点优惠政策平稳过渡，在上级未有新规定之前，对试点过渡政策增值税税收优惠备案业务的办理暂按以下规定执行：

（1）增值税税收优惠备案范围是：试点纳税人符合《通知》附件3《营业税改征增值税试点过渡政策政策的规定》的规定，按照本指南的要求办理免征增值税、即征即退资格和扣减增值税税收优惠备案；符合《财政部 国家税务总局关于营业税改征增值税试点若干政策的通知》（财税［2016］39号）规定的试点纳税人；2016年4月30日（含）前，试点纳税人已经按照有关政策规定办理营业税税收优惠备案的，在剩余税收优惠政策期限内，按照规定可继续享受有关增值税优惠。

下列免税项目不需要备案：残疾人员本人为社会提供的服务；其他个人转让著作权；其他个人销售自建自用住房；涉及家庭财产分割的其他个人无偿转让不动产、土地使用权。

（2）增值税税收优惠备案时间规定如下：符合规定条件的试点纳税人，

应在首次享受减免税的申报阶段办理备案（2016 年 5 月 1 日起，新纳入试点的纳税人可自 5 月 1 日起办理税收优惠备案）。

（3）增值税税收优惠备案资料及备案流程规定如下：① 增值税减免税优惠分为备案类减免税和核准类减免税，其中，过渡政策涉及的 40 项免征增值税项目以及 2 项扣减增值税项目属于备案类减免税；2 项即征即退项目属于核准类减免税。② 除上述不需要备案的增值税优惠项目外，符合规定可以享受其他税收优惠项目的试点纳税人，需提供《纳税人减免税登记备案表》（附件 1）或《税务资格备案表》（附件 2），另需报送附列资料的按《试点纳税人营改增过渡政策备案附报资料》（附件 3）的要求报送（如表 2、表 3 所示）。③ 具体备案流程及要求按各省、自治区及直辖市国家税务局关于增值税减免税管理有关问题的公告的相关规定执行。为减少办税时间，试点纳税人可自行下载填写上述备案表格，并加盖单位公章（印鉴）后，到办税服务厅办理备案手续。

表 2　　备案类增值税过渡优惠项目及报送资料

序号	优惠项目	报送资料	减免税期限
1	个人转让著作权	1.《增值税减免税备案登记表》 2. 个人转让著作权业务合同原件和复印件；合同中注明的著作权登记证明原件和复印件	长期
2	残疾人个人提供应税服务	1.《增值税减免税备案登记表》 2.《残疾人证》（注明属于视力残疾、听力残疾、言语残疾、肢体残疾、智力残疾和精神残疾）、《残疾军人证》（1 至 8 级）原件及复印件 3. 残疾人身份证原件及复印件	长期
3	飞机播撒农药服务	1.《增值税减免税备案登记表》 2. 航空公司提供飞机播撒农药服务业务合同原件和复印件	长期

续表

序号	优惠项目	报送资料	减免税期限
4	技术转让、技术开发	1.《增值税减免税备案登记表》 2. 技术转让、技术开发和与之相关的技术咨询、技术服务业务合同原件和复印件 3. 外国企业和外籍个人从境外向中国境内转让技术的，应附报省级科技主管部门出具的技术合同认定登记证明或提供由审批技术引进项目的商务部（原为对外贸易经济合作部）及其授权的地方商务部门（原为地方外经贸部门）出具的技术转让合同批准文件原件和复印件；除外国企业、外籍个人以外的其他纳税人提供省级科技主管部门出具的技术合同认定登记证明原件和复印件 4. 外国企业和外籍个人如委托境内企业申请办理备案手续，应提供委托书原件和复印件（如系外文的应翻译成中文）	长期
5	合同能源管理项目中提供的应税服务	1.《增值税减免税备案登记表》 2. 企业签订节能效益分享型合同能源管理项目合同原件和复印件	长期
6	离岸服务外包业务	1.《增值税减免税备案登记表》 2. 企业签订离岸服务外包项目业务合同原件和复印件	试点实施之日起至 2013 年 12 月 31 日
7	台湾航运公司两岸海上直航	1.《增值税减免税备案登记表》 2. 交通运输部颁发的"台湾海峡两岸间水路运输许可证"的证书原件和复印件（许可证上注明的航运公司登记地址在台湾）	长期
8	台湾航空公司两岸空中直航	1.《增值税减免税备案登记表》 2. 中国民用航空局颁发的"经营许可"原件和复印件；或依据《海峡两岸空运协议》和《海峡两岸空运补充协议》规定，批准经营两岸旅客、货物和邮件不定期（包机）运输业务，且公司登记地址在台湾的航空公司的证明材料原件和复印件	长期
9	ABS 船级社船检服务	1.《增值税减免税备案登记表》 2. 美国 ABS 船级社身份证明原件和复印件	长期

续表

序号	优惠项目	报送资料	减免税期限
10	电影企业转让版权、发行、农村放映	1.《增值税减免税备案登记表》 2.《电影发行许可证》以及广播、电影、电视行政主管部门批准的从事电影制片、发行、放映相关的文件材料 3. 收取相关收入的合同或协议	试点实施之日起至2013年12月31日
11	随军家属从事个体经营	1.《增值税减免税备案登记表》 2. 驻山东部队各单位师（含）以上政治机关出具的随军家属证明原件和复印件	自领取税务登记证之日起3年内
12	军队转业干部从事个体经营的	1.《增值税减免税备案登记表》 2. 师（含）以上部队颁发的转业证件原件和复印件	自领取税务登记证之日起3年内
13	自谋职业的城镇退役士兵从事个体经营	1.《增值税减免税备案登记表》 2.《退役士兵自谋职业协议书》、《城镇退役士兵自谋职业证》原件和复印件	自领取税务登记证之日起3年内
14	失业人员从事个体经营	1.《增值税减免税备案登记表》 2.《就业失业登记证》（注明“自主创业税收政策”或附《高校毕业生自主创业证》）原件和复印件	自领取税务登记证之日起3年内
15	为安置随军家属就业而新开办的企业	1.《增值税减免税备案登记表》 2. 驻山东部队各单位师（含）以上政治机关出具的随军家属证明原件和复印件 3. 军（含）以上政治和后勤机关出具的随军家属占企业总人数的60%（含）以上证明材料原件和复印件	自领取税务登记证之日起3年内
16	为安置自主择业的军队转业干部就业而新开办的企业	1.《增值税减免税备案登记表》 2. 企业提供有关转业干部就业人员占全部在职职工比例等相关情况说明 3. 师（含）以上部队颁发的转业证件原件和复印件	自领取税务登记证之日起3年内

续表

序号	优惠项目	报送资料	减免税期限
17	为安置自谋职业的城镇退役士兵就业而新办的服务型企业	1. 《增值税减免税备案登记表》 2. 《退役士兵自谋职业协议书》、《城镇退役士兵自谋职业证》原件和复印件 3. 县级以上民政部门的书面认定意见原件和复印件 4. 签订在1年以上期限劳动合同原件和复印件	自领取税务登记证之日起3年内
18	服务型企业吸纳失业人员	1. 《增值税减免税备案登记表》 2. 县以上人力资源社会保障部门核发的《企业实体吸纳失业人员认定证明》及其附表原件和复印件 3. 《就业失业登记证》（注明“企业吸纳税收政策”）原件和复印件 4. 签订1年以上期限劳动合同和缴纳社会保险费凭证原件和复印件	在新增的岗位中，当年新招用失业人员起3年内；审批期限截至2013年12月31日
	自主创业失业人员	1. 《增值税备案类减免税登记表》 2. 《就业失业登记证》（注明“自主创业税收政策”或附着《高校毕业生自主创业证》	申领《就业失业登记证》后3年内；审批期限截至2013年12月31日

表3　　审批类增值税过渡优惠项目及报送资料

序号	优惠项目	报送资料	减免税期限
1	安置残疾人的单位	1. 《税务认定审批确认表》 2. 经民政部门或残疾人联合会认定的纳税人，应提供上述部门的书面审核认定意见原件和复印件 3. 纳税人与残疾人签订的劳动合同或服务协议（副本）原件和复印件 4. 纳税人为残疾人缴纳社会保险费缴费记录原件和复印件 5. 纳税人向残疾人通过银行等金融机构实际支付工资凭证原件和复印件	长期

续表

序号	优惠项目	报送资料	减免税期限
2	管道运输服务	1. 《税务认定审批确认表》 2. 管道运输服务业务合同原件和复印件	长期
3	有形动产融资租赁	1. 《税务认定审批确认表》 2. 人民银行、银监会、商务部及其授权部门批准经营融资租赁业务证明原件和复印件	长期

（4）增值税税收优惠管理要求如下：① 试点纳税人提交的备案资料内容发生变化，如仍符合免征增值税规定，应在发生变化的次月纳税申报阶段，向主管国税税务机关进行变更备案。如不再符合免征增值税规定，应当停止享受免征增值税优惠政策，按照规定进行纳税申报。②试点纳税人办理免征增值税税收优惠备案确认后，自愿放弃免税权的，应当以书面形式提交放弃免税声明，报主管国税机关备案。纳税人自提交备案资料的次月纳税申报阶段起，按照现行有关规定计算缴纳增值税。③ 试点纳税人兼营免税、减税项目的，应当分别核算免税、减税项目的销售额；未分别核算的，不得免税、减税。

小规模纳税人办理减免税税收优惠备案时须报送下列资料：（1）《纳税人减免税备案登记表》一式两份；（2）减免税依据的相关法律、法规、规章和规范性文件要求报送的资料；（3）选择简易征收的产品、服务符合条件的证明材料，或者企业符合条件的证明材料。

小规模纳税人办理备案类减免税须在享受税收优惠政策的首个纳税申报期内，将备案材料作为申报资料的一部分，一并提交主管税务机关。当提交的备案资料内容发生变化，但仍符合减免税税收优惠政策规定，应在发生变化的次月纳税申报期内，向主管税务机关进行变更备案。如不再符合减免税规定，应当停止享受减免税，按照规定进行纳税申报。

12. “营改增”后纳税人使用发票的主要品种及其各个联次用途

推行营改增后，目前经济交往中广泛使用的发票种类包括有增值税专用发票、机动车销售统一发票和增值税普通发票。原则上增值税专用发票和机动车销售统一发票都属于增值税专用发票性质，只不过机动车销售统一发票是专门用于机动车销售的增值税专用发票。目前，只有具备一般纳税人资质的企业才可以申请、领购增值税专用发票和机动车销售统一发票，而小规模纳税人只能申请、领购增值税普通发票。但是，一般纳税人向消费者个人销售货物或提供劳务服务则只能开具增值税普通发票。专用发票与普通发票的主要区别是：实行最高开票限额管理（最高开票限额是指单份专用发票开具的销售额合计数不得达到的上限额度）且可以作为增值税抵扣凭证。

增值税专用发票共有三联。其中，第一联是记账联，销售单位用作记账凭证；第二联是抵扣联，购买方用作扣税凭证；第三联是发票联，购买方用作记账凭证。其基本格式如表 4 所示。

表 4　　1100124403　　北京增值税专用发票　　№. 132936180

发　票　联　　开票日期：

购买方	名　　称： 纳税人识别号： 地 址、电 话： 开户行及账号：			密码区			
货物或应税劳务、服务名称 合　计	规格型号	单位	数量	单　价	金　额	税率	税　额
价税合计（大写）	（小写）						
销售方	名　　称： 纳税人识别号： 地 址、电 话： 开户行及账号：		备注				

收款人：　　复核：　　开票人：　　销售方：（章）

机动车销售统一发票共有六联。其中，第一联是发票联，购货单位用作付款凭证；第二联是抵扣联，购货单位用作扣税凭证；第三联是报税联，用作车辆购置税征收单位留存；第四联是注册登记联，用作车辆登记单位留存；第五联是记账联，销货单位用作记账凭证；第六联是存根联，用作销货单位留存。其基本格式如表 5 所示。

表 5

机动车销售统一发票

发　票　联

发票代码 11100078060

发票号码 015489010

开票日期：

机打代码 机打号码 机器编号				税控码			
购买方名称及身份证号码/组织机构代码				纳税人识别号			
车辆类型		厂牌型号		产　地			
合格证号		进口证明书号		商检单号			
发动机号码				车辆识别代码/车架号码			
价税合计		小写					
销售单位名称				电　话			
纳税人识别号				账　号			
地　址				开户银行			
增值税税率或征收率		增值税税　额		主管税务机关及代码			
不含税税价	小写	完税凭证号码		吨　位		限乘人数	

销货单位盖章：　　　　开票人：　　　　备注：一本一票

增值税普通发票共有两联。其中，第一联是记账联，销售单位用作记账凭证；第二联发票联，购买方用作记账凭证。其基本格式如表 6 所示。

表 6　　1100124403　　北京增值税普通发票　　No. 132936180

发　票　联　　开票日期：

<table>
<tr><td>购买方</td><td colspan="3">名　　称：
纳税人识别号：
地 址、电 话：
开户行及账号：</td><td>密码区</td><td colspan="3"></td></tr>
<tr><td colspan="2">货物或应税劳务、服务名称</td><td>规格型号</td><td>单位</td><td>数量</td><td>单　价</td><td>金　额</td><td>税率</td><td>税　额</td></tr>
<tr><td colspan="2">合　计</td><td></td><td></td><td></td><td></td><td></td><td></td><td></td></tr>
<tr><td colspan="2">价税合计（大写）</td><td colspan="7">（小写）</td></tr>
<tr><td>销售方</td><td colspan="2">名　　称：
纳税人识别号：
地 址、电 话：
开户行及账号：</td><td>备注</td><td colspan="5"></td></tr>
</table>

收款人：　　复核：　　开票人：

销售方：（章）

13. 什么是增值税专用发票供票资格申请及其最高开票限额行政许可

供票资格申请及最高开票限额行政许可，是指一般纳税人向主管国税机关申请增值税专用发票的票种、用量及最高开票限额行政许可。一般纳税人办理供票资格申请需携带的资料要求如下：(1)《发票供票资格认定/变更申请表》一式二份；(2)《税务行政许可申请表》、《最高开票限额情况说明表》各一式一份；(3) 发票经办人身份证及复印件一份（首次申请要求)；(4) 税务登记证副本（税务机关只查验不留存)；(5) 单笔销售业务、单台设备销售合同，提供应税服务合同及其履行合同的证明材料（税务机关只查验不留存)。

供票资格申请办理流程如下：(1) 纳税人到主管国税机关办税服务厅综合受理窗口提交申请资料，申请表格应填写完整，复印件应注明“与原件一致”并签章；(2) 主管国税机关对申请资料进行审核，填写完整、资料齐全、核对无误的受理纳税人申请，向纳税人出具《税务行政许可受理通知书》及《全程服务承诺单》；(3) 国税办税服务厅将纳税人提交的申请资料传递到核查岗位进行核查；(4) 国税机关核批岗位根据核查结论进行增值税专用发票或货物运输业增值税专用发票供票资格申请及最高开票限额行政许可核批，向纳税人出具《准予/不予税务行政许可决定书》。购买使用增值税税控系统设备的一般纳税人可同时申请开具增值税普通发票。

实践中，若增值税一般纳税人营业收入增长，国税机关核批的增值税专用发票不够开具的，纳税人可向国税机关申请临时或正式调增每月开票用量。临时调增发票用量的需在当月恢复为原核定用量。

增值税专用发票最高开票限额通常是指销售货物或提供劳务、销售服务、无形资产或者不动产的最高不含增值税金额。例如限额 10 万元人民币的增值税专用发票，发票可以开具的不含税金额最高为人民币 99 999.99 元。一般纳税人若单笔营业收入金额大于增值税专用发票最高开票限额，一份发票不足开具全部金额，应按以下办法进行处理：若纳税人不含税营业额是 50 万元，但是国税机关核批的增值税专用发票限额是 10 万元，可以选择以下两种方式开票：第一种方式是将该笔业务金额拆分，开具 6 份增值税专用发票；第二种方式是向主管国税机关申请临时调增最高开票限额，从限额 10 万元，调整限额至 100 万元。

增值税专用发票实行最高限额管理。最高开票限额是指单份增值税专用发票开具的销售额合计数不得达到的上限额度。最高开票限额由一般纳税人向税务机关提出申请，税务机关依法审批。一般纳税人申请最高开票限额时，需填报《最高开票限额申请表》。税务机关审批最高开票限额应进行实地核查。最高开票限额的审批机关及实地勘察机关是：（1）最高开票限额为 10 万元及以下的，由区县税务机关审批并派人实地核查；（2）最高开票限额为 100 万元的，由地市级税务机关审批并派人实地核查；（3）最高开票限额为 1 000 万元及以上的，由省级税务机关审批并由地市级税务机关派人实地核查后将核查资料报省级税务机关审查。

14. 增值税专用发票和增值税普通发票最高开具限额的调整怎样进行

纳税人发票最高开票限额不能满足经营需要时，可以向主管税务机关提出增加最高开票限额的申请，并按照申请的发票种类提供有关资料，到主管税务机关办理发票最高开具限额的调整。其中：

增值税一般纳税人申请增加增值税专用发票的最高开票限额，应当出示《税务登记证（副本）》和购票人员身份证明，并同时提供以下资料：（1）税务行政许可申请表；（2）防伪税控企业最高开票限额申请表和附表；（3）单笔销售业务、单台设备销售合同及其复印件和履行合同的证明材料；（4）税控 IC 卡。对批准调高增值税专用发票最高开票限额的，必须将纳税人结存空白增值税专用发票退回至 IC 卡后，到发票供售部门缴销结存的空白增值税专用发票，面额调整完毕后纳税人才可重新申请购买增值税专用发票。最高开票限额到期后，纳税人必须回到防伪税控发行岗恢复其原来最高开票面额。

增值税一般纳税人申请增加增值税普通发票的最高开票限额，应当出示《税务登记证（副本）》和购票人员身份证明，并同时提供以下资料：（1）纳税人领购发票票种核定申请表；（2）企业购销合同复印件；（3）税控 IC 卡。

15. 发票验旧是怎么回事

发票验旧，是指税务机关对纳税人已经开具的增值税专用发票、机动车销售统一发票、增值税普通发票存根联（记账联）、红字发票和作废发票进行查验，检查发票的开具是否符合有关规定。目前，国家税务机关广泛采用增值税发票税控系统报税数据，通过信息化手段开展增值税发票验旧工作。使用发票税控系统开具发票的纳税人在抄报、上传发票明细电子数据后，系统于次日自动完成发票验旧，纳税人不需到办税服务厅现场办理发票验旧手续。由于系统故障或其他原因导致发票自动验旧不成功的，纳税人可以到办税服务厅办理发票验旧手续。纳税人开具的作废、红字发票不在办税服务厅接受查验，由国税机关事后进行抽验。若纳税人根据要求到办税服务厅办理发票验旧手续，须携带以下资料：（1）发票验旧明细表；（2）发票领购簿；（3）已开具的增值税专用发票或机动车销售统一发票明细表；（4）已填开红字增值税专用发票或红字机动车销售统一发票的，须携带原专用发票记账联（或复印件）和对应的蓝字专用发票记账联（或复印件）及对应的《开具红字增值税专用发票通知单》；（5）已经作废发票须携带全部联次发票。

16. 增值税专用发票丢失后怎么办

（1）一般纳税人销售方丢失已开具专用发票的发票联和抵扣联的，待申报、报税后向主管税务机关申请出具《丢失增值税专用发票已报税证明单》，并把该证明和丢失发票的记账联复印件交购买方抵扣。一般纳税人购买方丢失已开具专用发票的发票联和抵扣联，如果丢失前已认证相符的，购买方凭销售方提供的相应专用发票记账联复印件及销售方所在地主管税务机关出具的《丢失增值税专用发票已报税证明单》，经购买方主管税务机关审核同意后，可作为增值税进项税额的抵扣凭证；如果丢失前未认证的，购买方凭销售方提供的相应专用发票记账联复印件到主管税务机关认证，认证相符的凭该专用发票记账联复印件及销售方所在地主管税务机关出具的《丢失增值税专用发票已报税证明单》，经购买方主管税务机关同意后，可作为增值进项税额的抵扣凭证。但若超过认证期限，即使已经取得销货方出具的《丢失增值税专用发票已报税证明单》和专用发票记账联复印件，也无法通过认证，不得作为核算进项税额的凭证，只能作为核算成本的记账凭证。

（2）一般纳税人销售方或者购买方丢失已开具专用发票的抵扣联，如果丢失前已认证相符的，可使用专用发票联复印件留存备查；如果丢失前未认证的，可使用专用发票的发票联到主管机关认证，增值税专用发票的发票联复印件留存备查。

（3）一般纳税人销售方或者购买方丢失已开具增值税专用发票的发票联，购买方可以将专用发票抵扣联作为记账凭证，同时将增值税专用发票抵扣联复印件留存备查。

（4）一般纳税人销售方丢失空白未开具相关内容的增值税专用发票的，须按规定程序向销售方当地主管税务机关、司法机关报失并接受税务机关处罚，同时由主管税务机关代收取挂失登报费，将丢失专用发票的纳税人名称、发票份数、字轨号码、盖章与否等情况，统一传寄至指定的税务报刊杂志上刊登“遗失声明”。同时还要在增值税发票管理系统做失控发票处理。

（5）一般纳税人丢失海关缴款书，应在规定期限内凭报关地海关出具的相关已完税证明，向当地主管税务机关提出抵扣申请。主管税务机关受理申请后，应当进行审核，并将纳税人提供的海关缴款书电子数据纳入稽核系统进行比对。稽核比对无误后，一般纳税人才能允许进行进项税额抵扣。

17. 增值税专用发票的领购须遵循哪些基本规定

增值税专用发票领购是指一般纳税人因为经营需要，向国税机关购买增值税专用发票。已办理增值税专用发票供票资格申请及最高开票限额行政许可，且税控设备已办理发行的一般纳税人都可申请增值税专用发票领购。

纳税人办理增值税专用发票领购须提供以下的资料：（1）发票领购簿；（2）发票领购单；（3）领购增值税专用发票需携带 USB 报税盘；（4）再次领购增值税专用发票的须携带已开具的最后一张发票记账联（从第二次购票开始需要提供）。

纳税人办理增值税专用发票领购流程如下：（1）纳税人根据《发票领购簿》核准的发票种类、数量，填写“发票领购单”并加盖公章，到办税服务厅发票发售窗口办理发票领购。（2）纳税人提供资料完整、填写内容准确、各项手续齐全的，国税机关当场办结发票发售。

纳税人办理增值税专用发票领购注意事项有：（1）纳税人要确保涉税账号有足够余额用于扣缴发票工本费；（2）使用税控系统开具发票的纳税人，需在申报期内完成申报和税控设备报税手续后才能领购发票。

18. 增值税专用发票开具的主要规定有哪些

（1）增值税一般纳税人销售货物、提供加工修理修配劳务和应税行为，使用增值税发票管理系统开具增值税专用发票、增值税普通发票、机动车销售统一发票、增值税电子普通发票。一般纳税人向个人消费者销售货物或者提供应税劳务、销售服务、无形资产或者不动产不得开具增值税专用发票；一般纳税人销售货物或者提供应税劳务、销售服务、无形资产或者不动产适用免税项目的，不得开具增值税专用发票；一般纳税人向个人转让其取得的不动产，不得开具或申请代开增值税专用发票；一般纳税人向个人出租不动产，不得开具或申请代开增值税专用发票；一般纳税人向个人销售自行开发的房地产项目，不得开具增值税专用发票。可以开具增值税普通发票。

（2）增值税小规模纳税人销售货物、提供加工修理修配劳务月销售额超过 3 万元（按季纳税 9 万元），或者销售服务、无形资产月销售额超过 3 万元（按季纳税 9 万元），使用增值税发票管理系统开具增值税普通发票、机动车销售统一发票、增值税电子普通发票。

（3）增值税普通发票（卷式）启用前，纳税人可通过增值税发票管理系统使用国税机关发放的现有卷式发票。

（4）门票、过路（过桥）费发票、定额发票、客运发票和二手车销售统一发票继续使用。

（5）采取汇总纳税的金融机构，省、自治区所辖地市以下分支机构可以使用地市级机构统一领取的增值税专用发票、增值税普通发票、增值税电子普通发票；直辖市、计划单列市所辖区县及以下分支机构可以使用直辖市、计划单列市机构统一领取的增值税专用发票、增值税普通发票、增值税电子普通发票。

（6）国税机关、地税机关使用增值税发票管理系统代开增值税专用发票和增值税普通发票。代开增值税专用发票使用六联票，代开增值税普通发票使用五联票。

（7）按照现行政策规定适用差额征税办法缴纳增值税，且不得全额开具增值税发票的（财政部、税务总局另有规定的除外），纳税人自行开具或者税务机关代开增值税发票时，通过增值税发票系统中差额征税开票功能，录入含税销售额（或含税评估额）和扣除额，系统自动计算税额和不含税金额，备注栏自动打印“差额征税”字样，发票开具不应与其他应税行为混开。按照规定，以下差额征税项目不能全额开具专用发票：①金融商品转让，按照卖出价扣除买入价后的差额为销售额，不得开具增值税专用发票；② 经纪代理服务，以取得的全部价款和价外费用，扣除向委托方收取并代为支付的政府性基金或者行政事业性收费后的余额为销售额，向委托方收取的政府性基金或者行政事业性收费不得开具增值税专用发票；③试点纳税人提供有形动产融资性售后回租服务，向承租方收取的有形动产价款本金不得开具增值税专用发票，可以开具普通发票。

（8）《财政部　国家税务总局关于全面推开营业税改征增值税试点的通知》（财税 2016 年 36 号）附件 2《营业税改征增值税试点有关事项的规定》规定：试点纳税人提供有形动产融资性售后回租服务，向承租方收取的有形动产价款本金，不得开具增值税专用发票，可以开具普通发票。试点纳税人提供旅游服务，可以选择以取得的全部价款和价外费用，扣除向旅游服务购买方收取并支付给其他单位或者个人的住宿费、餐饮费、交通费、签证费、门票费和支付给其他接团旅游企业的旅游费用后的余额为销售额。选择上述办法计算销售额的试点纳税人，向旅游服务购买方收取并支付的上述费用，不得开具增值税专用发票，可以开具普通发票。

（9）提供建筑服务，纳税人自行开具或者税务机关代开增值税发票时，应在发票的备注栏注明建筑服务发生地县（市、区）名称及项目名称。

（10）销售不动产，纳税人自行开具或者税务机关代开增值税发票时，应在发票“货物或应税劳务、服务名称”栏填写不动产名称及房屋产权证书号码（无房屋产权证书的可不填写），“单位”栏填写面积单位，备注栏注明不动产的详细地址。

（11）出租不动产，纳税人自行开具或者税务机关代开增值税发票时，应在备注栏注明不动产的详细地址。

（12）个人出租住房适用优惠政策减按 1.5% 征收，纳税人自行开具或者税务机关代开增值税发票时，通过增值税发票管理系统中征收率减按 1.5% 征收开票模块，录入含税销售额，系统自动计算税额和不含税金额，发票开具不应与其他应税行为混开。

（13）税务机关代开增值税发票时，"销售方开户行及账号"栏填写税收完税凭证字轨及号码或系统税票号码（免税代开增值税普通发票可不填写）。系统税票号码是指税收征管系统自动赋予的税票号码。

（14）国税机关为跨县（市、区）提供不动产经营租赁服务、建筑服务的小规模纳税人（不包括其他个人），代开增值税发票时，在发票备注栏中自动打印"YD"字样。

（15）试点纳税人提供旅游服务，可以选择以取得的全部价款和价外费用，扣除向旅游服务购买方收取并支付给其他单位或者个人的住宿费、餐饮费、交通费、签证费、门票费和支付给其他接团旅游企业的旅游费用后的余额为销售额。选择上述办法计算销售额的试点纳税人，向旅游服务购买方收取并支付的上述费用，不得开具增值税专用发票，可以开具普通发票。

（16）对于简易征收项目，一般纳税人可以自行开具增值税专用发票。

（17）《营业税改征增值税试点实施办法》第五十四条规定：小规模纳税人发生应税行为，购买方索取增值税专用发票的，可以向主管税务机关申请代开。《国家税务总局关于营业税改征增值税委托地税局代征税款和代开增值税发票的通知》（税总函 2016 年 145 号）规定：增值税小规模纳税人销售其取得的不动产以及其他个人出租不动产，购买方或承租方不属于其他个人的，纳税人缴纳增值税后可以向主管地税机关申请代开增值税专用发票。《纳税人跨县（市、区）提供建筑服务增值税征收管理暂行办法》（国家税务总局公告 2016 年第 17 号）第九条规定：小规模纳税人跨县（市、区）提供建筑服务，不能自行开具增值税发票的，可向建筑服务发生地主管国税机关按照其取得的全部价款和价外费用申请代开增值税发票。

19. 红字增值税专用发票开具的主要规定有哪些

《增值税专用发票使用规定补充通知》和《国家税务总局关于红字增值税发票开具有关问题的公告》中对增值税一般纳税人开具增值税专用发票后，发生销货退回、开票有误、应税服务中止等情形但不符合发票作废条件，或者因销货部分退回及发生销售折让，需要开具红字增值税专用发票，要求按照以下方法处理：

（1）因增值税专用发票抵扣联和发票联均无法认证的情形，由购买方填报《开具红字增值税专用发票信息表》（简称《信息表》），并在《信息表》上面选择具体原因以及相对应蓝字增值税专用发票信息。购买方不作进项税额转出会计处理。

（2）购买方所购货物不属于增值税扣税项目范围，且取得的增值税专用发票未经认证的情形，由购买方填报《开具红字增值税专用发票信息表》，并在《信息表》上面选择具体原因以及相对应蓝字增值税专用发票信息。购买方不作进项税额转出会计处理。

（3）由于所开具增值税专用发票有误，购买方拒收增值税专用发票的情形，销售方须在认证期内向其主管税务机关填报《开具红字增值税专用发票信息表》，并在《信息表》上面选择具体原因以及相对应蓝字增值税专用发票信息。同时提供购买方出具的拒收理由、错误具体项目及其正确内容的书面材料。

（4）因开票有误原因但尚未将增值税专用发票交付购买方的情形，销售方须在开具有误增值税专用发票的次月内向主管税务机关填报《开具红字增值税专用发票信息表》，并在《信息表》上面选择具体原因以及相对应蓝字增值税专用发票信息。同时提供由销售方出具的具体理由、错误具体项目及其正确内容的书面材料。

（5）发生销货退回或销售折让的情形，除了按照规定进行会计处理外，销货方还应在开具增值税专用发票后将该笔经济业务相应记账凭证复印件报送主管税务机关备案。

（6）购买方取得增值税专用发票已用于申报抵扣的情形，购买方可在增值税发票管理系统中填开并上传《开具红字增值税专用发票信息表》，在填开《信息表》时不填写相对应的蓝字专用发票信息，应暂依《信息表》所列增值税税额从当期进项税额中转出，待取得销售方开具的红字专用发票后，与《信息表》一并作为记账凭证；购买方取得专用发票未用于申报抵扣、但发票联或抵扣联无法退回的，购买方填开《信息表》时应填写相对应的蓝字专用发票信息。销售方开具专用发票尚未交付购买方，以及购买方未用于申报抵扣并将发票联及抵扣联退回的，销售方可在系统中填开并上传《信息表》。销售方填开《信息表》时应填写相对应的蓝字专用发票信息。

（7）主管税务机关通过网络接收纳税人上传的《开具红字增值税专用发票信息表》并进行系统自动校验。通过后，生成带有"红字发票信息表编号"的《信息表》，并将信息同步至纳税人端系统中。销售方凭税务机关系统校验通过的《信息表》开具红字专用发票，在系统中以销项负数开具。红字专用发票应与《信息表》一一对应。纳税人还可凭《信息表》电子信息或纸质资料到税务机关对《信息表》内容进行系统校验。

（8）税务机关为小规模纳税人代开专用发票，需要开具红字专用发票的，按照一般纳税人开具红字专用发票的方法处理。

（9）纳税人需要开具红字增值税普通发票的，可以在所对应的蓝字发票金额范围内开具多份红字发票。红字机动车销售统一发票须与原蓝字机动车销售统一发票一一对应。

需要说明的是，按照《国家税务总局关于纳税人认定或登记为一般纳税人前进项税额抵扣问题的公告》（国家税务总局公告 2015 年第 59 号）的规定，需要开具红字增值税专用发票，按照上述规定执行。《国家税务总局关于推行增值税发票系统升级版有关问题的公告》（国家税务总局公告 2014 年第 73 号）第四条、附件 1、附件 2 和《国家税务总局关于纳税人认定或登记为一般纳税人前进项税额抵扣问题的公告》（国家税务总局公告 2015 年第 59 号）第五条、附件 1、附件 2 同时废止。

20. 机动车销售统一发票多盖章及其能否抵扣问题

在国税局稽查处做了多年发票稽查工作的刘承仿主任是个工作非常认真较劲的人。此次在稽查某家具制造厂商的固定资产凭证时，发现其两张原始凭证机动车销售统一发票抵扣联虽然都是真票，但是其上面都加盖了增值税专用发票章。刘承仿主任认为这两张机动车销售统一发票存在严重问题，需要进行进项税额转出。而一同前往该企业进行稽查工作的王胜利却有着不同的看法，在发票上面盖章是天经地义的事，这也能称作个问题？

刘承仿主任认为两张机动车销售统一发票的增值税加起来的进项税额有30多万元，而出具发票的销货方将机动车销售统一发票的抵扣联和发票联都加盖了增值税专用发票章，而且家具制造厂商已经抵扣了增值税款。依据国税函［2006］479号《国家税务总局关于使用新版机动车销售统一发票有关问题的通知》文件第一条规定，机动车销售统一发票发票联加盖财务专用章或发票专用章，抵扣联和报税联不得加盖印章。刘承仿主任认为加盖了印章的抵扣联不符合规定，那就不能抵扣税款。换句话说，将近三十多万元的进项税额必须转出，家具制造厂商必须补税。

王胜利看着卷宗，两条眉毛都快拧到一块去了。这个问题以前在科里大家没少争吵，但没想到这才几天工夫就真的摊在自己头上了。这回得和刘主任好好研讨一番了。想到这里，王胜利故作不知地问道："刘科长，这案子我还是有些疑问的。为什么要让家具厂补税？为什么不让人家家具厂抵扣进项税额？"

"依照国税函［2006］479号文件的规定，机动车销售统一发票的抵扣联不得加盖财务专用章或增值税专用发票章，而家具厂得到的机动车销售统一发票抵扣联是盖了章的，因而不符合相关规定。增值税暂行条例第九条也规定了不符合规定的增值税专用发票是不得用于抵扣的。"刘主任的回答听起来还真是有理有据，看样子也是认真做过功课的人。

"是这样，我就直说了吧！我是不同意让家具厂对进项税额进行补税！"王胜利接着说道："刘主任还是听我细细道来具体的理由，你听听对不对？"

"咱们先说说国税函［2006］479号文件。众所周知的原因，国税函［2006］479号文件之所以规定机动车销售统一发票的抵扣联不得加盖财务专用章或增值税专用发票章，是因为当年开发发票认证系统时，由于技术方面的原因而对加盖了财务专用章或增值税专用发票章的机动车销售统一发票抵扣联不能进行认证，国家税务总局为了防止纳税人开具的机动车销售统一发票认证不能通过，减少纳税人不必要的损失，因而专门在国税函［2006］479 号文件里规定了相关的条款。"

"后来，机动车销售统一发票认证系统出了软件补丁，安装后对加盖了财务专用章或增值税专用发票章的机动车销售统一发票抵扣联就能顺利通过认证了。后续抵扣进项税额也就顺理成章了。你看，既然系统都能顺利通过盖了章的发票，若还是按照老规矩来，不让人家抵扣进项税额，未免有些不合理吧？"

"就算不合理，可是家具厂毕竟违反了国税函［2006］479 号文件的规定，不补税在法律上肯定是说不过去的！"刘承仿主任仍是不慌不忙地说道。

"就是你刘主任不提法律的事，我今天也要说说相关法律规范的问题！"王胜利继续说道："《中华人民共和国发票管理办法》第二十二条规定开具发票必须加盖发票专用章，而且《中华人民共和国发票管理办法实施细则》第二十八条更是对《中华人民共和国发票管理办法》第二十二条加盖发票专用章的规定做出了明确的约定，发票联和抵扣联必须加盖发票专用章。可是国税函［2006］479 号文件规定发票抵扣联不得盖章。而按照下位法不得与上位法相抵触的原则，自然下位的国税函［2006］479 号文件中有关机动车销售统一发票抵扣联不得盖章的规定显得无效了。"

"可是《中华人民共和国发票管理办法》最后不是明确授权国家税务总局有权制定特殊行业的发票规定吗？既然有权又为什么失效哪？"刘主任在反驳中显得非常自信。

"法规中授权国家机关立法，其授权是指要在该法律出台后进行授权。你想一想，国税函［2006］479 号文件在 2006 年出台时，旧的发票管理办法仍在执行。而旧的发票管理办法里面根本没有授权。你总不能拿着 2011 年的法律授权 2006 年出台的国税函［2006］479 号文件吧？其实，本案中的授权立法问题实质上应该是法律失效问题。"

"你的意思是国税函［2006］479 号文件在《中华人民共和国发票管理办法》出台后，原有和发票管理办法规定相矛盾的规定当属无效。"刘主任似乎明白了："还是和上位法相抵触故而无效了吧？但是，如果企业在机动车销售统一发票抵扣联上面不盖章，是不是可以认定企业未遵循发票管理办法的规定哪？我们是不是可以因此而处罚企业哪？”

王胜利不禁想到：“这老刘还真是挺较真的！”“应该承认，家具厂得到的机动车销售统一发票抵扣联没有盖章的确违反了发票管理办法发票各联必须盖章的规定，但是，不能对该企业进行处罚。原因是行政法上有个公信原则，其意思是因为信赖有权威的政府部门发布的公示文件而由此做出的相应行为，在法律上面应该受到保护。同样的，因为国家税务总局没有明确规定废除国税函［2006］479号文件中关于发票盖章的规定，对于企业来讲，如果善意相信了国税函［2006］479号文件的规定并认真加以执行，那么它的行为就应该受到法律的保护而不应该受到处罚。而更何况就连国税局内部的同志还对此问题大多数并不知晓哪？”

刘承仿主任到这里真是听得心服口服，但嘴巴上还是有些怨言：“王同事真是处处替企业着想啊！佩服！”王胜利则顺势端碗茶水给刘承仿主任并答道：“咱这也是依着法理来。不管是依照公信原则也好，还是下位法与上位法相抵触时自然无效也罢，其实都是为了科学而全面理解法律，而不是把法律变成了不讲理。”听到此时此刻，刘承仿主任才认真而又谨慎地点了点头并随即回复了处理意见。

21. 储备植物油销售是否开具增值税专用发票要看具体情况

某省国税局工作人员在检查某地方粮食储备库（国有粮食供销企业）时，发现其在销售储备粮食和储备植物油时都同样开具了增值税专用发票，且进行了免税申报。对此做法国税局工作人员指出：国有粮食购销企业销售储备粮食和储备植物油虽均属免税货物，但在开具发票方面规定有所不同。免税粮食可开具增值税专用发票，但免税植物油是否能够开具增值税专用发票，则要视其销售对象而定。只有中国储备粮管理总公司及下属各分公司所属的政府储备食用植物油承储企业，按照国家指令计划销售的政府储备食用植物油才允许其开具增值税专用发票，其他企业要想免税，只能开具普通发票。若开具了增值税专用发票，则要面临按照全额及其适用税率计算缴税，并不能抵扣进项税额，并且会因违规使用发票而受到税务机关的处罚。

对于这个问题，财税字［1999］198 号《财政部 国家税务总局关于粮食企业增值税征免问题的通知》第三条就规定了对于销售食用植物油业务，除了政府储备食用植物油的销售继续免征增值税外，一律照章征收增值税。而其中的第六条规定，属于增值税一般纳税人的生产、经营单位从国有粮食购销企业购进的免税粮食，可依据购销企业开具的销售发票注明的销售额按 13% 的扣除率计算抵扣进项税额，而购进的免税粮食植物油，不得计算抵扣进项税额。国税函［1999］560 号《国家税务总局关于加强国有粮食购销企业增值税管理有关问题的通知》第二条规定，经税务机关认定为增值税一般纳税人的国有粮食购销企业，1999 年内要全部纳入增值税防伪税控系统进行管理，自 2000 年 1 月 1 日起，其粮食销售业务必须使用防伪税控系统开具的增值税专用发票，对违反本条例规定，逾期未使用防伪税控系统，擅自开具增值税专用发票的，按照《中华人民共和国发票管理办法》及其《中华人民共和国发票管理办法实施细则》的有关规定进行处罚。国税函［2005］780 号《国家税务总局关于加强免征增值税货物专用发票管理的通知》第一条规定，增值税一般纳税人销售免税货物一律不得开具增值税专用发票（国有粮食购销企业销售免税粮食除外）。如违反规定开具专用发票的，则对其开具的销售额依照增值税适用税率全额征收增值税，不得抵扣进项税额，并按照《中华人民共和国发票管理办法》及其《中华人民共和国发票管理办法实施细则》的有关规定进行处罚。而随后出台的《国家税务总局关于政府储备食用植物油销售业务开具增值税专用发票问题的通知》（国税函［2002］531号）对此问题又进行了解释：自2002年6月1日起，对中国储备粮管理总公司及其各个分公司所属的政府储备食用植物油承储企业，按照国家指令计划销售的政府储备食用植物油，可比照国家税务总局国税函［1999］560号《关于国有粮食购销企业开具粮食销售发票有关问题的通知》的有关规定执行，允许其开具增值税专用发票并纳入增值税防伪税控系进行管理。

22. 虚开增值税专用发票应承担的行政责任和刑事责任

纳税人如果有虚开增值税专用发票的违法行为，同时要承担行政责任和刑事责任。《中华人民共和国发票管理办法》第二十二条第一款规定，开具发票应当按照规定的时限、顺序、栏目、全部联次一次性如实开具，并加盖发票专用章。第二款规定，任何单位和个人不得有下列虚开发票行为：（1）为他人、为自己开具与实际经济业务情况不符的发票；（2）让他人为自己开具与实际经营业务情况不符的发票；（3）介绍他人开具与实际经营业务情况不符的发票。第二十二条第二款的规定，非常明确地指出了虚开增值税专用发票是违反第一款规定的行为。该条款明确了行为人存在为他人虚开、为自己虚开，让他人为自己虚开和介绍他人虚开的主观故意，同时还存在着开具与实际经营业务情况不符的发票的违法行为。即使行政相对人的目的不是通过虚开以非法获得税收利益或协助他人非法获得税收利益，或没有造成损害结果，也不影响行政定性。

《中华人民共和国刑法》第二百零五条第四款规定，虚开增值税专用发票或者虚开用于骗取出口退税、抵扣税款的其他发票、为自己虚开、让他人为自己虚开、介绍他人虚开行为之一的。应该讲，虚开增值税专用发票的犯罪主体、主观方面和客观方面的虚开行为与行政定性的虚开行为基本一致，即犯罪嫌疑人存在虚开故意和虚开行为。但第二百零五条出现在《刑法》第二编“分则”第三章“破坏社会主义市场经济罪”中的“危害税收征管罪”一节。而鉴于刑法分则是以同类犯罪客体为依据划分章节的，可见刑事定性中的虚开增值税专用发票必须满足犯罪客体的构成条件，即“危害税收征管秩序”。因此，嫌疑人除了存在虚开故意和虚开行为，还需要造成危害税收征管秩序的损害结果，且虚开行为与损害后果之间存在着因果关系。这一点是刑事定性与行政定性的重大差别。危害税收征管秩序的表现是不合理的，减少了自己与他人的纳税义务。如果嫌疑人虚开发票没有造成这种损害，如接受发票的一方因为发现发票系虚开，而没有抵扣进项税额或列支成本费用，或虚开发票只是货物型号、数量、单价不符而总价与实际交易相符，则不会造成不合理地减少纳税义务，因而虽然构成行政法意义上的虚开发票，但不会构成虚开增值税专用发票罪。

纳税人取得虚开的增值税专用发票抵扣税款，有一种情况可以免除责任，即善意取得虚开的增值税专用发票。这种情况下只需要转出进项税额补缴相应税款，而不用承担滞纳金和承担行政处罚和刑事责任。在民法上，善意取得是用来对抗所有权的。所有权具有追索性，所有权人可以要求违法占有自己财产的人返还财产，但如果他人善意取得财产则不用返还。民法上的善意取得需要符合三个方面的条件：一是支付了合理的对价而取得财产；二是对于他人侵犯所有权不知情；三是取得财产过程中没有明显过错。

税法上的善意取得可以参照民法上的规定来理解，必须满足以下条件：一是发生了真实交易，即相当于民法上的支付了合理的对价；二是不知道自己取得的增值税专用发票属于虚开的发票；三是没有明显的过错，纳税人对取得发票尽到了合理的注意义务，如取得的发票属于交易对方所在省、市、自治区的发票，发票上的各项记载与真实交易一致等。善意取得虚开的增值税专用发票只存在于代开票领域。对方以开票方名义与自己交易，自己确实不知道对方假借他人名义与自己交易并提供虚开（即代开）的增值税专用发票。如果没有发生真实交易，明知交易对方提供的发票是第三方代开的发票，或者明知发票上的主要记载如数量、金额等与实际交易不一致，而取得这样的增值税专用发票，则不属于善意。纳税人在没有与他人发生真实交易的情况下，通过支付开票费而取得他人的增值税专用发票，不属于善意而系故意取得虚开的增值税专用发票，应当承担相应的法律责任。

根据《中华人民共和国发票管理办法》第三十六条规定，未按照规定开具和取得发票的单位和个人，由税务机关责令限期改正，没收非法所得，并处1万元以下的罚款。对违反发票管理法规的行政处罚，由县以上税务机关决定；罚款额在2 000元以下的，可由税务所决定。

根据《中华人民共和国刑法》第二百零五条规定，虚开增值税专用发票或者虚开用于骗取出口退税、抵扣税款的其他发票的，处3年以下有期徒刑或者拘役，并处2万元以上20万元以下罚金；虚开的税款数额较大或者有其他严重情节的，处3年以上10年以下有期徒刑，并处5万元以上50万元以下罚金；虚开的税款数额巨大或者有其他特别严重情节的，处10年以上有期徒刑或者无期徒刑，并处5万元以上50万元以下罚金或者没收财产。有前款行为骗取国家税款，数额特别巨大，情节特别严重，给国家利益造成特别重大损失的，处无期徒刑或者死刑，并处没收财产。单位犯本条规定之罪的，对单位判处罚金，并对其直接负责的主管人员和其他直接责任人员，处 3 年以下有期徒刑或者拘役；虚开的税款数额较大或者有其他严重情节的，处 3 年以上 10 年以下有期徒刑；虚开的税款数额巨大或者有其他特别严重情节的，处 10 年以上有期徒刑或者无期徒刑。

伪造、擅自制造或者出售伪造、擅自制造的可以用于骗取出口退税、抵扣税款的其他发票 50 份以上的，应当依法定罪处罚；伪造、擅自制造或者出售伪造、擅自制造的可以用于骗取出口退税、抵扣税款的其他发票 200 份以上的，属于"数量巨大"；伪造、擅自制造或者出售伪造、擅自制造的可以用于骗取出口退税、抵扣税款的其他发票 1 000 份以上的，属于"数量特别巨大"。虚开税款数额 50 万元以上的，属于"虚开的税款数额巨大"。具有下列情形之一的，属于"有其他特别严重情节"：因虚开增值税专用发票致使国家税款被骗取 30 万元以上的；虚开的税款数额接近巨大并有其他严重情节的；具有其他特别严重情节的。利用虚开的增值税专用发票实际抵扣税款或者骗取出口退税 100 万元以上的，属于"骗取国家税款数额特别巨大"；造成国家税款损失 50 万元以上并且在侦查终结前仍无法追回的，属于"给国家利益造成特别重大损失"。利用虚开的增值税专用发票骗取国家税款数额特别巨大、给国家利益造成特别重大损失，为"情节特别严重"的基本内容。

23. 进行增值税申报应携带的主要资料

《营业税改征增值税试点实施办法》第四十七条规定了增值税的纳税期限分别为1日、3日、5日、10日、15日、1个月或者1个季度。纳税人的具体纳税期限，由主管税务机关根据纳税人应纳税额的大小分别核定。纳税人以1个月或者1个季度为一个纳税期限的，自期满之日起15日内申报纳税；以1日、3日、5日、10日或者15日为一个纳税期限的，自期满之日起5日内预缴税款，并于次月1日起15日内申报纳税并结清上月应纳税款。

《中华人民共和国征收管理法》第三十二条规定，纳税人未按照规定期限缴纳税款的，扣缴义务人未按照规定期限解缴税款的，税务机关除责令限期缴纳外，从滞纳税款之日起，按日加收滞纳税款万分之五的滞纳金。第六十二条规定，纳税人未按照规定的期限办理纳税申报和报送资料的，或者扣缴义务人未按照规定的期限向税务机关报送代扣代缴、代收代缴税款报告表和有关资料的，由税务机关责令限期改正，可以处2 000元以下的罚款；情节严重的，可以处2 000元以上1万元以下的罚款。同时第六十三条规定，纳税人伪造、变造、隐匿、擅自销毁账簿、记账凭证、或者在账簿上面多列支出、不列少列收入、经税务机关通知申报而拒不申报或者进行虚假的纳税申报，不缴或少缴税款的，是偷税。对纳税人偷税的，由税务机关追缴其不缴或者少缴的税款、滞纳金，并处不缴或少缴税款百分之五十以上五倍以下的罚款；构成犯罪的，依法追究刑事责任。扣缴义务人采取前款所列手段，不缴或者少缴已扣、已收税款，由税务机关追缴其不缴或者少缴税款、滞纳金，并处不缴或者少缴的税款百分之五十以上五倍以下的罚款；构成犯罪的，依法追究刑事责任。第六十四条规定，纳税人、扣缴义务人编造虚假纳税依据的，由税务机关责令其限期改正，并处五万元以下的罚款。纳税人不进行纳税申报，不缴或者少缴应纳税款的，由税务机关追缴其不缴或者少缴的税款、滞纳金，并处不缴或者少缴税款百分之五十以上五倍以下的罚款。第六十五条规定，纳税人欠缴税款，采取转移或者隐匿财产的手段，妨碍税务机关追缴欠缴的税款的，由税务机关追缴欠缴的税款、滞纳金，并处欠缴税款百分之五十以上五倍以下的罚款；构成犯罪的，依法追究刑事责任。

纳税申报资料包括纳税申报表及其附列资料和纳税申报其他资料。其中，增值税一般纳税人纳税申报表及其附列资料包括有：(1)《增值税纳税申报表（一般纳税人适用)》；(2)《增值税纳税申报表附列资料（一)》(本期销售情况明细)；(3)《增值税纳税申报表附列资料（二)》(本期进项税额明细)；(4)《增值税纳税申报表附列资料（三)》(服务、不动产和无形资产扣除项目明细)；依照相关规定，一般纳税人销售服务、不动产和无形资产，在确定服务、不动产和无形资产销售额时，按照有关规定可以从取得的全部价款和价外费用中扣除价款的，需填报《增值税纳税申报表附列资料（三)》；其他情况下不需填写该附列资料；《增值税纳税申报表附列资料（四)》(税额抵减情况表)；《增值税纳税申报表附列资料（五)》(不动产分期抵扣计算表)；《固定资产（不含不动产）进项税额抵扣情况表》；《本期抵扣进项税额结构明细表》；《增值税减免税申报明细表》。

增值税小规模纳税人纳税申报表及其附列资料主要包括有：《增值税纳税申报表（小规模纳税人适用)》；《增值税纳税申报表（小规模纳税人适用）附列资料》，依照规定，小规模纳税人销售服务，在确定服务销售额时，按照有关规定可以从取得的全部价款和价外费用中扣除价款的，需填报《增值税纳税申报表（小规模纳税人适用）附列资料》，其他情况下不填写该附列资料；《增值税减免税申报明细表》。

纳税申报其他资料主要有：已开具的税控机动车销售统一发票和普通发票的存根联；符合抵扣条件且在本期申报抵扣的增值税专用发票（含税控机动车销售统一发票）的抵扣联；符合抵扣条件且在本期申报抵扣的海关进口增值税专用缴款书、购进农产品取得的普通发票的复印件；符合抵扣条件且在本期申报抵扣的税收完税凭证及其清单、书面合同、付款证明和境外单位的对账单或者发票；已开具的农产品收购凭证的存根联或报查联；纳税人销售服务、不动产和无形资产，在确认服务、不动产和无形资产销售额时，按照有关规定从取得的全部价款和价外费用中扣除价款的合法凭证及其清单；主管税务机关规定的其他资料。

纳税申报其他资料的报备要求由各省、自治区、直辖市和计划单列市国家税务局确定。

目前，纳税人通过防伪税控开票金税卡自行完成抄税操作后，运用网上抄报税系统将报税数据传输到税务机关，再由税务端网上报税系统自动完成报税数据解密、报税业务处理及其发票对比等项处理工作；而企业则在通过网络查询报税结果信息，并在报税成功、增值税“一窗式”比对成功且缴纳税款的情况下进行清卡操作。

纳税人使用网上抄报税系统时，必须首先操作防伪税控开票子系统进行抄税，而后使用网上抄报税系统进行远程报税，再操作网上申报软件发送申报数据，最后使用网上抄报税系统清卡。需要说明的是，纳税人运用网上申报软件发送申报数据时，纳税人在申报成功后应查看申报结果，并根据系统提示进行相应处理。通常在申报表审核成功后税务端会自动扣缴税款。网上申报受理成功的纳税人须使用网上申报系统软件打印符合要求的申报资料一式两份，经企业法人代表签字并盖章确认后，于申报的当月报送税局机关。若自动扣款不成功或未存入足额的税款，待存入足够款项后，再次运用网上申报软件进行扣缴税款操作。当系统提示报税结果是报税成功后，纳税人才能进行清卡操作。

所谓报税成功是指纳税人操作网上申报软件发送申报数据后，查看申报结果提示时系统页面显示“增值税纳税申报表（适用于一般纳税人）申报成功，票表稽核通过！留意反馈扣款结果！”对话框。此时，纳税人就可以点击“报表浏览”按钮来查看银行扣款是否成功了。若系统提示的是“申报受理成功！您还未抄税，可选择网上抄报税或到大厅办理抄报税！”对话框。此时，纳税人要检查是否需要进行远程报税？报税是否成功？通常企业抄税后允许再发送一次报表进行销项比对。若操作后系统仍旧提示未抄税且不允许再发送数据，则需要到国税局前台进行异常处理。若系统提示扣款不成功，则应先在扣款账户内存入足够的税款，而后再操作网上申报软件中申报菜单栏“发送报表”菜单的“扣款请求”按钮，再次发送扣款请求。

纳税人还应注意以下问题：若系统提示的是“增值税纳税申报表审核失败！详细结果如下：××”则需要根据错误提示进行具体修改后再次发送报表；若系统提示的是“申报受理成功！销项稽核失败！错误：××”对话框，则表示系统数据已经传送到税务端且无法修改相关信息。纳税人应该到国税局前台进行异常处理；若纳税人操作网上抄报税系统的清卡操作不成功，应检查申报一窗式比对和扣款是否成功操作。

24. 增值税专用发票的认证工作有哪些具体规定

增值税专用发票认证是指税务机关通过防伪税控系统对增值税专用发票所列数据的识别及其确认的过程。而依照规定，增值税一般纳税人取得的增值税专用发票、机动车销售统一发票、海关进口增值税专用缴款书均属于增值税抵扣项目范围。用于抵扣增值税进项税额的专用发票，必须经过税务机关认证，只有认证相符情况下才能作为核算进项税额的凭证。认证相符的专用发票不得退还给销售方。同时，增值税专用发票、海关进口增值税专用缴款书、运输费用结算单据必须在发票开具之日起的 180 天内进行认证和抵扣操作。

在专用发票认证过程中，专用发票认证系统须对发票密码区的密码进行解密处理并还原成构成此张发票内容的以下重要因素：发票代码、发票号码、开票日期、销货方纳税人识别号；购货方纳税人识别号、开票金额、税额。同时，系统将解密的信息与明文进行比对处理。专用发票认证系统的认证结果无非是“认证相符”或“认证不符”两种情形。其中，“认证相符”是指纳税人识别号无误，专用发票所列密文解译后与明文相一致；“认证不符”是指专用发票密码解密后的其中一项或多项内容与明文比对后不一致。

目前，纳税人对专用发票抵扣联的认证操作已经不仅仅依靠在税务机关的营业大厅提供的终端机认证系统进行操作了，纳税人还可以采取更加简便的远程认证方式，即通过互联网登录国税局页面后对专用发票抵扣联进行网上认证。远程认证操作省略了纳税人奔波往返和税务机关办税大厅窗口漫长等候的时间，还能够提升纳税人的工作效率。两种认证方式实践中可由纳税人根据实践需要进行具体选择。从目前实际使用效果来看，通过网上认证系统，纳税人可以即时知道专用发票抵扣联的真伪信息，从而有效避免因发票有误而带来的经济利益受损。同时，纳税人可以随时将获得的专用发票信息通过已经通过认证的数据渠道导入电子申报系统而产生纳税申报表，更方便企业进行纳税申报。

准备使用网上认证操作的纳税人需要拥有上网功能的电脑、购置网上认证系统企业端软件、扫描仪。选择网上认证的纳税人必须具备以下条件：

（1）纳税人必须是增值税一般纳税人身份；（2）已经使用网上认证企业端系统，且该系统符合本省国税局专用发票网上认证系统的业务需求；（3）操作人员经过专门培训，能熟练掌握网上认证操作方法。

纳税人使用网上认证方式，其所进行网上认证的发票必须是已经取得的属于扣税范围的防伪税控系统开具的增值税专用发票抵扣联。同时，禁止对企业销项专用发票及其他抵扣联专用发票进行网上认证。纳税人根据需要要求使用网上认证方式的，须到主管国税分局填写“增值税专用发票网上认证申请表”提出申请，而后在企业终端机上面安装网上认证企业端软件并经过培训后才能使用。增值税专用发票网上认证申请表如表 7 所示。

表 7　　　　增值税专用发票网上认证申请表

企业全称（公章）：　　　　　　　　　　　　　　填表日期：

企业税号		企业管理码	
经营地址		电　　话	
注册类型		邮政编码	
法人代表		身份证号码	
认证人员		身份证号码	
认证人员		身份证号码	
一般纳税人认定日期		月认证发票数量	
计算机型号			
专线接入方式	宽带方式　□是　□　否	中国电信电话　□是□　否	
国税机关审核意见 （盖章） 经办人：　年　　月　　日			

本表一式四份，区县级国税局两份，服务单位、企业各执一份。

专用发票抵扣联无法认证的，可使用专用发票发票联到主管税务机关进行认证；专用发票发票联复印件留存备查。经认证，有下列情形之一的，不得作为增值税进项税额的抵扣凭证，税务机关退回原件，购买方可要求销售方重新开具专用发票：（1）无法认证的发票。无法认证是指专用发票所列密文或明文不能辨认，从而无法产生认证结果。（2）纳税人识别号认证不符的发票。纳税人识别号认证不符是指专用发票所列购买方纳税人识别号有误。（3）专用发票代码、号码认证不符的发票。专用发票代码、号码认证不符是指专用发票所列密文解译后与明文的代码或号码不一致。经认证有下列情形之一的，暂不得作为增值税进项税额的抵扣凭证，税务机关有权扣留原件，待查明原因后分别情况进行处理：（1）重复认证。重复认证是指已经认证相符的同一张专用发票再次认证；（2）密文有误。密文有误是指专用发票所列密文无法翻译；（3）认证不符。认证不符是指纳税人识别号有误，或者专用发票所列密文解译后与明文不一致。其中的纳税人识别号有误是指发票所列纳税人识别号是正确的，而被解密的纳税人识别号与明文不符；（4）列为失控的专用发票。失控的专用发票是指认证时专用发票已被登记为失控专用发票。

25. 怎样进行增值税专用发票网上认证操作

增值税专用发票网上认证的业务范围包括由纳税人自行录入或扫描识别输入发票的抵扣联票面信息，网上认证系统将生成的电子数据经过常规校验并保证数据相对准确后压缩加密，通过网络服务器传送到税务机关的防伪税控认证子系统并进行解密与认证。随后纳税人可通过该系统查询到认证结果。目前网上采集增值税专用发票抵扣联票面信息方式主要有在线人工认证方式和在线扫描认证方式两种供纳税人进行选择。

纳税人在认证前须做好以下准备工作：登录国税局网站后，在其页面点击“网上办税/办税指南/下载中心/表单证书/增值税进项抵扣凭证网上认证登记表”菜单选项，而后下载“增值税进项抵扣凭证网上认证登记表”，并按照要求填写后加盖公章，随后携带税务登记证副本、办税人员身份证复印件，到主管税务机关办税大厅服务窗口办理网上认证的确认登记。同时，把取得的密钥文件上传后就可以进行发票认证了。其中，导入密钥文件的步骤如下：登录增值税专用发票网上认证界面，点击“点击进入”按钮。找到在线采集认证栏目，点击“导入文件”按钮后，系统会弹出导入开户密钥文件对话框，在上传文件空栏右侧点击“浏览”按钮，选择要上传的密钥文件（该文件的后缀为 DAT)，而后点击“打开”按钮。点击“上传”按钮，系统自动弹出“上传纳税人密钥成功”提示框，表示上传纳税人密钥操作成功，而后点击提示框中的“关闭”按钮，整个准备工作结束。

纳税人采用在线人工采集票面信息时，纳税人应根据专用发票的发票号码、开票日期、84 位或 108 位密码、金额、税额和销货单位纳税人识别号，逐张逐项录入对应票据格式中，提交后后台会自动进行认证。若纳税人每月都有少量的进项抵扣凭证的认证工作，采用该种方式比较合算。具体操作时，在网页上面找到“在线填写采集”认证栏目，点击“手工填写票面信息”按钮后，进入到增值税专用发票票面信息界面；在增值税专用发票票面信息界面相应空格内，填写发票号码、开票日期、84 位或 108 位密码、金额、税额和销货单位纳税人识别号，核对无误后点击“保存”按钮，保存当前的发票信息，若还有需要录入的下一张专用发票信息，则点击“下一张”按钮，继续录入相关专用发票信息，否则点击"关闭"按钮退出专用发票录入界面。

纳税人还可以采取绑定扫描仪品牌及其型号并将专用发票上面需采集的票面信息通过扫描图像信息进而转作数据信息格式，并提交给后台进行认证。采用在线扫描采集方式，纳税人在进行发票扫描采集之前先要进行扫描仪设备的注册登记操作，具体如下：登录网上认证系统后，点击"扫描仪注册页面"进入后，点击"点击进入"按钮，在系统弹出的对话框中，纳税人填写相关信息，而后点击"确定"按钮提交。需注意的是，若扫描仪型号选择错误，日后扫描工作会经常出现扫描异常现象。纳税人在线扫描采集专用发票数据时，应按照以下步骤进行操作：在增值税专用发票模块中，点击"在线扫描采集"按钮后进入到相关界面后，点击"扫描识别票面信息"按钮，在系统弹出的采集增值税专用发票信息界面下方点击"扫描输入"按钮，进行发票数据扫描输入。系统会自动保存发票数据。若有红字或错字提醒，核对数据后进行修改，而后点击"保存"按钮保存数据信息。

纳税人进行专用发票认证时，在"在线认证，认证未通过查询"页面里面可以根据专用发票的开票起止日期和录入的月份查找到相应的专用发票。同时，还可以通过选中不同的认证结果"认证未通过、认证通过或全部"来获取相应的发票信息。点击"进入认证"按钮，系统会将符合输入查询条件的专用发票信息显示在操作页面上面；纳税人选中需要进行认证的专用发票，并在前面空格中打"√"，再确定数据正确的前提下，点击页面下方的"发送认证"按钮；在系统弹出的"提示：系统设置最多发送认证次数为3次，请确认您的发票记录正确，是否发送认证?"提示框中，选择点击"确定"按钮进行发送认证。若纳税人发送认证都未通过，则无法再发送认证了。此时，纳税人须点击"修改"按钮进入到相关增值税专用发票抵扣联界面，核对录入的发票信息是否有误，修改后点击"保存"按钮，在系统随后弹出的"修改发票数据成功!"提示框中，点击"关闭"按钮，结束修改操作。

纳税人若要进行删除专用发票的操作时，应该在系统显示的查询条件内输入专用发票信息待符合输入条件的发票显示在操作页面上，选中需要进行删除的专用发票，并在前面空格中打"√"，同时点击页面下方的"删除"按钮进行删除操作。系统会弹出"请确认您要删除选择的发票记录?"提示框，点击提示框中的"确定"按钮，系统会开始显示"成功删除发票记录!"页面，点击"关闭"按钮结束此次操作。需要强调的是，纳税人认证已经通过的专用发票是不能进行删除操作的。

增值税专用发票网上认证系统提供了三种方式供纳税人进行认证通过的专用发票查询。纳税人须在认证结果查询对话框中进行“按月份”、“按时段”或“按票号段”进行条件输入并点击“查询”按钮后，查看增值税专用发票认证通过清单。通常情形下，纳税人若选择按月份方式，则须要在月份输入框后面的月份选择按钮点击出现的窗体中进行月份选择；纳税人若选择按时段方式，则须要在日期输入框后面的日期选择按钮点击出现的窗体中进行某年某月某日至某年某月某日；纳税人若选择按票号段方式，则需要在发票代码输入框中输入专用发票代码，同时在下面的发票号码输入框中输入需要查询的发票起止号码。需要说明的是，纳税人只能查询认证通过的数据。包括上门扫描、上门报盘和网上认证通过的数据。

26. 如何进行网上抄报税操作

使用网上抄报税系统需要使用注册码操作。纳税人应到所属税务机关申请注册码文件并导入到系统中。每台防伪税控机对应着一个注册码。若安装网上抄报税系统企业端的电脑没有金税卡则不能导入注册码。注册码有效期一年，到期时需要纳税人到所属税务机关重新申请或者直接通过联机方式更新注册码来获取新的注册码导入后才可以继续使用网上抄报税系统。

纳税人若需要进行网上抄报税操作，则需要双击桌面的“国税局网上抄报税系统”软件图标；登录界面出现后，纳税人分别填入纳税人识别号、防伪税控机号、密码（首次登录密码由税务机关以文件形式提供，用记事本程序打开即可见），点击“在线登录”按钮，成功登录到操作系统界面；点击右下方“导入注册码”图标，系统会自动弹出导入注册码文件窗口，而后选择由税务机关提供的注册码文件后，点击“确定”按钮，系统会自动进行导入注册码操作；注册码导入成功后，系统会自动弹出“注册文件导入成功!”提示框，点击上面的“确定”按钮，则结束此次注册码导入操作并退出系统，完成使用前的配置。重新登录后就可进行网上抄报税操作。

纳税人若需要进行网上抄报税操作，则需要双击桌面的“国税局网上抄报税系统”软件图标；登录界面出现后，纳税人分别填入纳税人识别号、防伪税控机号、密码（首次登录密码由税务机关以文件形式提供，用记事本程序打开即可见）并在是否有金税卡后面的空格内打“√”后，点击“在线登录”按钮，成功登录到操作系统界面；双击“远程抄报税”图标，系统会再次读取IC卡内信息并上传到国税局服务器端，上传成功后系统会显示“远程抄报税成功!”提示框，点击提示框上面的“确定”按钮，则结束此次远程抄报税操作。若纳税人需要查询抄报税结果，则需要双击“国税局网上抄报税系统”页面的“查询结果”图标。抄报税结果包括基本信息和发票信息。基本信息内显示此次报税数据状态、处理状态、抄报税结果和错误号；发票信息主要包括各类发票的报税信息。

需要说明的是，不管是否在征期内，抄报税结果查询提示框上面的处理状态显示“Y”时，代表抄报税已经成功。若抄报税结果显示“报税成功”字样，则纳税人可以通过清零解锁操作对IC卡进行清零解锁处理；若抄报税结果显示“未进行一窗式比对”字样，则纳税人可以继续开票，但是还不能进行清零解锁操作，需要申报扣款成功后才能通过清零解锁操作对IC卡进行清零解锁处理。清零解锁操作时，纳税人需要双击“国税局网上抄报税系统”页面的“清零解锁”图标；清零解锁成功后，系统会自动弹出“清零解锁成功!”提示框，点击提示框上面的“确定”按钮，就可以退出系统操作。

若纳税人采用脱机抄报税操作方式，则需要双击桌面的“国税局网上抄报税系统”软件图标；登录界面出现后，纳税人分别填入纳税人识别号、防伪税控机号，密码为空并在是否有金税卡后面的空格内打“√”后，在确保IC卡在读卡器中的同时点击“脱机使用”按钮，成功登录到操作系统界面；双击“导出抄报税文件”图标，系统会自动读取IC卡内信息；读取完毕后，系统会弹出窗口显示所有可以保存的抄报税文件，点击要保存的抄报税文件并点击对话框上面的“保存”按钮，则结束此次脱机抄报税操作。而后，纳税人选择一台可以上网并安装了抄报税系统软件的电脑重新登录；登录界面出现后，纳税人分别填入纳税人识别号、防伪税控机号、密码（首次登录密码由税务机关以文件形式提供，用记事本程序打开即可见）并在是否有金税卡后面的空格内设置为空，点击“在线登录”按钮，成功登录到操作系统界面；双击“导入抄报税文件”图标，系统会弹出窗口要求纳税人选择要导入的抄报税文件，而后点击“打开”按钮，系统会自动读取导入的抄报税文件并上传到国税局服务器端，上传成功后系统会显示“远程抄报税成功!”提示框，点击提示框上面的“确定”按钮，则结束此次远程抄报税操作。

纳税人进行抄报税结果查询并确认抄报税成功后，可以双击“国税局网上抄报税系统”页面的“导出清零解锁文件”图标，运行清零解锁操作功能，系统会弹出“导出清卡文件”对话框，纳税人选择要保存的抄报税文件并点击“保存”按钮。纳税人更换到带有金税卡电脑后，回到“国税局网上抄报税系统”页面并双击“导入清零解锁文件”图标，在系统弹出的“选择清零解锁文件对话框”中选择要保存的抄报税文件，而后点击“打开”按钮，清零解锁成功后，系统会弹出“导入清零解锁文件成功!”提示框，点击提示框上面的“确定”按钮，完成脱机状态下的清零解锁操作。

27. 办理出口退税和出口免税须履行的主要认定手续是什么

2016年实行全面营改增后，国际运输服务、航天运输服务、向境外单位提供的完全在境外消费的研发服务、合同能源管理服务、设计服务、广播影视节目（作品）的制作和发行服务、软件服务、电路设计及测试服务、信息系统服务、业务流程管理服务、离岸服务外包业务、转让技术等适用增值税零税率。纳税人销售适用零税率的服务、无形资产、不动产，按月向主管退税的税务机关申请办理增值税免抵退税或免税手续。

发生零税率应税行为的纳税人在申报办理零税率应税服务免抵退税之前，应向主管税务机关办理出口退税免税认定。办理出口退税免税认定的手续如下：

（1）进行一般纳税人退税资格及其应税行为范围认定。出口退税免税资格的认定对象是增值税一般纳税人的单位和个人。在营业税改征增值税试点以后发生零税率应税行为的单位和个人，其零税率应税行为的范围如下：

①国际运输服务，包括在境内载运旅客或者货物出境，在境外载运旅客或者货物入境，在境外载运旅客或者货物；②航天运输服务；③向境外单位提供的完全在境外消费的服务，包括研发服务、合同能源管理服务、设计服务、广播影视节目（作品）的制作和发行服务、软件服务、电路设计及测试服务、信息系统服务、业务流程管理服务、离岸服务外包业务（包括信息技术外包服务ITO、技术型业务流程外包服务BPO、技术性知识流程外包服务KPO，其涉及的具体业务活动按照《销售服务、无形资产、不动产注释》对应的业务活动执行）和转让技术；④中华人民共和国财政部和国家税务总局规定的其他服务。

需要强调的是，在办理出口退税免税认定时，纳税人应向主管税务机关提供能够证明其在营业税改征增值税试点以前发生过零税率应税行为相关业务的资料。不能提供的，主管税务机关则认定为零税率应税行为新提供者，即指在营业税改征增值税试点以前未发生过上述所列零税率应税行为相关业务的纳税人。

（2）零税率应税行为提供者填报“出口退（免）税资格认定申请表”并

提供电子数据。同时还要准备以下资料：

①银行开户许可证；②从事国际运输服务应税者应提供的资料：从事水路国际运输服务的应税者应提供“国际船舶运输经营许可证”；从事航空国际运输的应税者应提供“公共航空运输企业经营许可证”，且其经营范围应包括“国际航空客货邮运输业务”；从事陆路国际运输的应税者应提供“道路运输经营许可证”和“国际汽车运输行车许可证”，且“道路运输经营许可证”的经营范围应包括“国际运输”；从事对外提供研发设计服务的应税者应提供“技术出口合同登记证”。

从事港澳台运输服务应税者应提供的资料：以陆路运输方式提供至香港、澳门的交通运输服务的，应提供“道路运输经营许可证”；以水路运输方式提供至台湾的交通运输服务的，应提供“台湾海峡两岸间水路运输许可证”；以航空运输方式提供上述交通运输服务的应税者，应提供“公共航空运输企业经营许可证”，且其经营范围应当包括“国际、国内（含港澳）航空客货邮运输业务”。

（3）零税率应税行为提供者带齐各项资料到主管税务机关申请办理资格认定。

（4）主管税务机关接到出口企业的认定申请后，审核“出口退（免）税资格认定申请表”及其相关资料，对零税率应税行为提供者做出资格认定。

28. 纳税人怎样进行增值税免抵退税申报

发生零税率应税行为的纳税人在办理增值税免抵退税申报时，应按照不同的服务项目分别提供资料：

（1）对外提供研发和设计服务的纳税人，其具体提供的免抵退税申报资料有："免抵退税申报汇总表"及其附表；"零税率应税服务（研发、设计服务）免抵退税申报明细表"；当期"增值税纳税申报表"；免抵退税正式申报电子数据；与零税率应税服务收入相对应的"技术出口合同登记证"复印件；与境外单位签订的研发、设计合同；提供零税率应税服务的发票；"向境外单位提供研发、设计服务收讫营业款明细清单"；从与其签订研发、设计合同的境外单位取得收入的收款凭证；主管税务机关要求提供的其他凭证。

（2）对提供国际运输服务的纳税人，其具体提供的免抵退税申报资料有："免抵退税申报汇总表"及其附表；"零税率应税服务（国际运输）免抵退税申报明细表"；当期"增值税纳税申报表"；免抵退税正式申报电子数据；零税率应税服务的载货、载客舱单或其他能够反映收入原始构成的单据凭证；提供零税率应税服务的发票；主管税务机关要求提供的其他凭证。上述零税率应税服务的载货、载客舱单或其他能够反映收入原始构成的单据凭证以及提供零税率应税服务的发票，经税务机关批准，可留存在零税率应税服务提供者处备查。

营业税改征增值税的纳税人，其应税行为有扣除项目的，免抵退税额计算时，应填写扣除之后的销售额。纳税人电子数据录入要求如下：

（1）发生零税率应税行为的纳税人收讫有关凭证后，可以根据有关凭证分别录入"零税率应税服务（研发、设计服务）免抵退税申报明细表"、"向境外单位提供研发、设计服务收讫营业款明细清单"、"零税率应税服务（国际运输）免抵退税申报明细表"。其中，"零税率应税服务（研发、设计服务）免抵退税申报明细表"可在收讫相关款项后，录入第 10 至第 18 栏，同一合同号下第 10 栏本期收款金额的合计数应小于等于前期纳税申报时录入的同一合同号下第 9 栏"本期确认应税服务营业收入人民币金额"合计数。对于前期申报出现错误的数字，本期可以进行调整。前期少报应税服务营业额或低报征、退税率的，本期可以负数（或红字）将相当于错误数据的金额进行冲减；还可以用负数（或红字）将前期的全额进行冲减，而后再填报正确的数字。

（2）“零税率应税服务（国际运输）免抵退税申报明细表”录入的数据，当期同时向征税和退税申报。对前期申报错误的数据，本期可进行调整。前期少报应税服务营业额或低报征、退税率的，可在本期补报；前期多报应税服务营业额或高报征、退税率的，本期可以以负数（或红字）将相当于错误数据的金额进行冲减；还可以用负数（或红字）将前期的全额进行冲减，而后再填报正确的数字。

（3）“免抵退税申报汇总表”应根据当前收齐单证的货物和服务所涉及销售额计算当期申报的应退税额。“免抵退税申报汇总表附表”中“上年数 + 本年数 =‘免抵退税申报汇总表’本期数”。“免抵退税申报资料情况表”应根据原始凭证的份数、数据记录的条数、资料的份数信息填写，同时还要进行法律责任声明。

明细数据录入完毕，并与相关资料按照顺序装订成册后，可一并向主管退税机关进行免抵退税申报。

退税部门每月会将当月审核的应退税额及时反馈给企业，企业应在次月进行增值税纳税申报时将退税额填入增值税纳税申报表主表的第 15 栏内。

对新发生零税率应税行为的纳税人，自发生首笔零税率应税行为之日（国际运输企业以提单载明的日期为准，对外提供研发、设计服务企业以收款凭证载明的日期为准）起 6 个月内提供的零税率应税服务，按月分别计算免抵税额和应退税额。税务机关对 6 个月内各月审核无误的应退税额在当月暂不办理退税，在第 7 个月将各月累计审核无误的应退税额一次性办理退库。自第 7 个月起，新发生零税率应税行为的纳税人提供的零税率应税行为，实行按月申报办理免抵退税。

29. 一般纳税人和小规模纳税人增值税会计核算中"应交税费"核算科目的设置

一般纳税人进行增值税会计核算，应在"应交税费"科目下设置"应交增值税"和"未交增值税"两个明细科目，其中"未交增值税"明细科目核算一般纳税人月末转入的应交未交增值税税额，转入多交的增值税也在本明细科目核算。辅导期管理的一般纳税人应在"应交税费"科目下设置"待抵扣进项税额"明细科目，核算一般纳税人按照税法规定不符合抵扣条件，暂不予在本期申报抵扣的进项税额。原增值税一般纳税人兼有应税服务期初有进项留抵税款，应在"应交税费"科目下增设"增值税留抵税额"明细科目，核算一般纳税人试点当月按照规定不得从销售服务、无形资产、不动产的销项税额中抵扣的月初增值税留抵税额。

一般纳税人在"应交增值税"明细账中，借方应设置"进项税额"、"已交税金"、"出口抵减内销应纳税额"、"减免税款"、"转出未交增值税"专栏，贷方应设置"销项税额"、"出口退税"、"进项税额转出"、"转出多交增值税"专栏。其中，"进项税额"专栏用于记录一般纳税人购入货物、接受应税劳务和购买服务、无形资产或者不动产而支付的、准予从销项税额中抵扣的增值税税额。"减免税款"专栏用于记录该一般纳税人按照规定抵减的增值税应纳税额，包括允许在增值税应纳税额中全额抵减的初次购买增值税税控系统专用设备而支付的费用以及缴纳的技术维护费。"已交税金"专栏用于记录一般纳税人已经缴纳的增值税税额。"出口抵减内销应纳税额"专栏用于记录一般纳税人按照免抵退税规定计算的向境外单位提供适用增值税零税率应税服务的当期应免抵税额。"转出未交增值税"专栏用于记录一般纳税人月末转出应交未交的增值税税额。"销项税额"专栏用于记录一般纳税人销售货物、提供应税劳务和销售服务、无形资产或者不动产而收取的增值税税额。一般纳税人发生应税行为终止或者按照规定可以实行差额征税、按照税法规定允许扣减的增值税税额应按照规定冲减销项税额。"出口退税"专栏用于记录一般纳税人向境外提供适用增值税零税率的应税服务、按规定计算的当期免抵退税额或者按照规定直接计算的应收出口退税额；出口业务办理退税后发生服务终止而补交已退的税款应冲减出口退税额。“进项税额转出”专栏用于记录一般纳税人由于各类原因不应从销项税额中抵扣而应按照规定转出的进项税额。“转出多交增值税”专栏用于记录一般纳税人月末转出多交的增值税税额。

小规模纳税人应在“应交税费”科目下设置“应交增值税”明细科目进行增值税核算，不需再设置其他专栏。月末也不需要进行增值税的计提和结转。小规模纳税人在收入确认时发生纳税义务，因而在账上确认收入时就应该确认增值税纳税义务，在“应交增值税”明细科目贷方记录应缴纳的增值税税额。下月初缴纳增值税后，再借记“应交增值税”明细科目。

30. 税控设备购置及其技术维护费开支的核算方法

依照税法相关规定，增值税一般纳税人初次购置增值税税控系统专用设备而支付的费用以及缴纳的技术维护费允许在当期增值税应纳税额中全额扣减。企业纳税人在“应交税费——应交增值税”科目下增设“减免税款”明细科目，用于核算企业按规定抵减的增值税应纳税额。企业购入增值税税控系统专用设备时，按实际支付或应付的金额，借记“固定资产”科目，贷记“银行存款”或“应付账款”科目。企业按照规定抵减的增值税应纳税额，借记“应交税费——应交增值税（减免税款）”科目，贷记“递延收益”科目。企业按期计提税控设备折旧金额时，借记“管理费用”科目，贷记“累计折旧”科目；同时按照相同金额，借记“递延收益”科目，贷记“管理费用”科目。

企业发生技术维修费开支时，按照实际支付或应付的金额，借记“管理费用”科目，贷记“银行存款”科目；按规定抵减增值税应纳税额时，借记“应交税费——应交增值税（减免税款）”科目，贷记“管理科目”科目。

某有限责任公司属于增值税一般纳税人。2016 年 7 月 6 日初次购置增值税税控系统专用设备而支付相关款项 11 700 元以及技术维护费 400 元，并按照规定取得了增值税专用发票。根据增值税专用发票及其相关款项支付凭证编制会计分录如下：

借：固定资产——生产经营用固定资产（税控设备）　11 700.00
　　管理费用——技术维护费　400.00
　　贷：银行存款　12 100.00

借：应交税费——应交增值税（减免税款）　12 100.00
　　贷：递延收益　11 700.00
　　　　管理费用——技术维护费　400.00

若预计该套税控设备使用期为 5 年，残值占设备价款总值 5%，2016 年 8 月按期计提专用税控设备折旧时，根据固定资产折旧计算表编制会计分录如下：

借：管理费用——折旧费　185.25
　　贷：累计折旧　185.25

借：递延收益　　185.25
　　贷：管理费用——折旧费　　185.25

2017年5月3日，该有限责任公司又发生技术维护费用500元，根据相关增值税专用发票及其款项支付凭证编制会计分录如下：

借：管理费用——技术维护费　　500.00
　　贷：银行存款　　500.00
借：应交税费——应交增值税（减免税款）　　500.00
　　贷：管理费用——技术维护费　　500.00

小规模纳税人自2011年12月1日（含12月1日当天）以后初次购买增值税税控系统专用设备（包括分开票机）而支付的费用以及缴纳的技术维护费可凭购买增值税税控系统专用设备取得的增值税专用发票，在增值税应纳税额中全额抵减，其抵减额为价税合计额。当期增值税应纳税额不足抵减的可结转下期继续抵减。

某食品加工厂属于增值税小规模纳税人。2016年7月6日初次购置增值税税控系统专用设备而支付相关款项11 700元以及技术维护费400元，并按照规定取得了增值税专用发票。根据增值税专用发票及其相关款项支付凭证编制会计分录如下：

借：固定资产——生产经营用固定资产（税控设备）　　11 700.00
　　管理费用——技术维护费　　400.00
　　贷：银行存款　　12 100.00
借：应交税费——应交增值税　　12 100.00
　　贷：递延收益　　11 700.00
　　　　管理费用——技术维护费　　400.00

若该套税控设备使用5年，残值占设备价款总值5%，2016年8月按期计提专用税控设备折旧时，根据固定资产折旧计算表编制会计分录如下：

借：管理费用——折旧费　　185.25
　　贷：累计折旧　　185.25
借：递延收益　　185.25
　　贷：管理费用——折旧费　　185.25

2017年5月3日，该食品加工厂又发生技术维护费用500元，根据相关增值税专用发票及其款项支付凭证编制会计分录如下：

借：管理费用——技术维护费 500.00

　　贷：银行存款 500.00

借：应交税费——应交增值税 500.00

　　贷：管理费用——技术维护费 500.00

31. “营改增”后固定资产增减业务的主要核算方法

《营业税改征增值税试点实施办法》中，将现有企业会计准则中所称“固定资产”拆成了固定资产和不动产两个部分。其中，固定资产是指使用期限超过12个月的机器、机械、运输工具以及其他与生产经营有关的设备、工具、器具等有形动产；不动产是指不能移动或者移动后会引起性质、形状发生改变的财产，包括建筑物（如住宅、商业营业用房、办公楼等可供居住、工作或者进行其他活动的建造物）和构筑物（如道路、桥梁、隧道、水坝等建筑物）。与《企业会计准则第4号——固定资产》相比，《营业税改征增值税试点实施办法》中的固定资产并不包括不动产和不动产在建工程。

目前企业主要通过设置“固定资产”、“累计折旧”、“在建工程”科目进行固定资产增减业务核算。

“固定资产”科目，用来核算企业所有固定资产的原价。其借方登记购建、其他单位投资转入、盘盈以及其他原因增加的固定资产的原始价值，贷方登记出售、报废、盘亏以及其他原因减少的固定资产的原始价值，期末借方余额反映现有固定资产的原始价值。为了详细反映和监督每项固定资产的增减变动，企业还应按照固定资产的类别、品名分别设置“固定资产卡片”和“固定资产登记簿”进行固定资产的明细分类核算。

“累计折旧”科目，是“固定资产”的备抵调整科目，是用来核算企业固定资产的累计折旧数额，其贷方登记计提折旧，借方登记出售、报废、盘亏、捐赠转出以及其他原因减少的固定资产折旧，期末贷方余额反映企业提取的固定资产折旧累计数。本科目只进行总分类核算。

“在建工程”科目，用来核算企业进行基建工程、安装工程、技术改造工程、大修理工程等发生的实际支出，包括需要安装设备的价值。其借方登记基建工程、安装工程等发生的工程实际支出，包括需要安装设备的价值，贷方登记基建工程完工交付使用固定资产的成本，期末借方余额表示企业尚未完工的基建工程等发生的各项实际支出。本科目应按在建工程的项目名称设置明细科目进行明细核算。

（1）固定资产增加业务核算。企业固定资产增加，按其来源不同可分为：

外购的固定资产、自行建造的固定资产、投资者投入的固定资产、租入的固定资产及盘盈的固定资产等，企业应分别不同来源进行账务处理。

一般纳税人企业购入的固定资产，按购买不含增值税价款、相关税费（进口关税、车辆购置税），使固定资产达到预定可使用状态前所发生的可归属于该项资产的运输费、装卸费、安装费和专业人员服务费等，作为购入固定资产原价入账。小规模纳税人企业则需要按照购买含增值税价款、相关税费（进口关税、车辆购置税），使固定资产达到预定可使用状态前所发生的可归属于该项资产的运输费、装卸费、安装费和专业人员服务费等，作为购入固定资产原价入账。

若纳税人购入不需要安装的固定资产，按上述成本直接借记"固定资产"科目和"应交税费——应交增值税（进项税额）"明细科目，同时贷记"银行存款"科目。

某从事工贸业务的有限责任公司从广汽丰田（北京）五道口汽车特约销售服务店以转账支票结算方式销售经营用车一部，裸车价 136 752. 14 元，增值税税额 23 247. 86 元；车辆购置税 8 000 元；保险费 4 575. 48 元，增值税税额 274. 52 元。财会部门取得的原始凭证有机动车销售统一发票和保险发票、完税凭证、固定资产验收交接单等凭证，编制会计分录如下：

借：固定资产——非生产经营用固定资产（现代轿车） 144 752. 14
　　应交税费——应交增值税（进项税额） 23 522. 38
　　管理费用——车辆保险费 4 575. 48
　　贷：银行存款 172 800. 00

若纳税人购入需要安装的固定资产，应将安装完毕前所发生的支出，包括需要安装设备的价值，先记入"在建工程"科目的借方，待工程安装完毕后，再将有关金额从"在建工程"科目转入"固定资产"科目。

某家商贸有限责任公司购入需要安装设备一套，取得的增值税专用发票上注明的价款为 500 000 元，增值税进项税额 85 000 元，支付运输费 1 351. 35 元，增值税进项税额 148. 65 元。款项已通过银行转账支付，投入安装后，支付安装费 3 153. 15 元，增值税进项税额 346. 85 元。安装完毕后交付使用。

支付设备价款、税款、运杂费合计 586 500 元。根据增值税专用发票及其网银付款凭证编制会计分录如下：

借：在建工程——设备安装工程 501 351. 35

应交税费——应交增值税（进项税额）　　85 148.65

贷：银行存款　　586 500.00

支付设备安装费 3 500 元。根据增值税专用发票及其网银付款凭证编制会计分录如下：

借：在建工程——设备安装工程　　3 153.15

应交税费——应交增值税（进项税额）　　346.85

贷：银行存款　　3 500.00

设备安装完毕交付使用，确定固定资产的入账价值 504 504.50 元，并编制会计分录如下：

借：固定资产——生产经营用固定资产（设备）　　504 504.50

贷：在建工程——设备安装工程　　504 504.50

若纳税人自行建造固定资产，即为了新建、改建、扩建固定资产或者对固定资产进行技术改造或设备更新而由企业自行建造的固定资产。自行建造固定资产达到预定可使用状态前所发生的全部支出，均通过"在建工程"科目核算，待工程竣工交付使用后，再将工程发生的全部支出，转入"固定资产"科目。

企业自行建造固定资产包括自营建造和出包建造两种方式。其中，出包建造指企业将工程项目发包给施工企业，由施工企业组织施工的建筑工程和安装工程。这是目前较常见的方式。它又分为两种形式：包工不包料方式和包工包料方式。

若采用包工不包料方式，企业应按直接材料、直接人工、直接机械施工费等项支出确定其工程成本。当企业购入工程用物资时，按实际成本借记"工程物资"科目，贷记"银行存款"科目；当企业领用工程材料物资时，应按实际成本借记"在建工程"科目，贷记"工程物资"科目；当领用本企业材料物资时，应按原材料的实际成本加上不能抵扣的增值税税额，借记"在建工程"科目，按原材料的实际成本，贷记"原材料"科目，按不能抵扣的增值税税额，贷记"应交税费——应交增值税（进项税额转出）"科目；当企业向承包公司预付工程款时，借记"在建工程"科目，贷记"银行存款"科目。基建工程应负担的其他费用，如临时设施费、监理费、可行性研究费、公证费等，借记"在建工程"科目，贷记"银行存款"科目。基建工程完工交付使用时，应借记"固定资产"科目，贷记"在建工程"科目。

某商贸有限责任公司出包建造一座仓库，经协商与承包公司签订了包工不包料的工程出包合同。仓库建造工程及其账务处理如下：

购入工程用物资一批，买价300 000元，增值税进项税额51 000元，物资验收入库，价款用银行存款支付。根据增值税专用发票、入库单及其网银付款凭证编制会计分录如下：

借：工程物资——××	300 000.00	
应交税费——应交增值税（进项税额）	51 000.00	
贷：银行存款		351 000.00

工程开工，领用工程物资300 000元。根据出库单编制会计分录如下：

借：在建工程——仓库工程	300 000.00	
贷：工程物资——××		300 000.00

向承包公司预付工程款360 360.36元，增值税税额39 639.64元。根据增值税专用发票及网银付款凭证编制会计分录如下：

借：在建工程——仓库工程	360 360.36	
应交税费——应交增值税（进项税额）	39 639.64	
贷：银行存款		400 000.00

支付相关费用90 090.09元，增值税税额9 909.91元。根据增值税专用发票及其网银付款凭证编制会计分录如下：

借：在建工程——仓库工程	90 090.09	
应交税费——应交增值税（进项税额）	9 909.91	
贷：银行存款		100 000.00

工程完工交付使用，确定固定资产的入账价值750 450.45元。根据工程竣工交接单、固定资产造价明细表编制会计分录如下：

借：固定资产——经营用固定资产（仓库）	750 450.45	
贷：在建工程——仓库工程		750 450.45

若采用包工包料方式，工程核算主要包括支付工程价款和工程交付使用两项内容。当企业支付工程价款时，借记"在建工程"科目，贷记"银行存款"科目；当工程交付使用时，企业按照工程造价金额，借记"固定资产"科目，贷记"在建工程"科目。

北京京石商业有限责任公司将仓库的工程出包给北京二建集团有限责任公司，工程的总价款为500 000元，按规定先预付工程款的60%，待工程完工，验收合格后再支付工程款的40%。公司财会部门预付工程价款60%时，根据北京二建集团有限责任公司开具的增值税专用发票及其网银付款凭证编制会计分录如下：

借：在建工程——出包仓库工程　　270 270.27
　　应交税费——应交增值税（进项税额）　　29 729.73
　　贷：银行存款　　300 000.00

4个月后，北京京石商业有限责任公司财会部门支付工程价款的40%，根据北京二建集团有限责任公司开具的增值税专用发票及其网银付款凭证编制会计分录如下：

借：在建工程——出包仓库工程　　180 180.18
　　应交税费——应交增值税（进项税额）　　19 819.82
　　贷：银行存款　　200 000.00

工程完工交付使用时，北京京石商业有限责任公司确定固定资产的入账价值为450 450.45元。财会部门根据固定资产建筑工程竣工交接单编制会计分录如下：

借：固定资产——生产经营用固定资产（仓库）　　450 450.45
　　贷：在建工程——出包仓库工程　　450 450.45

纳税人接受投资者投入的固定资产，按投资合同或协议的价值作为入账价值，即借记“固定资产”科目，贷记“实收资本”科目。

某工贸有限责任公司收到北京京东方投资有限责任公司投入的专用设备一台，合同确认的价值为200 000元，增值税税额34 000元。根据投资合同及其投资方开具的增值税专用发票编制会计分录如下：

借：固定资产——生产经营用固定资产（专用设备）200 000.00
　　应交税费——应交增值税（进项税额）　　34 000.00
　　贷：实收资本——北京京东方投资有限责任公司　　234 000.00

盘盈的固定资产，按同类或类似固定资产的市场价格，减去按该项固定资产的新旧程度评估的价值损耗后的余额，借记“固定资产”科目，同时贷记“以前年度损益调整”科目。同时按照以前年度漏账补记的规定，调增以前年度的所得税费用，借记“以前年度损益调整”科目，贷记“应交税费——应交所得税”明细科目。补提的盈余公积，应借记“利润分配——未分配利润”明细科目，贷记“盈余公积”科目。同时，按照年终结转的规定，将“以前年度损益调整”科目的金额结转至“利润分配——未分配利润”明细科目。

某石油销售有限责任公司对固定资产进行盘点时，发现有一台使用中的加油机未入账。该型号加油机七成新，市场价格全新估值70 000元，按七成新估值49 000元（70 000×70%）。财会部门根据固定资产盘盈报告单编制会计分录如下：

借：固定资产——生产经营用固定资产（加油机） 49 000.00
　　贷：以前年度损益调整 49 000.00
借：以前年度损益调整 12 250.00
　　贷：应交税费——应交所得税 12 250.00
借：以前年度损益调整 36 750.00
　　贷：利润分配——未分配利润 36 750.00
借：利润分配——未分配利润 3 675.00
　　贷：盈余公积——提取法定盈余公积 3 675.00

（2）固定资产减少业务的核算。固定资产减少业务主要涉及固定资产出售、报废、毁损以及期末减值业务的核算。其中属于固定资产出售、报废、毁损情形的归于固定资产清理核算。纳税人在进行固定资产清理核算时，应设置“固定资产清理”科目，核算企业因出售、报废和毁损等原已转入清理的固定资产净值以及清理过程中所发生的清理费用和清理收入。本科目借方登记转入清理的固定资产净值、支付的清理费用，贷方登记出售固定资产的收入、报废固定资产的残料变价收入及毁损固定资产应由保险公司及责任人赔偿的收入，本科目期末余额，反映尚未清理完毕的固定资产价值及清理净收入（清理收入-清理费用）。为了详细反映不同固定资产的清理情况，除进行总分类核算外，还应按清理的固定资产设置明细账进行明细核算。固定资产清理的核算，一般可按下面四个步骤进行：

第一步，将固定资产转入清理。企业将出售、报废和毁损的固定资产转入清理时，应按转入清理的固定资产净值，借记“固定资产清理”科目，按已计提的折旧和资产减值准备，分别借记“累计折旧”、“固定资产减值准备”科目，按固定资产原值，贷记“固定资产”科目。

第二步，核算清理费用。固定资产清理中发生的清理费用及应缴的税金等支出，应按实际数额借记“固定资产清理”科目，贷记“银行存款”或“应交税费”等科目。

第三步，记录清理收入。企业在固定资产清理时发生的各项收入，包括出售固定资产的价款、报废和毁损固定资产的残料、保险公司及过失人的赔款等，应按实际数额借记“银行存款”科目，贷记“固定资产清理”和“应交税费——应交增值税（销项税额）”科目。

第四步，结转清理净损益。企业因出售、报废和毁损等原因处置固定资产时，应当将清理收入扣除账面价值和相关税费后的金额记入当期损益，记入“营业外支出”或“营业外收入”科目。

某商贸有限责任公司一辆运输卡车在一次交通事故中报废，该卡车原价200 000元，已提折旧60 000元，在事故处理中明确过失人应赔偿2 000元；根据保险合同，保险公司应赔偿70 000元；企业未对该项固定资产计提减值准备。

该商贸有限责任公司将卡车转入清理时，编制会计分录如下：

借：固定资产清理——卡车　　140 000.00

　　累计折旧　　60 000.00

　　贷：固定资产——生产经营用固定资产（卡车）　　200 000.00

确认责任人和保险公司应赔偿的款项，编制会计分录如下：

借：其他应收款——某责任人　　2 000.00

　　　　　　　——保险公司　　80 000.00

　　贷：固定资产清理——卡车　　82 000.00

结转固定资产清理净损失金额58 000元（140 000 - 82 000），编制会计分录如下：

借：营业外支出——非常损失　　68 000.00

　　贷：固定资产清理——卡车　　68 000.00

某商贸有限责任公司出售营业仓库一座，原价400 000元，已提折旧200 000元；发生清理费用5 000元，用银行存款支付，取得价款225 225.23元，应缴增值税税额24 774.77元。该资产未提减值准备。

将仓库转入清理时，根据固定资产账面价值记录编制会计分录如下：

借：固定资产清理——营业仓库　　200 000.00

　　累计折旧　　200 000.00

　　贷：固定资产——生产经营用固定资产（营业仓库）400 000.00

支付清理费用时，根据对方开具的增值税专用发票及其转账支票存根编制会计分录如下：

借：固定资产清理——营业仓库　　4 504.50
　　应交税费——应交增值税（进项税额）　　495.50
　　贷：银行存款　　5 000.00

收到转让价款时，根据增值税专用发票记账联及其银行进账单编制会计分录如下：

借：银行存款　　250 000.00
　　贷：固定资产清理——营业仓库　　225 225.23
　　　　应交税费——应交增值税（销项税额）　　24 774.77

需要强调的是，纳税人销售已经使用固定资产应交增值税的，其中小规模纳税人销售已使用固定资产及一般纳税人销售已使用固定资产按照适用税率征收增值税的，应交增值税的会计处理与销售货物一样。在固定资产销售时，小规模纳税人通过“应交税费——应交增值税”科目核算，一般纳税人通过“应交税费——应交增值税（销项税额）”科目核算。但若出售属于按简易办法征收增值税的已使用固定资产，其按简易办法计算出的应交增值税在会计核算上应将其应纳增值税额计入“应交税费——未交增值税”科目。

结转固定资产清理净损益时，编制会计分录如下：

固定资产清理净收益 = 225 225.23 - 200 000.00 - 4 504.50 = 20 720.73（元）

借：固定资产清理——营业仓库　　20 720.73
　　贷：营业外收入——处置固定资产净收益　　20 720.73

（3）固定资产租赁业务的核算。企业固定资产租赁业务按其特点的不同，可以分为固定资产经营租赁和固定资产融资租赁两类。

固定资产经营租赁的主要特点有：租赁期限短；租赁期满，承租人将资产退还给出租人；在这种方式下，与租赁资产相关的风险和报酬仍然归属于出租人。鉴于这些特点，作为承租人的企业，在会计核算上，不能将租入的固定资产作为自有固定资产进行核算和管理，只需按期确认应付租金的数额及其列支方向。而对于出租人，应将出租的固定资产作为自有资产进行管理，按期计提出租固定资产的折旧并确认出租业务的损益。

北京翔宏商贸有限责任公司为满足季节性经营活动的需要，向北京百利贸易公司临时租入4辆载货汽车，租期为3个月，月租金16 000元；合同约定承租方按月支付租金，并一次性支付押金400 000元；北京百利贸易公司该项固定资产的账面原价为800 000元，每月计提折旧9 000元。

① 承租方北京翔宏商贸有限责任公司财会部门的账务处理如下：

支付押金时，根据押金收据及其银行付款凭证编制会计分录如下：

借：其他应收款——北京百利贸易公司　　400 000.00

　　贷：银行存款　　400 000.00

按月支付租金时，根据对方开具的增值税专用发票及其银行付款凭证编制会计分录如下：

借：销售费用——租金　　13 675.21

　　应交税费——应交增值税（进项税额）　　2 324.79

　　贷：银行存款　　16 000.00

租赁期满，退回汽车，如数收回押金时，根据银行收款凭证编制会计分录如下：

借：银行存款　　400 000.00

　　贷：其他应收款——北京百利贸易公司　　400 000.00

② 出租方北京百利贸易公司财会部门的账务处理如下：

租出汽车，收到押金时，根据银行收款凭证及其现金收据编制会计分录如下：

借：固定资产——出租固定资产（载货汽车）　　800 000.00

　　贷：固定资产——生产经营用固定资产（载货汽车）　　800 000.00

借：银行存款　　400 000.00

　　贷：其他应付款——北京翔宏商贸有限责任公司　　400 000.00

收到租金，按月确认收益时，根据增值税专用发票及其银行收款凭证编制会计分录如下：

借：银行存款　　16 000.00

　　贷：其他业务收入　　13 675.21

　　　　应交税费——应交增值税（销项税额）　　2 324.79

按月计提固定资产折旧时，根据固定资产折旧计算表编制会计分录如下：

借：其他业务成本　　9 000.00

　　贷：累计折旧　　9 000.00

租赁期满，收回完好汽车并如数退还押金时，根据银行付款凭证编制会计分录如下：

借：固定资产——生产经营用固定资产（载货汽车） 800 000.00

贷：固定资产——出租固定资产（载货汽车） 800 000.00

借：其他应付款——北京翔宏商贸有限责任公司 400 000.00

贷：银行存款 400 000.00

固定资产融资租赁的主要特征有：（1）租赁期较长，融资租赁期占租赁资产使用寿命的大部分；（2）租赁开始日的最低租赁付款额（或最低租赁收款额）的现值，几乎相当于租赁开始日租赁资产的公允价值；（3）承租人有购买租赁资产的选择权，且在合同中订立的设备购买价款预计远低于行使选择权时租赁资产的公允价值；（4）租赁资产性质特殊，如不作较大改造，只有承租人才能使用。由此可见，在融资租赁方式下，尽管在租赁期内租赁资产的所有权仍然属于出租人，但承租人实质上获得了与该资产有关的风险。所以，承租企业租赁期应将融资租入资产视同自有资产进行核算和管理。

为区分融资租入固定资产和其他自有固定资产，企业应在"固定资产"总账科目下单独设置"融资租入固定资产"明细科目核算融资租入的固定资产。企业在租赁开始日，按租赁资产的公允价值与最低租赁付款额的现值两者中较低者，借记"固定资产——融资租入固定资产"科目，按最低付款额，贷记"长期应付款——应付租赁融资款"科目，按两者的差额，借记"未确认融资费用"科目。未确认融资费用应在租赁期内合理分摊，分摊时借记"财务费用"科目，贷记"未确认融资费用"科目。租赁期满，若设备的所有权转归承租企业，承租企业还应将该固定资产从"融资租入固定资产"明细科目转入相关明细科目。

某商贸有限责任公司于2016年1月1日融资租入运输设备2台，租赁资产的公允价值为2 700 000元，租期3年，交付使用后每年年末支付租赁费1 000 000元，租赁期满，该运输设备归承租方所有。合同规定的利率为8%。

最低租赁付款额 = 1 000 000 × 3 + 0 = 3 000 000（元）

每年租金的现值之和 = 1 000 000 ×（PA3，8%）= 1 000 000 × 2.5771 = 2 577 100（元），小于租赁资产公允价值2 700 000元。根据孰低原则，租赁资产的入账价值应是2 577 100元，含增值税税额374 450.43元。

租入设备时，根据对方开具的增值税专用发票及其应付租赁融资款计算表编制会计分录如下：

借：固定资产——融资租入固定资产　　2 202 649.57
　　应交税费——应交增值税（进项税额）　　374 450.43
　　未确认融资费用　　422 900.00
　　贷：长期应付款——应付租赁融资款　　3 000 000.00

每年支付融资租赁费时，根据未确认融资费用分摊表及其银行付款凭证编制会计分录如下：

借：长期应付款——应付租赁融资款　　1 000 000.00
　　贷：银行存款　　1 000 000.00

表 8　**未确认融资费用分摊表**　单位：元

日　期	租　金	确认的融资费用	应付本金减少	应付本金余额
	(1)	(2) = 期初(4) ×8%	(3) = (1) - (2)	期末(4) = 期初(4) - (3)
2016 年 1 月 1 日				2 577 100.00
2016 年 12 月 31 日	1 000 000.00	206 168.00	793 832.00	1 783 268.00
2017 年 12 月 31 日	1 000 000.00	142 661.44	857 338.56	925 929.44
2018 年 12 月 31 日	1 000 000.00	74 070.56	925 925.64	0.00
合　计	3 000 000.00	422 900.00	2 577 100.00	

2016 年每月摊销未确认融资费用额 = 206 168 ÷ 12 = 17 180.67（元）。摊销未确认融资费用时，根据未确认融资费用分摊表编制会计分录如下：

借：财务费用　　17 180.67
　　贷：未确认融资费用　　17 180.67

2017 年每月摊销未确认融资费用 = 142 661.44 ÷ 12 = 11 888.45（元）。摊销未确认融资费用时，根据未确认融资费用分摊表编制会计分录如下：

借：财务费用　　11 888.45
　　贷：未确认融资费用　　11 888.45

2018 年每月摊销未确认融资费用 = 74 070.56 ÷ 12 = 6 172.55（元）。摊销未确认融资费用时，根据未确认融资费用分摊表编制会计分录如下：

借：财务费用　　6 172.55

贷：未确认融资费用 6 172.55

每月计提折旧时，根据固定资产折旧计算表编制会计分录如下（假设该项资产预计净残值率为5%，采用年限平均法）：

月折旧额 =2 202 649.57 ×（1 −5%）÷36 =58 125.47（元）

借：管理费用——折旧费 58 125.47

贷：累计折旧 58 125.47

租赁期满付清全部租赁费时，编制会计分录如下：

借：固定资产——运输设备 650 000.00

贷：固定资产——融资租入固定资产 650 000.00

（4）固定资产后续支出的核算。纳税人发生的固定资产后续支出，是指企业的固定资产投入使用后，为了适应新技术发展的需要，或者为维护固定资产的使用效能等发生的支出。包括企业对固定资产进行维护、改建、扩建或改良等发生的支出。《企业会计准则第4号——固定资产》规定，与固定资产有关的后续支出，符合固定资产确认条件的，应当计入固定资产成本；不符合固定资产确认条件的，应当在发生时计入当期损益。

2016年1月1日，某商场决定将2013年12月建成的中央空调全部更新。原有中央空调的建造成本为500万元，采用年限平均法计提折旧，已提折旧190万元，预计净残值率为5%，预计使用年限为5年。拆除原中央空调取得变价收入20万元存入银行，改良工程新发生支出1 000万元，全部以银行存款支付；2016年4月30日该改良工程达到预定可使用状态，预计使用年限为10年，预计净残值率为5%。

2016年1月1日，将中央空调账面净值3 100 000元（5 000 000 − 1 900 000）转入改良工程，编制会计分录如下：

借：在建工程——改良工程（中央空调） 3 100 000.00

累计折旧 1 900 000.00

贷：固定资产——生产经营用固定资产（中央空调）

5 000 000.00

将拆除设备变价收入存入银行时，根据增值税专用发票记账联及其银行收款凭证编制会计分录如下：

借：银行存款 200 000.00

贷：在建工程——改良工程（中央空调） 170 940.17

应交税费——应交增值税（销项税额） 29 059.83

发生改良支出时，根据对方开具的增值税专用发票及其银行付款凭证编制会计分录如下：

借：在建工程——改良工程（中央空调） 9 009 009.01
　　应交税费——应交增值税（进项税额） 990 990.99
　　贷：银行存款 10 000 000.00

2016 年 4 月 30 日，改良工程达到预定可使用状态时，固定资产的入账价值 11 938 068.84 元（3 100 000 - 170 940.17 + 9 009 009.01），根据改良工程竣工决算及其固定资产入账价值计算表，编制会计分录如下：

借：固定资产——生产经营用固定资产（中央空调） 11 938 068.84
　　贷：在建工程——改良工程（中央空调） 11 938 068.84

北京北辰红星建材城为保证现有营业用电梯的正常使用，对电梯进行了日常修理。并以转账支票支付修理费 42 735.04 元，增值税税额 7 264.96 元。这项支出不会使可能流入企业的经济利益超过原先的估计。因此，应将该项固定资产支出确认为发生当期的费用。该公司财会部门根据对方开具的增值税专用发票及其银行付款凭证进行账务处理如下：

借：管理费用——修理费 42 735.04
　　应交税费——应交增值税（进项税额） 7 264.96
　　贷：银行存款 50 000.00

企业在固定资产的清查过程中发现盘亏的固定资产，应填制“固定资产盘亏报告表”，在报经批准处理前借记“待处理财产损溢——待处理固定资产损溢”科目，同时按已提折旧和减值准备金额，借记“累计折旧”科目和“固定资产减值准备”科目，按其账面原值，贷记“固定资产”科目；盘亏固定资产经批准转作营业外支出时，借记“营业外支出”科目，贷记“待处理财产损溢——待处理固定资产损溢”科目。

北京金源燕莎友谊商厦 2016 年 6 月 22 日进行财产物资盘点时，发现丢失货架一组，账面原价 800 元，已提折旧 400 元。原因待查。根据固定资产盘亏报告表编制会计分录如下：

借：待处理财产损溢——待处理固定资产损溢 400.00
　　累计折旧 400.00
　　贷：固定资产——生产经营用固定资产（货架） 800.00

3 日后，领导对盘亏固定资产批准作营业外支出处理，根据固定资产盘亏报告表编制会计分录如下：

借：营业外支出——固定资产盘亏　　400.00

　　贷：待处理财产损溢——待处理固定资产损溢　　400.00

32.《企业会计准则第 4 号——固定资产》与《小企业会计准则》在固定资产核算方面的主要差异

在企业固定资产核算方法方面，2013 年 1 月 1 日开始实施的 2011 版《小企业会计准则》与 2007 年 1 月 1 日开始实施的 2006 版《企业会计准则第 4 号——固定资产》存在一定的差异，而受到“营改增”政策的影响，固定资产核算在大中企业和小企业中的具体处理办法的一些差异应该引起会计核算人员的关注。

（1）对于自行建造的固定资产核算中固定资产的成本，2006 版《企业会计准则第 4 号——固定资产》第九条规定，自行建造固定资产的成本，由建造该项资产达到预定可使用状态前所发生的必要支出构成。而 2011 版《小企业会计准则》第二十八条第二款规定，自行建造固定资产的成本，由建造该项资产在竣工决算前发生的支出（含相关的借款费用）构成。2007 年 12 月 6 日发布的《企业所得税法实施条例》第五十八条第二款规定，自行建造的固定资产，以竣工决算前发生的支出为计税基础。由此可见，在遵循实质重于形式信息要求下，税法与准则在固定资产建造成本构成方面的差异依然客观存在。《企业会计准则第 4 号——固定资产》并没有将达到预定可使用状态等同于固定资产工程竣工决算阶段，即有可能存在着已达到预定可使用状态，但并未办理竣工结算手续的固定资产工程。而涉及的具体会计处理，《企业会计准则第 4 号——固定资产应用指南》第一条第二款规定，已达到预定可使用状态，但尚未办理竣工决算的固定资产，应当按照估计价值确定其成本数额，并计提折旧；待办理竣工决算后，再按实际成本数额调整原来的暂估价值，但不需要调整原已计提的折旧数额。国税函〔2010〕79 号《国家税务总局关于贯彻落实企业所得税法若干税收问题的通知》第五条规定，企业固定资产投入使用后，由于工程款项尚未结清未取得全额发票的，可暂按合同规定的金额计入固定资产计税基础并计提折旧，待发票取得后进行调整，但是该项调整应在固定资产投入使用后的 12 个月内进行。而《小企业会计准则》规定，自行建造固定资产的成本应是该项建造资产在竣工决算前发生的支出（含相关的借款费用），这与《企业所得税法实施条例》的规定相一致。换句话说，小企业的固定资产成本核算并不存在核算上面的后期对前期暂估价值调整问题。

而《营业税改征增值税试点有关事项的规定》中明确指出，年应税销售额标准为500万元（含）；应税行为年销售额超过500万元的纳税人为一般纳税人；应税行为年销售额未超过500万元的纳税人为小规模纳税人。属于一般纳税人身份的企业或个人，若于固定资产工程施工期间购置机器设备、生产线等固定资产主体及工程材料并取得增值税专用发票时，应按照增值税专用发票上面注明的不含税价款及其增值税金额，分别借记"在建工程——××工程"科目和"应交税费——应交增值税（进项税额）"科目，贷记"银行存款"或"库存现金"科目；若领用本企业原材料物资，应按照领用账面成本，借记"在建工程——××工程"科目，同时按照领用材料账面成本及其增值税额，贷记"原材料"科目和"应交税费——应交增值税（进项税额转出）"科目；若将本企业产品用于在建工程，则应按照其正常含税销售价格，借记"在建工程——××工程"科目，同时按照领用产品不含税销售价格及其增值税税额，贷记"主营业务收入"科目和"应交税费——应交增值税（销项税额）"科目。而小规模纳税人由于不使用增值税专用发票，因而其于固定资产工程施工期间购置机器设备、生产线等固定资产主体及工程材料并即使取得了增值税专用发票，也须按照增值税专用发票上面注明的含税价款，借记"在建工程——××工程"科目，贷记"银行存款"或"库存现金"科目；若领用本企业原材料物资，应按照领用账面成本，直接借记"在建工程——××工程"科目，同时按照领用材料账面成本贷记"原材料"科目；若将本企业产品用于在建工程则应按照其正常含税销售价格，借记"在建工程——××工程"科目，同时按照领用产品不含税销售价格，贷记"主营业务收入"科目和"应交税费——应交增值税（销项税额）"科目。

（2）对于融资租入固定资产成本的核算，2006版《企业会计准则第21号——租赁》第十一条规定，在租赁期开始日，承租人应当将租赁开始日租赁资产公允价值与最低租赁付款额现值两者中较低者作为租赁资产的入账价值，将最低租赁付款额作为长期应付款的入账价值，其差额作为未确认融资费用处理；而2011版《小企业会计准则》第二十八条第四款规定，融资租入固定资产的成本，应当按照租赁合同约定的付款总额和签订租赁合同过程中发生的相关税费进行确定。

例如：2017年1月1日，甲有限责任公司与乙有限责任公司签订融资租赁合同，融资租入一套生产设备。该生产设备的公允价值为500 000元，租赁开始日为2017年1月1日，租赁期3年；相关租金的支付采取自租赁开始日起，每年年末支付租金200 000元。甲有限责任公司在签订本融资租赁合同时还发生了相关费用支付20 000元。该设备预计使用期限8年，已经使用3年，无残值，甲有限责任公司采用年限平均法计提折旧。租赁期满时，甲有限责任公司享有优惠购买该套设备的选择权，购买价格1 000元，估计期满日该资产的公允价值为80 000元。租赁合同约定的年利率为8%。若甲有限责任公司遵循2006版《企业会计准则第21号——租赁》，并按照“营改增”规定进行会计处理，则其编制的会计分录如下：

借：固定资产——融资租入固定资产	432 675.21	
未确认融资费用	101 000.00	
应交税费——应交增值税（进项税额）	87 324.79	
贷：长期应付款——应付融资租赁款		601 000.00
银行存款		20 000.00

若甲有限责任公司遵循2011版《小企业会计准则》的规定，则其编制的会计分录如下：

借：固定资产——融资租入固定资产	621 000.00	
贷：长期应付款——应付融资租赁款		601 000.00
银行存款		20 000.00

需要说明的是，《企业所得税法实施条例》第五十八条第三款规定，融资租入的固定资产、以租赁合同约定的付款总额和承租人在签订租赁合同过程中发生的相关费用作为计税基础，而租赁合同未规定付款总额的，以该项资产的公允价值和承租人在签订租赁合同过程中发生的相关费用作为计税基础。由此可见，2006版《企业会计准则第21号——租赁》下租入固定资产的账面价值与《企业所得税法实施条例》规定的计税基础存在差异，会计人员需要对每年计提的折旧额和分摊的未确认融资费用进行纳税调整。而2011版《小企业会计准则》第二十八条第四款规定融资租入固定资产的成本，应当按照租赁合同约定的付款总额和签订租赁合同过程中发生的相关税费进行确定，与《企业所得税法实施条例》第五十八条第三款规定相一致。

（3）对于盘盈固定资产的核算，2006版《企业会计准则第28号——会计政策、会计估计变更和差错更正应用指南》第十一条规定了前期差错通常包括计算错误、应用会计政策错误、疏忽或曲解事实、会计舞弊产生的影响数值以及存货、固定资产盘盈造成的前期数字纠正。换句话说，2006 版《企业会计准则第 28 号——会计政策、会计估计变更和差错更正》将固定资产盘盈归入前期差错，记入以前年度损益调整。而 2011 版《小企业会计准则》第六十八条第二款规定了非流动资产盘盈收益应该计入营业外收入。需要注意的是，《企业所得税法实施条例》第二十三条规定，企业资产溢余收入应该属于第六条第一项至第八项规定收入以外的其他收入。从收入的范围及其属性规定来看，《企业所得税法实施条例》与 2011 版《小企业会计准则》的规定相一致，而与 2006 版《企业会计准则第 28 号——会计政策、会计估计变更和差错更正》存在差异。遵循 2006 版《企业会计准则第 28 号——会计政策、会计估计变更和差错更正》的规定，会在当期会计核算中产生纳税调整问题。

33. “营改增”后无形资产增减业务的主要核算方法

《营业税改征增值税试点实施办法》中，将无形资产定义为不具有实物形态，但能带来经济利益的资产，包括技术、商标和著作权、自然资源使用权和其他权益性无形资产。其中的技术包括《企业会计准则第 6 号——无形资产》中所指的专利或者非专利技术。自然资源使用权则既包括了现有《企业会计准则第 6 号——无形资产》中所指的土地使用权，还包括了海域使用权、探矿权、采矿权、取水权和其他自然资源使用权。其他权益性无形资产既包括了现有《企业会计准则第 6 号——无形资产》中规定的特许经营权，还包括了基础设施资产经营权、公共事业特许权、配额、连锁经营权、经销权、分销权、代理权、会员费、席位费、网络游戏虚拟道具、商誉、域名、经营权、名称权、肖像权、冠名权。但在《企业会计准则第 6 号——无形资产》中，商誉不作为无形资产核算的内容。

企业纳税人为反映和监督无形资产成本的增减变动情况，应设置“无形资产”科目。该科目属于资产类科目，其借方登记取得无形资产的成本，贷方登记无形资产的出售、转出成本，期末借方余额，反映企业所拥有的无形资产成本。无形资产应按其类别设置明细科目，进行明细核算。同时，为核算企业对使用寿命有限的无形资产计提的累计摊销，还应设置“累计摊销”科目。该科目既属于资产类科目，同时还是“无形资产”备抵科目。企业按月计提无形资产摊销时记入该科目贷方，无形资产使用期满、出售或对外投资转出累计摊销时记入该科目借方，本科目期末贷方余额，反映企业无形资产累计摊销额。该科目进行总分类核算，不设置明细科目。

企业的无形资产由于取得的途径不同，其账务处理也不同。无论何种途径取得的无形资产，均计入“无形资产”科目的借方。属于一般纳税人国内购买的无形资产，按照税法规定符合抵扣条件的，可凭取得的增值税扣税凭证在本期申报抵扣进项税额；属于一般纳税人接收境外单位或者个人销售的无形资产，按照海关提供的海关进口增值税专用缴款书上注明的增值税税额或中华人民共和国税收通用缴款书上面注明的增值税税额，借记“应交税费——应交增值税（进项税额）”科目。

某商业有限责任公司2016年3月支付100万元有偿取得某商号品牌10年期的有偿使用权。假定不考虑其他相关税费。根据增值税专用发票及其银行付款凭证编制会计分录如下：

借：无形资产——商标使用权　　943 396.23
　　应交税费——应交增值税（进项税额）　　56 603.77
　　贷：银行存款　　1 000 000.00

企业拥有的无形资产可以依法转让。《企业会计准则第6号——无形资产》规定无形资产的转让方式有两种：一是转让所有权，即无形资产出售；二是转让使用权，即无形资产出租。在《营业税改征增值税试点实施办法》中将无形资产的出售规定为包括出售无形资产的所有权和使用权。

企业将无形资产出售，表明企业已经放弃了无形资产所有权。《企业会计准则第6号——无形资产》规定，企业出售无形资产，应当将取得的价款与该无形资产账面价值的差额记入当期损益。即按实际取得的转让收入，借记"银行存款"等科目，按照已提累计摊销金额和已提减值准备金额，借记"累计摊销"和"无形资产减值准备"科目，按无形资产的账面原价，贷记"无形资产"科目，按应支付的应交增值税税额，贷记"应交税费——应交增值税（销项税额）"明细科目，按上述科目借贷方差额，贷记"营业外收入——出售无形资产收益"科目或借记"营业外支出——出售无形资产损失"科目。

某商贸有限责任公司属于一般纳税人身份，其将拥有的一项专有技术进行出售。该项专有技术账面原价600 000元，累计摊销100 000元，出售专有技术价款377 358.49元，增值税税额22 641.51元。假定不考虑无形资产价值准备，则出售无形资产净额122 641.51元（600 000 + 22 641.51 - 100 000 - 400 000）确认为当期损失，记入"营业外支出"科目。编制会计分录如下：

借：银行存款　　400 000.00
　　累计摊销　　100 000.00
　　营业外支出——出售无形资产损失　　122 641.51
　　贷：无形资产——非专利技术　　600 000.00
　　　　应交税费——应交增值税（销项税额）　　22 641.51

无形资产出租是企业将拥有的无形资产使用权让渡给他人并收取租金的应税行为。根据《企业会计准则第14号——收入》的规定，这类交易属于企业让渡资产使用权收入，因而相关所得应作为收入核算，即计入"其他业务收入”科目。企业出租无形资产所取得的现金收入，借记“银行存款”等科目，贷记“其他业务收入”科目和“应交税费——应交增值税（销项税额）”明细科目；结转无形资产的相关费用时，借记“其他业务成本”科目和“应交税费——应交增值税（进项税额）”明细科目，贷记“无形资产”科目。

北京京石商业有限责任公司将商号的使用权转让给北京琪琳贸易有限责任公司有偿使用5年，取得转让收入94 339.62元，增值税税额5 660.38元，所得款项100 000元已经存入银行。同时以银行存款支付咨询服务费用开支7 075.47元，增值税税额424.53元。根据增值税专用发票记账联和发票联、银行收款和付款凭证，编制会计分录如下：

借：银行存款	100 000.00	
贷：其他业务收入		94 339.62
应交税费——应交增值税（销项税额）		5 660.38
借：其他业务成本	7 075.47	
应交税费——应交增值税（进项税额）	424.53	
贷：银行存款		7 500.00

34. "营改增"后企业购买住宿服务的核算方法

《营业税改征增值税试点实施办法》第二十六条规定了"纳税人取得的增值税扣税凭证不符合法律、行政法规或者国家税务总局有关规定的，其进项税额不得从销项税额中抵扣。"其中的"增值税扣税凭证"是指增值税专用发票、海关进口增值税专用缴款书、农产品收购发票、农产品销售发票和完税凭证。同时，第二十七条规定了下列项目的进项税额不得从销项税额中抵扣：(1) 用于简易计税方法计税项目、免征增值税项目、集体福利或者个人消费的购进货物、加工修理修配劳务、服务、无形资产和不动产。其中涉及的固定资产、无形资产、不动产，仅指专用于上述项目的固定资产、无形资产（不包括其他权益性无形资产）、不动产。纳税人的交际应酬消费属于个人消费；(2) 非正常损失的购进货物以及相关的加工修理修配劳务和交通运输服务；(3) 非正常损失的在产品、产成品所耗用的购进货物（不包括固定资产）、加工修理修配劳务和交通运输服务；(4) 非正常损失的不动产以及该不动产所耗用的购进货物、设计服务和建筑服务；(5) 非正常损失的不动产在建工程所耗用的购进货物、设计服务和建筑服务。纳税人新建、改建、扩建、修缮、装饰不动产，均属于不动产在建工程；(6) 购进的旅客运输服务、贷款服务、餐饮服务、居民日常服务和娱乐服务；(7) 中华人民共和国财政部和国家税务总局规定的其他情形。

显然，《营业税改征增值税试点实施办法》第二十七条第（六）项规定的"购进的旅客运输服务、贷款服务、餐饮服务、居民日常服务和娱乐服务不得从销项税额中抵扣"的条文并未包含增值税一般纳税人由于购买注册服务而产生的"住宿费"开支，亦即符合条件的住宿费开支的增值税可以作为进项税额抵扣。但是下列发生的住宿费不符合抵扣条件：(1) 无法取得开具本单位全称增值税专用发票的住宿费；(2) 交际应酬所发生的住宿费；(3) 福利性质的住宿费；(4) 个人的住宿消费；(5) 选择适用简易计税方法、免征增值税项目发生的住宿费。

某有限责任公司属于一般纳税人身份。其采购员张某和李某前期携带借支的现款4 000元去温州出差采购原材料。其所带回的住宿增值税专用发票上面注明的住宿费用为1 132.08元，增值税税额67.92元。餐费增值税普通发票上面注明餐费754.72元，增值税税额45.28元。动车和出租车乘坐票款开支共计1 541元。李某已将余款退回财会部门。根据差旅费报销单及其所附增值税专用发票和普通发票、动车和出租车乘坐票据，编制会计分录如下：

借：管理费用——差旅费	3 473.08	
应交税费——应交增值税（进项税额）	67.92	
库存现金	459.00	
贷：其他应收款——差旅费		4 000.00

若某金属器件厂属于小规模纳税人身份并采用建议核算方式，其在同期假定发生了与上述有限责任公司同性质同金额的差旅费开支。则其取得的购买住宿服务的增值税专用发票注明的增值税税额不能作为企业的进项税额处理。根据差旅费报销单及其所附增值税专用发票和普通发票、动车和出租车乘坐票据，其所编制会计分录如下：

借：管理费用——差旅费	3 541.00	
库存现金	459.00	
贷：其他应收款——差旅费		4 000.00

35. "营改增"后产品制造企业进货业务的主要核算方法

产品制造企业的进货业务核算主要是生产材料和周转材料的采购业务核算，而生产材料和周转材料的采购由于企业采用实际成本法和计划成本法的不同而又存在着差异。

（1）实际成本法下材料采购核算。原材料按照实际成本计价的核算特点是材料从收发凭证到明细分类账和总分类账全部按照实际成本计价核算。在实际核算中需要设置"原材料"和"在途物资"会计科目进行核算：

"原材料"科目属于资产类科目，用来核算企业库存的各种材料，包括原料及主要材料、辅助材料、外购本成品、修理用备件、燃料、包装材料的实际成本的增加、减少及其结存情况。该科目的借方登记验收入库的各种材料的实际成本；贷方登记发出的各种材料的实际成本；期末余额在借方，反映企业库存材料的实际成本。企业应该按照材料的类别、规格、名称或者存放地点设置明细科目进行明细核算。

"在途物资"科目属于资产类科目，用来核算企业已经支付货款而货物正在途中运输，或者已经运达企业但尚未验收入库的材料实际成本。企业承付货款或者开出并承兑商业汇票时，按照所付款项金额记入该科目的借方；企业验收入库材料的实际成本记入该科目的贷方；余额在借方，表示企业已经支付货款而货物正在途中运输，或者已经运达企业但尚未验收入库的材料实际成本。企业应按照采购货物的名称或者供货单位的名称设置明细科目进行明细核算。

企业材料的取得来源主要有购进、自制、投资者投入以及债务重组等渠道，材料的来源不同，其计价与会计处理方法不尽相同。对于购进入库的材料，其入账价值应该包括买价、货物运杂费、运输途中的合理损耗、入库前的挑选整理费、卖方必须支付的税金及其他费用；对于自制的材料，其入账价值主要包括材料费用、人工费用、燃料及其动力费用；对于投资者投入的材料，其入账价值为投资合同或协议中确认的价值；对于通过债务重组方式获得的库存物资，其入账价值包括应收债权的账面价值和应支付的相关费用。

材料在实际采购过程中，由于货物的运输需要通过专门的运输线路完成，而货款的结算是通过银行传递结算单据来完成，因而结算单据到达企业的时间与采购物资到达企业的时间会出现不一致的问题，其核算方法有着具体的区别：

①货款已经支付或开出、承兑商业汇票，同时材料已验收入库。产品制造商采购材料，如果付款后随即收到相关材料，或货款支付或已经开出并承兑商业汇票与材料的验收入库基本上同时进行，则在业务发生后，即可根据银行结算凭证、发票、运费单据、收料单等单据确定材料不含税成本，借记“原材料”科目，按照供货方和运输单位提供增值税专用发票所列增值税，借记“应交税费——应交增值税（进项税额）”，按照实际支付的款项，贷记“银行存款”或“应付账款”科目。

某从事民族乐器生产厂商具有一般纳税人资格。某日购进甲材料 50 000 元，增值税税额 8 500 元，同时发生运输费 200 元，增值税税额 22 元。款项通过银行存款支付，材料验收入库。会计人员已经收到供货单位增值税专用发票、运输单位增值税专用发票、仓库转来的收料单及转账支票存根。会计人员编制会计分录如下：

借：原材料——甲材料　　50 200.00
　　应交税费——应交增值税（进项税额）　　8 522.00
　　贷：银行存款　　58 722.00

若该民族乐器生产厂商属于增值税小规模纳税人，则不能使用增值税专用发票，因而不能享受增值税进项税额抵扣，其所购进原材料验收入库后，编制会计分录如下：

借：原材料——甲材料　　58 722.00
　　贷：银行存款　　58 722.00

②货款已经支付或开出承兑商业汇票，所购材料尚未到达或尚未验收入库。该项业务的产生，多数是企业从外埠采购材料，发生结算凭证通过银行先到而承付货款或开出并承兑商业汇票，但所购材料仍在运输途中。会计人员对此项业务应该作为在途物资处理，即通过“在途物资”科目核算。

某产品制造厂商具备一般纳税人资格。购进 A 种材料 40 000 元，B 种材料 60 000 元，两种材料的供货单价都是每公斤 1 元，增值税共计 17 000 元；同时发生运输装卸费用 1 500 元，增值税税额 165 元。由于已经取得网银付款凭证及其所附的供货单位增值税专用发票、运输企业增值税专用发票，审核无误后款项通过银行存款支付，所购材料尚未运达工厂仓库。运费按照两种材料的重量进行分摊。会计人员根据收到供货及运输单位增值税专用发票及网银付款凭证，编制会计分录如下：

借：在途物资——某供货单位　　101 500.00
　　应交税费——应交增值税（进项税额）　　17 165.00
　　贷：银行存款　　118 665.00

若该产品制造工厂为小规模纳税人，不能使用增值税专用发票，因而不能享受增值税进项税额抵扣，村办工厂承付款项后，应编制会计分录如下：

借：在途物资——某供货单位　　118 665.00
　　贷：银行存款　　118 665.00

数日后，材料运达企业并验收入库。会计人员根据仓库转来收货单，编制会计分录如下：

借：原材料——A 材料　　40 600.00
　　　　　——B 材料　　60 900.00
　　贷：在途物资——某供货单位　　101 500.00

该产品制造厂商若为增值税小规模纳税人，则不能使用增值税专用发票，因而不能享受增值税进项税额，其所购进原材料验收入库后，编制会计分录如下：

借：原材料——A 材料　　47 466.00
　　　　　——B 材料　　71 199.00
　　贷：在途物资——某供货单位　　118 665.00

③材料已经验收入库，货款尚未支付。企业在材料采购过程中，若发生材料已经到达企业，而结算凭证未到或者企业暂时无力支付的，所购材料应该办理入库手续，同时分别情况做相应的账务处理。

第一种情形：若所购材料已经运达产品制造商并验收入库，同时收到供货单位及运输单位的增值税专用发票，只是银行结算凭证尚未转来，或者产品制造厂商虽然收到银行转来的结算单据，但在允许的账期内企业可以先不支付相关款项。会计人员根据相关的增值税专用发票收货单等单据，借记"原材料"科目和"应交税费——应交增值税（进项税额）"科目，同时根据产生的流动负债金额，贷记"应付账款"科目。

某工艺品厂商从 A 公司购进木材 1 000 立方米，价格 500 000 元，增值税税额 85 000 元，同时发生应该承担的运输费 3 000 元，增值税税额 330 元。材料已经运达企业并验收入库。会计人员收到供货单位随同木材一起转来的材料及运费增值税专用发票及收货单。其相关结算凭证尚未到达。编制会计分录如下：

借：原材料——木材　　503 000.00

　　应交税费——应交增值税（进项税额）　　85 330.00

　　贷：应付账款——A 公司　　588 330.00

若该企业为小规模纳税人，会计人员收到供货单位随同木材一起转来的发票、运费单据及收货单，编制会计分录如下：

借：原材料——木材　　588 330.00

　　贷：应付账款——A 公司　　588 330.00

第二种情形：若所购材料已经运达企业并验收入库，但是企业并未收到供货单位转来的增值税专用发票，应该继续等待发票及银行结算单据，不编制会计分录；待所有单据到齐后，借记“原材料”、“应交税费——应交增值税（进项税额）”科目，贷记“银行存款”科目。但如果到了月末仍未收到相关的增值税专用发票及银行结算凭证，由于实际的资产和负债已经增加，为了保证资产负债表的数据真实可靠，需要月末按照暂估数值，借记“原材料”科目，同时贷记“应付账款”科目。下月初再作相反的会计分录予以冲回。

某从事食品加工的厂商从 B 公司购入丁种罐头瓶一批已经验收入库，货物及其运费增值税专用发票尚未得到。至月末，根据估价，丁种罐头瓶价值 100 000元，会计人员编制会计分录如下：

借：原材料——丁种罐头瓶　　100 000.00

　　贷：应付账款——暂估应付款　　100 000.00

次月初，做红字的会计分录冲回原有记录如下：

借：原材料——丁种罐头瓶　　100 000.00

　　贷：应付账款——暂估应付款　　100 000.00

银行转来丁种罐头瓶的结算凭证付款通知联、货物及其运费增值税专用发票。货物价值 100 000 元，增值税税额 17 000 元，运输费 300 元，增值税税额 33 元。审核无误，承付款项。会计人员编制会计分录如下：

借：原材料——丁种罐头瓶　　100 300.00

　　应交税费——应交增值税（进项税额）　　17 033.00

贷：银行存款　117 333.00

（2）企业接受投资人投入原材料的核算。按照相关规定，企业接受投资人投入的原材料或产品并作为企业生产或经营储备物资安排的，应按照该项原材料或产品投资方开具增值税专用发票上面注明的不含税价格及其增值税金额，借记“原材料”科目、“应交税费——应交增值税（进项税额）”科目，同时按照不含税价款及增值税额合计数确认投资金额并贷记“实收资本”科目。

某酒厂接受雅昌文化传媒有限公司投资转入的酒品材料，投资合同中确认价值2 000 000元，相关入库手续已经办妥。投资方转来增值税专用发票注明增值税税额340 000元。会计人员根据投资确认文件及入库单编制会计分录如下：

借：原材料——酒品材料　2 000 000.00

应交税费——应交增值税（进项税额）　340 000.00

贷：实收资本——雅昌文化传媒有限公司　2 340 000.00

（3）计划成本法下材料采购核算。原材料按照计划成本计价的核算特点，是材料从收发凭证到明细分类账和总分类账全部按照计划成本计价核算。在实际核算中需要设置“原材料”科目反映计划成本。材料的实际成本与计划成本的差异通过“材料成本差异”会计科目进行核算：月末终了，通过分配材料成本差异，将发出材料的计划成本调整成实际成本。在计划成本法下需要设置的材料核算主要会计科目如下。

“材料采购”科目，属于资产类科目，用来核算从事产品制造企业材料采购的实际成本。该科目的借方登记外购材料的实际成本以及结转的实际成本小于计划成本的差异数额；贷方登记验收入库材料的计划成本以及结转的实际成本大于计划成本的差异数额；期末余额在借方，表示企业已经支付货款而货物正在途中运输，或者已经运达企业但尚未验收入库的材料实际成本。企业应按照采购货物的名称或者供货单位的名称设置明细科目进行明细核算。

“原材料”科目，属于资产类科目，在计划成本法下用来核算从事产品制造企业库存材料增加、减少及其结存计划成本情况。该科目的借方登记验收入库的各种材料的计划成本；贷方登记发出的各种材料的计划成本；期末余额在借方，反映企业库存材料的计划成本。企业应该按照材料的类别、规格、名称或者存放地点设置明细科目进行明细核算。

“材料成本差异”科目，属于资产类科目，用来核算从事产品制造企业各种材料实际成本与计划成本的差异。该科目的借方登记入库材料实际成本大于计划成本的差异；贷方登记实际成本小于计划成本的差异，发出材料应结转的实际成本与计划成本的差异（用蓝字表示超支差异，用红字表示节约差异）；期末余额在借方，反映库存材料的超支差异；期末余额在贷方，反映库存材料的节约差异。企业应按照原材料、周转材料等类别设置明细科目，进行材料成本差异明细分类核算。

①货款已经支付或开出、承兑商业汇票，同时材料已验收入库。企业采购材料，如果付款后随即收到相关材料，或货款支付或已经开出并承兑商业汇票与材料的验收入库基本上同时进行，则在业务发生后，即可根据银行结算凭证、发票、运费单据、收料单等单据确定材料成本，借记“原材料”科目，按照实际支付的款项，贷记“银行存款”或“应付账款”科目。

某民族乐器加工厂购进甲材料 50 000 元，增值税税额 8 500 元，同时发生运输费 200 元，增值税税额 22 元。款项通过银行存款支付，材料验收入库。会计人员已经收到供货单位及运输单位增值税专用发票、仓库转来的收料单及转账支票存根。该批材料计划成本50 000元。会计人员编制会计分录如下：

借：材料采购——甲材料	50 200.00	
应交税费——应交增值税（进项税额）	8 522.00	
贷：银行存款		58 722.00
借：原材料——甲材料	50 000.00	
贷：材料采购——甲材料		50 000.00

②货款已经支付或开出、承兑商业汇票，所购材料尚未到达或尚未验收入库。该项业务的产生，多数是企业向外埠采购材料，发生结算凭证通过银行先到而承付货款或开出并承兑商业汇票，但所购材料仍在运输途中。会计人员对此项业务应该按照实际成本，在“材料采购”科目借方核算。

上述民族乐器加工厂购进乙种材料 100 000 元，增值税税额 17 000 元；同时发生运输装卸费 1 500 元，增值税税额 165 元。接到银行转来的付款结算单据及其所附的供货单位及运输企业增值税专用发票，审核无误后款项通过银行存款支付，所购材料尚未运达工厂仓库。会计人员根据收到的供货单位发票、运输单位运费发票及托收凭证付款通知联，编制会计分录如下：

借：材料采购——乙材料	101 500.00	

　　应交税费——应交增值税（进项税额）　　17 165.00
　　贷：银行存款　　118 665.00

数日后，材料运达工厂并验收入库。该批材料计划成本 110 000 元。会计人员根据仓库转来收货单，编制会计分录如下：

借：原材料——乙材料　　110 000.00
　　贷：材料采购——乙材料　　110 000.00

③材料已经验收入库，货款尚未支付。在计划成本法下，产品制造厂商在材料采购过程中，若发生材料已经到达企业，而结算凭证未到或者企业暂时无力支付的，所购材料同样办理入库手续，同时分别情况做相应的账务处理。

第一种情形：若所购材料已经运达企业并验收入库，同时收到供货单位及运输单位的增值税专用发票，只是银行结算凭证尚未转来，或者企业虽然收到银行转来的结算单据，但在允许的账期内企业可以先不支付相关款项。会计人员根据相关的增值税专用发票、收货单等单据，借记"材料采购"科目，同时根据产生的流动负债金额，贷记"应付账款"科目。

上述民族乐器加工厂从 A 公司购进丙材料 500 000 元，增值税税额 85 000 元，同时发生应该承担的运输费 3 000 元，增值税税额 330 元。材料已经运达企业并验收入库。会计人员收到供货单位随同丙材料一起转来的材料及运费增值税专用发票、收货单等凭证。其相关结算凭证尚未到达。该批材料计划成本 502 000 元。编制会计分录如下：

借：材料采购——丙材料　　503 000.00
　　应交税费——应交增值税（进项税额）　　85 330.00
　　贷：应付账款——A 公司　　588 330.00
借：原材料——丙材料　　502 000.00
　　贷：材料采购 ——丙材料　　502 000.00

第二种情形：若所购物资已经运达该工厂并验收入库，但是该工厂并未收到供货单位转来的发票，应该继续等待发票及银行结算单据，不编制会计分录；待所有单据到齐后，借记"原材料"、"应交税费——应交增值税（进项税额）"科目，贷记"银行存款"科目。但如果到了月末仍未收到相关的发票、运费单据、银行结算凭证，因为实际的资产和负债已经增加，为了保证资产负债表的数据真实可靠，需要月末按照计划成本数值，借记"原材料"科目，同时贷记"应付账款"科目。下月初再作相反的会计分录予以冲回。

上述民族乐器加工厂从B公司购入丁材料一批已经验收入库，增值税专用发票尚未得到。至月末，根据计划成本，丁材料价值100 000元，会计人员编制会计分录如下：

借：原材料——丁材料　　100 000.00

　　贷：应付账款——暂估应付款　　100 000.00

次月初，做红字的会计分录冲回原有记录如下：

借：原材料——丁材料　　100 000.00

　　贷：应付账款——丁材料　　100 000.00

次月，银行转来丁材料的结算凭证付款通知联及增值税专用发票单据。货物价值100 000元、增值税税额17 000元，运输费300元、增值税税额33元。审核无误，承付款项。会计人员编制会计分录如下：

借：材料采购——丁材料　　100 300.00

　　应交税费——应交增值税（进项税额）　　17 033.00

　　贷：银行存款　　117 333.00

借：原材料——丁材料　　100 000.00

　　贷：材料采购——丁材料　　100 000.00

4月末，结转全月入库材料实际成本与计划成本的差异。若入库材料实际成本大于计划成本，则应该借记“材料成本差异”科目，贷记“材料采购”科目；若入库材料实际成本小于计划成本，则应该借记“材料采购”科目，贷记“材料成本差异”科目。

上述民族乐器厂月末根据入库甲、乙、丙材料的实际成本与计划成本差异，编制会计分录如下：

借：材料成本差异——原材料　　1 200.00

　　贷：材料采购——甲材料　　200.00

　　　　　　　　——丙材料　　1 000.00

借：材料采购——乙材料　　8 500.00

　　贷：材料成本差异——原材料　　8 500.00

36. "营改增"后产品制造企业销售业务的主要核算方法

从事产品制造企业实现的商品销售收入是通过设置"主营业务收入"科目进行核算的。该科目是损益类科目，企业确认商品销售收入时记入贷方，月末结转本年利润时记入借方，月末该科目应无余额。该账户按主营业务收入的种类设置明细科目。根据明细科目设置的"主营业务收入"明细账的格式，一般采用三栏式或贷方多栏式账。确认收入的同时要计算增值税销项税额，并在"应交税费——应交增值税"明细账户反应向购买者收取的销项税额。

（1）同城商品销售的核算。同城商品销售的特点是：商品的交接工作和货款的结算工作，一般在销售商品的当日或近期都能办妥。

娜薇日用品有限责任公司销售给北京美丽园化妆品公司洗面奶300箱，每箱不含税售价200元，商品价款60 000元，增值税销项税额10 200元，合同约定，商品自提，转账支票结算货款。娜薇日用品有限责任公司开具增值税专用发票和商品提货单，北京美丽园化妆品公司交来转账支票，商品提出运回。娜薇日用品有限责任公司会计部门根据转账支票的进账单、增值税专用发票编制会计分录如下：

借：银行存款　　70 200.00
　　贷：主营业务收入　　60 000.00
　　　　应交税费——应交增值税（销项税额）　　10 200.00

企业每天销售的商品数量较多、品种规格也较为复杂，要开出大量的发货票，如果按销货发票逐笔记账，势必带来较繁重的工作量，所以实际工作中一般多采用每日终了根据销货发票和结算单据汇总编制"销售日报表"集中进行核算的办法。

某产品制造厂商某日销售业务共16笔，合计销售额为428 000元，销项税额为72 760元，总计500 760元。业务部门根据当天的增值税专用发货票汇总编制"销售日报表"。财会部门根据审核无误的销售日报表及其所附销售结算单证，编制会计分录如下：

借：银行存款　　1 262 000.00
　　应收账款——××　　129 000.00

应收票据——××　　　　130 819.00

贷：主营业务收入——洗涤类　　　　1 300 700.00

应交税费——应交增值税（销项税额）　　　　221 119.00

（2）异地商品销售业务的核算。异地商品销售的特点是：商品的交接工作和货款的结算工作一般不能同时完成，所以就会出现先发货后收款或收款在先商品交接在后的情况。

某日用化妆品生产厂商3月10日销售给湖南英达公司洗发水1 000箱，每箱不含税售价400元，计价40 000元，增值税销项税额6 800元。合同约定采用网银结算方式收款，运输部门向仓库提货办理发运手续，取得运输增值税专用发票，在发运商品时签发支票代垫运杂费800元、增值税88元。根据转账支票存根编制会计分录如下：

借：应收账款——英达公司　　　　888.00

贷：银行存款　　　　888.00

办妥收款手续时，根据产品出库单、增值税专用发票编制会计分录如下：

借：应收账款——英达公司　　　　47 688.00

贷：主营业务收入　　　　40 000.00

应交税费——应交增值税（销项税额）　　　　6 800.00

应收账款——英达公司　　　　888.00

取得网银划款凭证，上项货款及代垫运费已如数收回，根据托收凭证入账通知联编制会计分录如下：

借：银行存款　　　　47 600.00

贷：应收账款——英达公司　　　　47 600.00

（3）预收货款商品销售的核算。对于某些产品，企业可能采取预先收取定金而后再发货并结清全部款项的方式，或者为了保证货源及时供应，对于一些供不应求的紧俏产品，向购货单位预先收取货款，即以“预收货款”的形式销售商品。企业预收的款项通过设置“预收账款”科目核算，预收货款时贷记该科目，发出商品实现销售时，借记该科目。购货单位补付或向其退回多付货款时，分别贷记或借记该科目。该科目的余额在贷方，表示已预收货款但尚未向对方发货的数额；该科目的余额在借方，表示已发货数额大于预收货款的数额，即尚未向对方结算的款项。

以“预收货款”形式销售商品，在预收货款时，由于还没有转移商品的所有权，所以不应确认销售收入，只有在发出商品的时候，才能确认销售收入。如果企业预收账款不多，可不使用“预收账款”科目，并入“应收账款”科目核算。

某产品制造厂商根据合同约定，采用预收货款的方式向河北华光百货商场销售化妆品500箱。4月18日，收到开户银行转来信汇凭证收账通知联，河北华光百货商场预付商品货款50 000元，编制会计分录如下：

借：银行存款　　50 000.00

　　贷：预收账款——华光百货商场　　50 000.00

4月25日，向华光百货商场开出提货单，500箱商品自提，每箱实际售价为100元，增值税销项税额为17元，该商场收货后立即汇来余款8 500元，根据有关增值税专用发票及结算凭证编制会计分录如下：

借：预收账款——华光百货商场　　58 500.00

　　贷：主营业务收入　　50 000.00

　　　　应交税费——应交增值税（销项税额）　　8 500.00

同时：

借：银行存款　　8 500.00

　　贷：预收账款——华光百货商场　　8 500.00

（4）销售折扣与销售折让的核算。销售折扣是指企业为了推销商品和及早收回销货款，而给予购货方一定的价格折扣。销售折扣包括商业折扣和现金折扣两种形式。商业折扣是指企业为促进商品销售而在商品的标价方面给予的价格扣除。销售商品涉及的商业折扣，应当按照扣除商业折扣的金额确定销售商品收入的金额。商业折扣的目的是为了鼓励客户多购商品，购销双方应按实际成交价格结算货款并确认销售收入。

某日用化工产品制造厂商销售洗衣粉的标价是每箱300元（不含增值税销项税额），如果购买数量1 000箱以上，折扣2%，即每箱294元。销售给本市美琪公司1 500箱，商品价款441 000元，增值税销项税额74 970元。合同约定，货到验收后采用转账支票结算。财会部门根据增值税专用发票、进账单编制会计分录如下：

借：银行存款　　515 970.00

　　贷：主营业务收入　　441 000.00

　　　　应交税费——应交增值税（销项税额）　　74 970.00

现金折扣是指债权人为鼓励债务人在规定的期限内付款而向债务人提供的债务折扣。销售商品涉及的现金折扣，应按照“总价法”进行核算，即按照扣除现金折扣前的金额确定销售商品收入的金额。现金折扣在实际发生时计入“财务费用”科目。现金折扣常用表示形式“2/20、1/30、N/40”，其意义表示是购货方在20天内付款，销货方将按售价的2%给予折扣；购货方超过20天，未超过30天的期限内付款，销货方将按售价的1%给予折扣；购货方超过30天，未超过40天的期限内付款，购货方将付全部款项。

某日用化工生产厂商向莉华公司销售化妆品100箱，每箱200元，发票金额为40 000元，增值税销项税额6 800元，付款条件为“2/10、N/30”。发出商品确认收入时，编制会计分录如下：

借：应收账款——莉华公司　　46 800.00
　　贷：主营业务收入　　40 000.00
　　　　应交税费——应交增值税（销项税额）　　6 800.00

若购货方收货后在10天内支付货款，应根据实收款项编制会计分录如下：

借：银行存款　　46 000.00
　　财务费用　　800.00
　　贷：应收账款——莉华公司　　46 800.00

若购货方在超过10天承付了货款，则不能取得折扣，应编制会计分录如下：

借：银行存款　　46 800.00
　　贷：应收账款 —— 莉华公司　　46 800.00

销售折让是指企业因销售商品质量不合格等原因而在售价上给予的减让。实质上就是降低所售商品的销售价格。企业已经确认销售商品收入的售出商品发生折让的，应在发生时冲减当期销售商品的收入。

某日用化工产品生产厂商向艾丽丝贸易公司销售洗发水300箱，每箱200元，金额为60 000元，增值税销项税额10 200元，商品自提。收到转账支票存入银行，根据进账单及增值税专用发票编制会计分录如下：

借：银行存款　　70 200.00
　　贷：主营业务收入　　60 000.00
　　　　应交税费——应交增值税（销项税额）　　10 200.00

购方在验收商品时，发现商品存在质量问题，经协商按原售价的4%折让销售，该生产商开具负数增值税专用发票后，编制会计分录如下：

借：主营业务收入　　2 400.00
　　应交税费——应交增值税（销项税额）　　408.00
　　贷：银行存款　　2 808.00

如果销售折让时间超过税务部门规定的期限，应根据购货方主管税务机关开出的“企业进货退出与索取折让证明单”为依据开出负数增值税专用发票，向对方退款或者抵减对方的货款。

（5）销售退回的核算。销售退回是指企业售出的商品由于质量、品种不符合要求等原因而发生的退货。企业已经确认销售商品收入的售出商品发生退回的，不论是本期还是以前各期销售的商品发生退回，均冲减退回当期的销售商品的收入。

上述日用化工生产厂商向艾丽丝公司销售洗发水300箱，在购货方验收商品时，品牌不符，经协商全部予以退货，翔宏商贸公司依据购货方交来的“进货退出与索取折让证明单”（具体手续与商品销售折让相同），开具负数增值税专用发票后，编制会计分录如下：

借：主营业务收入　　60 000.00
　　应交税费——应交增值税（销项税额）　　10 200.00
　　贷：银行存款　　70 200.00

如果该商品已经结转商品销售成本，还要做冲减销售成本的账务处理。

（6）委托代销商品的核算。产品生产企业除销售自身生产的商品外，还可委托其他单位代为销售。代销前，企业与受托单位签订委托代销合同，订明代销商品的品种、规格、数量、售价、结算实践、结算方式及保管商品责任等方面的内容。企业发出代销商品，致使商品存放地点的转移，不转移商品所有权，不做销售处理，只在“发出商品”科目中核算。“发出商品”科目中属于资产类科目；企业将委托代销商品发交受托代销单位时，按实际成本，借记本科目，贷记“库存商品”科目；收到代销单位报来的代销清单时，按代销商品的实际成本，借记“主营业务成本”科目，贷记本科目；期末借方余额反映企业委托其他单位代销商品的实际成本。本科目按受托单位设置明细科目。

某村办竹藤制品有限责任公司委托临安双全商场家具组代销藤制品100套，每套进价200元，双全商场接收价250元。发出代销商品，编制会计分录如下：

借：发出商品——双全商场　　20 000. 00

　　贷：库存商品——家具类　　20 000. 00

收到双全商场代销商品清单，代销商品全部售出，开具增值税专用发票，收到代销款项存入银行，编制会计分录如下：

借：银行存款　　29 250. 00

　　贷：主营业务收入　　25 000. 00

　　　　应交税费——应交增值税（销项税额）　　4 250. 00

同时：

借：主营业务成本　　20 000. 00

　　贷：发出商品——双全商场　　20 000. 00

（7）非融资性分期收款商品销售的核算。生产厂家为了促销商品并积极维系与产品购货企业的稳定营销关系，往往会先将产品发出给购货方，然后按规定的期限分期收回货款。分期收款商品销售应当按照应收的合同或协议价款的公允价值确定商品销售收入，同时反映计入“应交税费——应交增值税（销项税额）”科目的金额。

村办蓝星汽车制造公司向新丽贸易商行销售轿车 20 辆，不含税价款共计 800 万元，增值税 136 万元。与购货方约定采用分期收款方式从当年末开始 1 年内分期 4 次收款，每期 200 万元，增值税 34 万元。该批产品销售成本 170 万元。发出商品时会计分录编制如下：

借：发出商品——液晶平板电视　　8 000 000. 00

　　贷：库存商品——液晶平板电视　　8 000 000. 00

按合同规定每期收到应收的货款时编制会计分录如下：

借：银行存款　　2 340 000. 00

　　贷：主营业务收入　　2 000 000. 00

　　　　应交税费——应交增值税（销项税额）　　340 000. 00

同时结转销售成本，编制会计分录如下：

借：主营业务成本　　1 700 000. 00

　　贷：发出商品——液晶平板电视　　1 700 000. 00

（8）小规模纳税人商品销售的核算。小规模纳税人销售货物或提供应税劳务在一般情况下不能开具增值税专用发票，只能开具普通发票；小规模商业企业纳税人销售货物或提供应税劳务，实行简易办法计算增值税额，按销售额的3%计算应交增值税额。

某村办宏达服装公司系增值税小规模纳税人，2017年8月18日，销售服装100件，取得不含税收入5 600元，增值税168元。收到转账支票存入银行。根据销售发票及进账单回单联等单据，编制会计分录如下：

借：银行存款　　　　5 768.00

　　贷：主营业务收入　　　　5 600.00

　　　　应交税费——应交增值税　　　　168.00

37.“营改增”后商品流通企业进货业务的主要核算方法

商品流通企业的商品购进业务主要通过设置和运用“在途物资”和“库存商品”两个科目进行核算。其中，“在途物资”科目属于资产类科目，用于核算货款已在前期支付而商品正在运入途中或者购入商品已经运达企业而尚未验收入库的采购成本。其借方反映已经支付的商品价款数额，贷方反映购入已验收入库的商品金额。该科目的期末余额一般在借方，反映在途商品的采购成本。其明细科目应按供货单位或商品的类别名称进行设置。商品流通企业用于核算已经验收入库商品的实际成本的会计科目是“库存商品”科目。“库存商品”科目是资产类科目，借方登记企业购入并已验收入库、加工收回、盘盈、销货退回的商品的实际成本数额；贷方登记商品销售（结转销售成本）、进货退出、加工拨付、盘亏的商品实际成本数额。该科目的期末余额在借方，表示结存商品的实际成本。库存商品明细科目按商品的类别、品种和规格分层进行设置。采用数量进价金额核算或单品进价核算的企业，应按商品的实际采购成本和实际验收入库的数量记载库存商品明细账。库存商品明细账的账页格式采用数量金额式。

由于具备一般纳税人资质的商品流通企业销售货物时需要缴纳增值税，并实行当期销项税额抵扣进项税额的纳税办法，所以商品流通企业在组织会计核算时，还要设置“应交税费——应交增值税”明细分类科目，用以核算应交增值税的明细业务。该明细分类科目属于负债类科目，贷方核算的项目是“销项税额”、“进项税额转出”，借方核算的内容是“进项税额”、“已交税金”和“出口退税”；期末余额一般在贷方，反映企业本期应交未交的增值税额。

一般纳税人在商品购进业务中，由于结算付款与商品到达购货单位办理验收入库手续的时间可能不会同一日全部办理完毕，实际核算中会出现三种情况：结算付款单据与验收入库单据两者同时到达（简称“单货同到”）；结算单据先到并结算付款，商品后到验收入库（简称“单到货未到”）；商品先到验收入库而结算单据后到并付款（简称“货到单未到”）。在目前广泛采用网银结算方式下，“单货同到”或者“单到货未到”的情况会较多一些；而同城商品采购业务，可能会出现少量的"货到单未到"情况。需要说明的是，采用支付宝结算需要先将货款保存在第三方支付平台，待收到商品并验收无误后才通知第三方支付平台结算付款，因而需要设置"其他货币资金——支付宝结算"明细科目进行核算。即购进商品验收入库并收到对方开具的增值税专用发票时，借记"库存商品"科目和"应交税费——应交增值税（进项税额）"明细科目，同时贷记"其他货币资金——支付宝结算"明细科目；待通知第三支付平台进行付款结算时，借记"其他货币资金——支付宝结算"明细科目，同时贷记"银行存款"科目。

（1）货款结算与商品验收入库同时完成。北京翔隆燕莎商城为增值税一般纳税人，其电子产品卖场从北京莉亚电子设备有限责任公司购入电子门锁LSH—ER738型100只，单价1 000元，商品价款100 000元，增值税进项税额17 000元，合同约定厂家送货到店，商品验收无误后，以转账支票结清全部款项。财会部门审核单据无误后，按合同约定签发转账支票付款。财会部门根据增值税专用发票、商品入库单、转账支票存根等单据，编制会计分录如下：

借：库存商品——电子产品卖场（电子门锁LSH—ER738型）

100 000. 00

应交税费——应交增值税（进项税额） 17 000. 00

贷：银行存款 117 000. 00

（2）结算货款在前商品验收入库在后。某商城爱慕莎服装店收到采购员寄回河北石家庄森碟制衣有限责任公司男休闲服（175型和180型）货款500 000元，增值税进项税额85 000元以及代垫运费4 504. 50元，增值税进项税额495. 50元的所购商品增值税专用发票、运输业增值税专用发票原始单据，相关款项已用银行汇票结算。经有关部门审核无误后，财会部门根据有关原始单据，编制会计分录如下：

借：在途物资——河北石家庄森碟制衣有限责任公司 504 504. 50

应交税费——应交增值税（进项税额） 85 495. 50

贷：其他货币资金——银行汇票 590 000. 00

4天后，储运部门转来河北石家庄森碟制衣有限责任公司购进商品到货入库原始单据，财会部门根据商品验收单，编制会计分录如下：

借：库存商品——爱慕莎时装店（男休闲服175型） 252 252. 25

——爱慕莎时装店（男休闲服180型） 252 252. 25

贷：在途物资——河北石家庄森碟制衣有限责任公司 504 504.50

某商城爱慕莎服装店从福建石狮天天时装有限责任公司定制女款格子裙装（165 厘米与 170 厘米）货款 200 000 元，增值税进项税额 34 000 元；对方代垫运费 450.45 元，增值税进项税额 49.55 元。该项业务所购商品增值税专用发票、运输业增值税专用发票原始单据已经收妥，相关款项采用网银结算方式支付。经有关部门审核无误后，财会部门根据有关原始单据，编制会计分录如下：

借：在途物资——福建石狮天天时装有限责任公司 200 450.45

应交税费——应交增值税（进项税额） 34 049.55

贷：银行存款——网银结算 234 500.00

5 天后，储运部门转来福建石狮天天时装有限责任公司购进商品到货入库原始单据，财会部门根据商品验收单，编制会计分录如下：

借：库存商品——爱慕莎时装店（女格子裙装 165 厘米）

100 225.22

——爱慕莎时装店（女格子裙装 170 厘米）

100 225.23

贷：在途物资——福建石狮天天时装有限责任公司 200 450.45

某商城雷梦柯斯时装店从广东番禺天河开发区雷森制衣有限责任公司网店定制男款休闲裤 NKX36－38 货款 170 940.17 元，增值税进项税额 29 059.83 元；对方负担全部快递运费开支。该项业务所购商品增值税专用发票随货同行，相关款项采用支付宝结算方式支付。财会部门支付相关款项到第三方支付平台时，根据支付网页复印件编制会计分录如下：

借：其他货币资金——支付宝结算 200 000.00

贷：银行存款 209 000.00

4 天后，储运部门转来广东番禺雷森制衣有限责任公司购进商品到货入库原始单据，同时通知第三方支付平台支付款项。财会部门根据商品验收单及供货方增值税专用发票及支付宝款项结算页面复印件，编制会计分录如下：

借：库存商品——男款休闲裤（NKX36） 59 980.05

——男款休闲裤（NKX37） 59 980.06

——男款休闲裤（NKX38） 59 980.06

应交税费——应交增值税（进项税额） 29 059.83

贷：其他货币资金——支付宝结算　　209 000.00

（3）商品验收入库在前结算货款在后。某商城雷梦柯斯时装店从同城北京正邦制衣有限责任公司购进男款休闲圆领衫 NKX170 和 NKX180 到货验收入库，随货同行商品增值税专用发票列明货款 17 094 .02 元，增值税进项税额 2 905.98 元；对方提供送货上门服务。财会部门根据储运部门转来增值税专用发票及商品验收单原始凭证，编制会计分录如下：

借：库存商品——男款休闲圆领衫（NKX170）　　8 547.01

——男款休闲圆领衫（NKX180）　　8 547.01

应交税费 —— 应交增值税（进项税额）　　2 905.98

贷：应付账款——北京正邦制衣有限责任公司　　20 000.00

两天后，开出商业承兑汇票一张，三个月后支付相关款项。财会部门根据商业承兑汇票第三联编制会计分录如下：

借：应付账款——北京正邦制衣有限责任公司　　20 000.00

贷：应付票据——北京正邦制衣有限责任公司　　20 000.00

某商城储运部门通知家电部其所购重庆霍达电子有限责任公司发来 LED 台灯 HZ 型（柠檬黄、贵妃红、竹叶绿三款）点验入库，货物暂估含税价值 10 000 元，增值税专用发票未收到。经有关部门审核符合购销合同。由于此项进货未收到增值税专用发票，因而未能结算付款，可暂不入账，并将有关单证妥善保管，待结算凭证到达后再做付款处理。到月末如果结算凭证仍未到达，为了使期末报表真实反映企业存货情况，应对该部分商品估价入账，编制会计分录如下：

借：库存商品——家电部　　10 000.00

贷：应付账款——暂估应付账款　　10 000.00

上面会计分录中，由于纳税人并未取得增值税专用发票，因而并不能借记"应交税费——应交增值税（进项税额）"会计科目。下月初，用红字冲回，编制会计分录如下：

借：库存商品——家电部　　10 000.00

贷：应付账款——暂估应付账款　　10 000.00

次月 7 日，重庆霍达电子有限责任公司寄来 LED 台灯商品及其运输费用增值税专用发票，商品货款 8 547 元，增值税进项税额 1 453 元及代垫运费

90.09 元，增值税进项税额 9.91 元。经审核无误后，通过网银结算方式承付全部款项 10 100 元。财会部门根据储运部门转来的增值税专用发票、商品验收单及网银结算单据，编制会计分录如下：

借：库存商品——LED 台灯（HZ 柠檬黄）	2 879.03	
——LED 台灯（HZ 贵妃红）	2 879.03	
——LED 台灯（HZ 竹叶绿）	2 879.03	
应交税费——应交增值税（进项税额）	1 462.91	
贷：银行存款——网银结算		10 100.00

实践中，一般纳税人在购进商品过程中，受到多种因素的影响，可能会出现一些非正常的业务，如商品溢缺、进货退出等。相关人员要认真负责，及时处理好这些特殊业务。

（1）商品购进发生溢余、短缺的核算。商品流通企业在商品检验入库时，有时会出现实收数量多于或少于应购进数量的情形，称作购进商品的溢余或短缺。购进商品发生溢余或短缺的原因比较复杂，主要有：商品在运输过程中因自然条件原因而发生溢余或损耗；运输企业在商品运输途中出现问题；供货单位发货的差错；本企业相关人员出现工作过失。为了保障商品验收工作的准确无误，相关人员在点验商品入库时，应会同运输部门及本单位相关工作人员做好验收商品详细记录，落实相关的责任人员，及时客观的记录和处理进货溢余和短缺业务。同时，发生进货溢缺时，储运部门要填制“商品溢余或短缺报告单”，以如实反映企业商品购进验收过程中溢余或短缺情况发生的具体明细记录。

购进商品发生溢余或短缺，在未处理以前应通过“待处理财产损溢——待处理流动资产损溢”明细科目核算。发现商品溢余时，借记“库存商品”科目，贷记“待处理财产损溢——待处理流动资产损溢”明细科目；发现商品短缺时，借记“待处理财产损溢——待处理流动资产损溢”明细科目，贷记“库存商品”科目；原因查明后，再按处理意见从“待处理财产损溢——待处理流动资产损溢”明细科目转出相应金额。其中属于供货方多发货原因，借记“在途物资”科目和“应交税费——应交增值税（进项税额）”明细科目，贷记“银行存款”科目；同时借记“待处理财产损溢——待处理流动资产损溢”明细科目，贷记“在途物资”科目；属于自然损耗（合理损耗）的，借记“管理费用”科目，贷记“待处理财产损溢——待处理流动资产损溢”明细科目；属于责任事故应由责任人赔偿的，借记“其他应收款”科目，贷记“待处理财产损溢——待处理流动资产损溢”明细科目。“待处理财产损溢——待处理流动资产损溢”明细科目余额应在期末处理完毕并结平本明细科目。

北京翔宏商贸有限责任公司从石家庄永昌日用化工有限责任公司购进永昌牌230g洗衣皂200箱，单价400元，价款80 000元，增值税进项税额13 600元。合同约定采用商业承兑汇票方式结算全部款项，编制会计分录如下：

借：在途物资——石家庄永昌日用化工有限责任公司 80 000.00
　　应交税费——应交增值税（进项税额） 13 600.00
　　贷：应付票据——石家庄永昌日用化工有限责任公司 93 600.00

商品点验入库时，实收201箱，溢余一箱，原因待查。储运部门转来“商品验收单”及“购进商品溢余（短缺）报告单”。财会部门根据“商品验收单”、“增值税专用发票”、“购进商品溢余（短缺）报告单”等相关原始凭证编制会计分录如下：

借：库存商品——洗涤品（永昌牌230g洗衣皂） 80 400.00
　　贷：待处理财产损溢——待处理流动资产损溢 400.00
　　　　在途物资——石家庄永昌日用化工有限责任公司 80 000.00

查明原因后，根据批复意见，再进行相应账务处理。其中，若上项溢余商品属供货方多发，经协商后同意补作购进，取得补开的增值税专用发票，通过网银结算方式兑付货款及相关进项税额，编制会计分录如下：

借：在途物资——石家庄永昌日用化工有限责任公司 400.00
　　应交税费——应交增值税（进项税额） 68.00
　　贷：银行存款 468.00

同时：

借：待处理财产损溢——待处理流动资产损溢 400.00
　　贷：在途物资——石家庄永昌日用化工有限责任公司 400.00

若对上项供方多发商品需要退还供货方的，则将商品暂作代管商品处理，冲销“库存商品”科目原有纪录，同时在备查账上进行登记。编制会计分录如下：

借：待处理财产损溢——待处理流动资产损溢 400.00
　　贷：库存商品——洗涤品（永昌牌230g洗衣皂） 400.00

北京翔宏商贸有限责任公司从天津四达日用化工有限责任公司购进思达牌洁齿抗敏180g装牙膏100箱，单价200元，计价款20 000元，增值税进项税额3 400元，合同约定采用银行汇票结算付款。翔宏商贸公司收到供货方开具的增值税专用发票及相关单证，审核无误付款，编制会计分录如下：

借：在途物资——天津四达日用化工有限责任公司　20 000.00

　　应交税费——应交增值税（进项税额）　3 400.00

　　贷：其他货币资金——银行汇票存款　23 400.00

商品运到点验入库时，实收洗衣粉99箱，短缺1箱，原因待查。储运部门转来了“商品验收单”及“商品溢余或短缺报告单”。财会部门编制会计分录如下：

借：库存商品——洗涤品（思达牌洁齿抗敏180g装）　19 800.00

　　待处理财产损溢——待处理流动资产损溢　200.00

　　贷：在途物资——天津四达日用化工有限责任公司　20 000.00

查明原因后，根据批复意见，再进行相应账务处理。其中，若短缺系运输途中自然损耗，一般将损耗金额计入“管理费用”科目。根据已做批复意见的商品溢余或短缺报告单，编制会计分录如下：

借：管理费用——存货损耗　200.00

　　贷：待处理财产损溢——待处理流动资产损溢　200.00

若上项查明原因系供方少发。经联系供方补来商品，根据有关商品入库单证编制会计分录如下：

借：库存商品——洗涤品（思达牌洁齿抗敏180g装）　200.00

　　贷：待处理财产损溢——待处理流动资产损溢　200.00

若查明原因属运输部门责任事故，运输部门同意赔偿商品货款及税款，根据有关单证编制会计分录如下：

借：待处理财产损溢——待处理流动资产损溢　34.00

　　贷：应交税费——应交增值税（进项税转出）　34.00

借：其他应收款——××运输公司　234.00

　　贷：待处理财产损溢——待处理流动资产损溢　234.00

若短缺商品属于自然灾害造成，并已向保险公司投保，经协商保险公司同意赔款60%，根据有关单证编制会计分录如下：

借：待处理财产损溢——待处理流动资产损溢　34.00

贷：应交税费——应交增值税（进项税转出） 34.00

借：其他应收款——××保险公司 140.40

营业外支出——非常损失 93.60

贷：待处理财产损溢——待处理流动资产损溢 234.00

（2）进货退出的核算。商品流通企业购进商品过程中，由于某些原因会出现进货退出的情况，比如品种、规格与合同不符或商品出现质量问题等。当需要退货的情况出现后，应及时与供货单位联系，协商解决退货的相关事宜。与此同时，如果涉及会计处理问题，会计部门应及时进行退货的账务处理。

若纳税人收到供货方开具的增值税发票在入账前出现了退货，则纳税人并没有根据增值税专用发票作商品购进的账务处理，所以将增值税专用发票的第二联（抵扣联和购买方扣税凭证）、第三联（发票联和购买方记账凭证），退还给供货方即可。

若企业对所购商品已入账后出现退货，由于已根据增值税专用发票作商品购进的账务处理，无法再将增值税专用发票退还给供货单位，所以应取得购货单位所在地主管税务机关开具的进货退出证明单，并送交供货单位，供货单位凭此开具销项负数增值税专用发票，财会部门根据供货方销项负数增值税专用发票及本企业红字商品验收单进行账务处理。

北京翔宏商贸有限责任公司从捷达日用化学有限责任公司购进捷达牌500g袋装洗衣液100箱，单价200元，计价款20 000元，增值税进项税额3 400元，合同约定货到后转账支票付款。收到供货方开具的增值税专用发票及转账支票存根相关单证，审核无误付款，编制会计分录如下：

借：库存商品——洗涤品（捷达牌500g袋装洗衣液） 20 000.00

应交税费——应交增值税（进项税额） 3 400.00

贷：银行存款 23 400.00

储运部门复查时，发现洗衣液品牌与合同不符，经协商作退货处理，北京翔宏商贸有限责任公司取得所在地主管税务机关开具的进货退出证明单，并送交供货单位，供货单位凭此开具销项负数增值税专用发票，同时收到供货方退还全部货款的转账支票，财会部门根据供货方销项负数增值税专用发票、进账单及本企业红字商品验收单进行账务处理如下：

借：银行存款 23 400.00

应交税费——应交增值税（进项税额） 3 400.00

贷：库存商品——洗涤品（捷达牌500g 袋装洗衣液） 20 000. 00

同时，储运部门根据填制的红字商品验收单组织退货；财会部门对库存商品明细账、仓库对商品保管账也要作进货退出登记。

小规模纳税人购入商品无论是否取得增值税专用发票，其支付的增值税额均不计入进项税额，不得由销项税额抵扣，而是计入所购商品的采购成本。相应的其他企业从小规模纳税人企业购入的商品或应税劳务支付的增值税额，如果不能取得增值税专用发票，也不能作为进项税额抵扣，而应计入所购入商品的采购成本。小规模纳税人不需要在“应交税费——应交增值税”明细科目下单独设置“进项税额”、“进项税额转出”、“销项税额”等具体项目。而只需要设置“应交税费——应交增值税”明细科目核算增值税应交税款、已交税款的数额。该科目借方记录已交增值税，贷方核算应交增值税；期末借方余额反映多交的增值税额，若贷方余额则反映应交的增值税额。

北京宏达贸易有限责任公司为增值税小规模纳税人，6 月 12 日购进靓诺牌女士短袖上衣 165 厘米和 170 厘米两款各 5 件，全部价款 4 000 元，以转账支票支付，同时用现金支付运杂费 30 元，服装验收入库并由储运部门填制商品验收单。财会部门根据供货方提供的普通发票、商品验收单及转账支票存根，编制会计分录如下：

借：库存商品——服装（靓诺牌女士短袖上衣 165 厘米）

2 015. 00

——服装（靓诺牌女士短袖上衣 170 厘米）

2 015. 00

贷：银行存款 4 000. 00

库存现金 30. 00

38. "营改增"后商品流通企业销售业务的主要核算方法

商品流通企业通过商品销售活动实现的收入是通过所设置的"主营业务收入"科目进行核算的。该科目属于损益类科目。企业确认商品销售收入时记入贷方，月末结转本年利润时记入借方，月末结转本年利润后该科目应无余额。企业应按照主营业务收入的种类设置明细科目进行明细分类核算。根据明细科目设置的"主营业务收入"明细账的格式，一般采用三栏式或贷方多栏式账。商品流通企业在确认收入的同时还需要计算增值税销项税额，并在"应交税费——应交增值税"明细科目的贷方反映向购买者收取的增值税销项税额。

商品流通企业在组织商品销售过程中由于销售商品和代垫运费而产生的未收回款项应通过"应收账款"科目核算。该科目属于资产类科目，核算企业因销售商品、材料、提供劳务等应向购货单位收取的款项，以及代垫运杂费和承兑到期而未能收到款的商业承兑汇票金额。该科目的借方登载的经济业务是：应向购货单位收取的购买商品或原材料价款；代购买方垫支的运杂费；已冲减坏账准备而又收回的坏账损失；贷方登载的经济业务是：已贴现的商业汇票因承兑企业无力支付的票款；预收工程价款的结算；收取购买商品或原材料的预付款；收回垫支的运杂费；退回的预收账款；企业的应收账款改用商业承兑汇票结算的款项；收到承兑的商业汇票；已转销而又收回的坏账损失。企业应按照购货或接受劳务企业的名称、或预收款项的企业名称设置应收账款明细科目进行明细分类核算。期末明细科目若是借方余额，表示尚未收回的账款金额；期末明细科目若是贷方余额，则表示向有关单位预收款项金额。

商品流通企业因销售商品、提供劳务而收到的商业汇票在"应收票据"科目进行核算。该科目属于资产类科目，核算企业因销售商品、提供劳务而收到的商业承兑汇票和银行承兑汇票。企业因销售商品、提供劳务而收到开出、承兑的商业汇票，按商业汇票的票面金额借记本科目；企业持未到期的商业汇票向银行贴现，将持有的商业汇票背书转让，或者商业汇票到期，按照商业汇票的票面金额贷记本科目。本科目的期末借方余额，反映企业持有的商业汇票的票面金额。本科目可按开出、承兑商业汇票的单位名称设置明细分类科目进行明细核算。同时，企业还应设置“应收票据”备查簿，逐笔登记商业汇票种类、号数、出票日、票面金额、承兑人、背书人的姓名或单位名称、背书日、到期日、贴现率等数据信息资料。

（1）一般纳税人同城商品销售的核算。同城商品销售的特点是：商品的交接工作和货款的结算工作，一般在销售商品的当日或近期都能办妥。需要说明的是，由于在会计实践中纳税人每天销售的商品数量众多、品种规格复杂多样，要开出大量的发货票，如果按销货发票逐笔记账，势必带来较繁重的工作量，所以实际工作中一般多采用每日终了根据销货发票和结算单据汇总编制“销售日报表”集中进行核算的办法。

精准照相器材商贸有限责任公司销售给北京美丽园摄影器材有限责任公司徕卡相机 PYT7101 型 2 台，单位售价 30 000 元，商品价款 60 000 元，增值税销项税额 10 200 元，商品客户自提，转账支票结算货款。精准照相器材商贸有限责任公司开具增值税专用发票和商品出库单，北京美丽园摄影器材有限责任公司已将商品提走。精准照相器材商贸有限责任公司会计部门根据转账支票的进账单、增值税专用发票及商品出库单原始凭证，编制会计分录如下：

北京京南商贸有限责任公司本日商品销售业务共 16 笔，合计销售额为 428 000 元，销项税额为 72 760 元，总计 500 760 元。业务部门根据当天的发货票汇总编制销售日报表。财会部门根据审核无误的销售日报表及其所附销售结算单据，编制会计分录如下：

借：银行存款	1 262 000. 00	
应收账款——× ×	129 000. 00	
应收票据——× ×	130 819. 00	
贷：主营业务收入		1 300 700. 00
应交税费——应交增值税（销项税额）		221 119. 00

（2）一般纳税人异地商品销售业务的核算。异地商品销售的特点是：商品的交接工作和货款的结算工作一般不能同时完成，管理上会出现先发货后收款或收款在先商品交接在后的情况。

北京翔宏商贸有限责任公司 3 月 10 日销售给湖南湘潭英达商贸有限责任公司利是牌洗发水 170g 装 1 000 箱，计价 34 188. 03 元，增值税销项税额 5 811. 97 元。合同约定采用网银结算方式收款，运输部门向仓库提货办理发运手续，取得运单，在发运商品时签发支票代垫运杂费 720. 72 元，增值税销项税额 79.28 元。销货方纳税人替购货方代垫运杂费时，根据转账支票存根编制会计分录如下：

借：应收账款——湖南湘潭英达商贸有限责任公司　　800.00
　　贷：银行存款　　800.00

销货方纳税人办妥发运手续时，根据商品出库单、增值税专用发票编制会计分录如下：

借：应收账款——湖南湘潭英达商贸有限责任公司　　41 600.00
　　贷：主营业务收入　　34 908.75
　　　　应交税费——应交增值税（销项税额）　　5 891.25
　　　　应收账款——湖南湘潭英达商贸有限责任公司　　800.00

收到网银入账通知，上项货款及代垫运费已如数收回，根据网银结算凭证收款凭证编制会计分录如下：

借：银行存款——网银结算　　41 600.00
　　贷：应收账款——英达商贸有限责任公司　　41 600.00

（3）预收货款商品销售的核算。商品流通企业采用预收货款的形式销售商品时，企业预收的款项通过设置“预收账款”科目核算。该科目属于负债类科目，预收货款时贷记该科目，发出商品实现销售时，借记该科目；购货单位补付或向其退回多付货款时，分别贷记或借记该科目。企业应按照预收账款的单位或个人的名称或姓名设置明细分类科目进行明细分类核算。期末若明细科目的余额在贷方，表示已预收货款但尚未向对方发货的数额；期末若明细科目的余额在借方，表示已发货数额大于预收货款的数额，即尚未向对方结算的款项。

纳税人采用“预收货款”形式销售商品，在预收货款时，由于还没有转移商品的所有权给购买方，所以不应确认销售收入；只有在发出商品的时候，才能确认销售收入。如果企业预收账款不多，可不使用“预收账款”科目，并入“应收账款”科目进行核算。

北京翔宏商贸有限责任公司根据合同约定，采用预收货款的方式向石家庄玉麟百货大楼销售白玉牌 230g 洗衣皂 1 000 箱。4 月 18 日，收到客户转来的转账支票，石家庄玉麟百货大楼预付商品货款 50 000 元，编制会计分录如下：

借：银行存款　　50 000.00
　　贷：预收账款——石家庄玉麟百货大楼　　50 000.00

4月25日，向石家庄玉麟百货大楼开出提货单商品出库单，1 000箱商品对方自提，每箱实际售价为100元，增值税销项税额为17元，石家庄玉麟百货大楼收货后立即签发转账支票补来余款67 000元。转账支票已经送存开户银行。财会部门根据有关增值税专用发票、商品出库单及银行进账单回单联编制会计分录如下：

借：预收账款——石家庄玉麟百货大楼　　117 000.00
　　贷：主营业务收入　　100 000.00
　　　　应交税费——应交增值税（销项税额）　　17 000.00

同时：

借：银行存款　　67 000.00
　　贷：预收账款——石家庄玉麟百货大楼　　67 000.00

（4）销售折扣与销售折让的核算。销售折扣是指纳税人在为了推销商品和及早收回销货款而给予购货方一定的价格折扣。销售折扣包括商业折扣和现金折扣两种形式。其中，商业折扣是指纳税人为促进商品销售而在商品的标价方面给予的价格扣除。由于购销双方都按实际成交价格结算货款，交易双方并未因商业折扣而出现任何一方的价款不对称的问题，因而销售商品涉及的商业折扣业务，销货方应当按照扣除商业折扣的金额确定销售商品收入的金额及其相应的增值税销项税额。需要说明的是，按照增值税法规定，企业以低于正常销售价格销售商品，应在增值税专用发票上同时注明该商品的正常销售价格及其增值税销项税额，以及由于商业折扣产生的以负数表示的让利金额及其增值税销项税额。

北京翔宏商贸有限责任公司销售麒麟牌400g袋装洗衣粉的标价是每箱300元，如果购买数量1 000箱以上，可以提供98%商业折扣，每箱294元。销售给本市美琪洗涤有限责任公司1 500箱，商品价款441 000元，增值税销项税额74 970元。合同约定，货到验收后采用转账支票结算。财会部门根据增值税专用发票、商品出库单及银行进账单回单联编制会计分录如下：

借：银行存款　　515 970.00
　　贷：主营业务收入　　441 000.00
　　　　应交税费——应交增值税（销项税额）　　74 970.00

现金折扣是指债权人为鼓励债务人在规定的期限内付款而向债务人提供的债务折扣。销售商品涉及的现金折扣，应按照“总价法”进行核算，即按照扣除现金折扣前的金额确定销售商品收入的金额。现金折扣在实际发生时计入"财务费用"科目。现金折扣若表示形式是"2/20、1/30、N/40"，其意义表示是购货方在20天内付款，销货方将按售价的2%给予折扣让利；购货方超过20天，未超过30天的期限内付款，销货方将按售价的1%给予折扣让利；购货方超过30天，未超过40天的期限内付款，购货方需要结算全部款项。

北京翔宏商贸有限责任公司向保定莉华日用品有限责任公司销售飘柔50g袋装擦手油100箱，每箱200元，发票金额为40 000元，增值税销项税额6 800元，付款条件为"2/10、N/30"。该纳税人发出商品确认收入时，财会部门根据增值税专用发票、商品出库单等原始凭证编制会计分录如下：

借：应收账款——保定莉华日用品有限责任公司　　45 800.00
　　贷：主营业务收入　　40 000.00
　　　　应交税费——应交增值税（销项税额）　　6 800.00

若购货方收货后在10天内支付货款，财会部门应根据对方结算凭证标注的实付款项编制会计分录如下：

借：银行存款　　46 000.00
　　财务费用——利息　　800.00
　　贷：应收账款——保定莉华日用品有限责任公司　　46 800.00

若购货方超过10天后承付了货款，则不能取得现金折扣，财会部门应根据对方结算凭证标注的实付款项编制会计分录如下：

借：银行存款　　46 800.00
　　贷：应收账款——保定莉华日用品有限责任公司　　46 800.00

销售折让是指纳税人因销售商品质量不合格等原因而在售价上给予购买方的让利。实质上就是降低所售商品的销售价格。纳税人已经确认销售商品收入的售出商品发生折让的，应在发生时冲减当期销售商品的收入。

2016年6月10日，北京翔宏商贸有限责任公司向北京艾丽丝化妆品贸易公司销售百年牌750ml洗发水300箱，每箱200元，金额为60 000元，增值税销项税额10 200元，合同约定采用转账支票结算，商品由购货方自提。财会部门收到转账支票存入银行，根据进账单回单联及增值税专用发票编制会计分录如下：

借：银行存款　　70 200.00
　　贷：主营业务收入　　60 000.00

应交税费——应交增值税（销项税额） 10 200.00

6 月 13 日购方在验收商品时，发现商品存在质量问题，经协商按原售价的 96% 结算货款。北京翔宏商贸有限责任公司开具负数增值税专用发票后，编制会计分录如下：

借：主营业务收入 2 400.00
　　应交税费——应交增值税（销项税额） 408.00
　　贷：银行存款 2 808.00

如果销售折让时间超过税务部门规定的期限，应根据购货方主管税务机关开出的“企业进货退出与索取折让证明单”为依据开出负数增值税专用发票，向购货方退款或者抵减对方的货款。

（5）销售退回的核算。销售退回是指企业售出的商品由于质量、品种不符合要求等原因而发生的退货。企业已经确认销售商品收入的售出商品发生退回的，若属于上一个年度的销售且在上年度财务报表报出之前退回企业的，应通过“以前年度损益调整”科目进行核算；若是属于上一个年度的销售但在上年度财务报表报出之后退回企业的或属于当年销售当年发生销售退回的，均冲减退回当期的销售商品收入。

2016 年 12 月 23 日，北京翔宏商贸有限责任公司向北京艾丽丝化妆品贸易公司销售飘柔 750ml 桶装洗发水 300 箱，在购货方验收商品时，发现品牌不符，经协商全部予以退货。洗发水商品采购成本 30 000 元，企业适用所得税率 25%。翔宏商贸有限责任公司依据购货方交来的“进货退出与索取折让证明单”（具体手续与商品销售折让相同），开具负数增值税专用发票。2017 年 4 月 15 日，北京翔宏商贸有限责任公司董事会批准对外报出上年度财务报表。若该笔商品退回业务发生在 2017 年 4 月 15 日前，财会部门编制会计分录如下：

借：以前年度损益调整 60 000.00
　　应交税费——应交增值税（销项税额） 10 200.00
　　贷：银行存款 70 200.00
借：库存商品——（洗发水）飘柔 750ml 桶装洗发水 30 000.00
　　贷：以前年度损益调整 30 000.00
借：应交税费——应交所得税 7 500.00
　　贷：以前年度损益调整 7 500.00

借：利润分配——未分配利润　　22 500.00
　　贷：以前年度损益调整　　22 500.00
借：盈余公积——提法定盈余公积　　2 250.00
　　贷：利润分配——未分配利润　　2 250.00

若该笔商品业务退回发生在2017年4月24日后，则纳税人财会部门编制会计分录如下：

借：主营业务收入　　60 000.00
　　应交税费——应交增值税（销项税额）　　10 200.00
　　贷：银行存款　　70 200.00

如果该商品已经结转商品销售成本，还要做冲减销售成本的账务处理。

（6）代销商品的核算。若商品流通企业委托其他单位代为销售自有的商品或者货物，则在代销前须与受托单位签订委托代销合同，订明代销商品的品种、规格、数量、售价、结算实践、结算方式及保管商品责任等方面的内容。由于商品流通企业发出代销商品时，只是商品存放地点发生改变，并不转移商品所有权，因而不能直接做商品销售处理，应在“委托代销商品”科目中进行核算。“委托代销商品”科目中属于资产类科目；企业将委托代销商品发交受托代销单位时，按实际成本，借记本科目，贷记“库存商品”科目；收到代销单位报来的代销清单时，按代销商品的实际成本，借记“主营业务成本”科目，贷记本科目；期末借方余额表示企业委托其他单位代销商品的实际成本。本科目应按受托单位名称设置明细科目。

北京翔宏商贸有限责任公司委托北京双安商场电器卖场代销山水牌组合音响HB 35S100台，采购成本20 000元，双安商场电器卖场接收价25 000元。翔宏商贸有限责任公司发出代销商品时，财会部门根据商品出库单编制会计分录如下：

借：委托代销商品——双安商场电器卖场　　20 000.00
　　贷：库存商品——组合音响（山水牌组合音响HB35S）
　　　　20 000.00

翔宏商贸有限责任公司收到双安商场电器卖场代销商品清单，代销商品全部售出，开具增值税专用发票给对方，代销款项存入开户银行网银账户。财会部门根据增值税专用发票、代销商品清单及网银收款凭证编制会计分录如下：

借：银行存款　　29 250.00

贷：主营业务收入 25 000.00

应交税费——应交增值税（销项税额） 4 250.00

同时：

借：主营业务成本 20 000.00

贷：委托代销商品——双安商场电器卖场 20 000.00

若商品流通企业是受托代销商品业务，则其核算应通过“受托代销商品”和“代销商品款”两个科目进行。其中，“受托代销商品”科目属于资产类科目，用来核算企业接受其他单位委托代销或寄销的商品。该科目借方登记接受代销商品的接收价格；贷方登记售出代销商品的接收价格；本科目期末借方余额表示结存代销商品的接收价格。本科目可按委托单位名称设置明细科目进行明细核算。“代销商品款”科目属于负债类科目，用来核算企业接受代销商品的价款；该科目贷方登记代销商品收入的价款；借方登记代销商品售出后应结算转出的价款；本科目期末贷方余额表示尚未售出的代销商品价款；本科目也需按照委托单位名称设置明细科目进行明细核算。

北京翔宏商贸有限责任公司接受上海红星电器商行委托代销 3 000 件红星牌 H100F 电熨斗产品，接收价 30 000 元，销售价 50 000 元。翔宏商贸有限责任公司接收代销商品时，财会部门根据商品验收单编制会计分录如下：

借：受托代销商品——上海红星电器商行 30 000.00

贷：代销商品款——上海红星电器商行 30 000.00

受托代销商品售出后，翔宏商贸有限责任公司收到委托方开具的增值税专用发票，财会部门根据代销商品清单、增值税专用发票原始凭证编制会计分录如下：

借：银行存款 58 500.00

贷：主营业务收入 50 000.00

应交税费——应交增值税（销项税额） 8 500.00

借：主营业务成本 30 000.00

贷：受托代销商品——上海红星电器商行 30 000.00

借：代销商品款——上海红星电器商行 30 000.00

应交税费——应交增值税（进项税额） 5 100.00

贷：应付账款——上海红星电器商行 35 100.00

北京翔宏商贸有限责任公司财会部门签发转账支票，支付代销商品款，编制会计分录如下：

借：应付账款——上海红星电器商行　　35 100.00

　　贷：银行存款　　35 100.00

（8）非融资性分期收款商品销售的核算。非融资性分期收款商品销售，销货方需要将所销货物发出后，再按规定的期限分期收回货款。普通的分期收款销售，也就是实质上不具有融资性质的分期收款销售。对这类业务的会计处理，应分期确认收入和结转成本。增值税处理是以合同约定收款日期的当天作为纳税义务的发生时间，按收款金额开具增值税专用发票。实际上这类业务还是采用以前的方法，这样也容易和税法规定进行衔接。

增值税一般纳税人长江百货商场采用分期收款方式向黄河实业有限责任公司公司销售液晶平板电视 100 台，每台不含税售价 3 000 元，共计价款 30 万元。合同约定分 4 个月等额付款。该型号液晶平板电视单位成本 2 000 元，增值税税率 17% 。发出商品时会计分录编制如下：

借：发出商品——液晶平板电视　　200 000.00

　　贷：库存商品——液晶平板电视　　200 000.00

按合同规定每期收到应收的货款时编制会计分录如下：

借：银行存款　　87 750.00

　　贷：主营业务收入　　75 000.00

　　　　应交税费——应交增值税（销项税额）　　12 750.00

同时结转销售成本，编制会计分录如下：

借：主营业务成本　　50 000.00

　　贷：发出商品——液晶平版电视　　50 000.00

（9）返券销售的核算。返券销售是指独立门店在消费者购买了一定数额的商品时向其赠送一定金额的购物券，消费者凭购物券可以在独立门店指定商品中进行消费的促销方式。独立门店在发放购物券时，其财会部门可以按照发放的购物券金额，借记"销售费用"科目，贷记"预计负债"科目；收银台收回购物券时，借记"预计负债"科目，贷记"主营业务收入"科目和"应交税费——应交增值税（销项税额）"明细科目。

北京美索商厦在 2017 年 5 月 1 日起对全场商品进行消费 300 元送 100 元购物券的促销月活动，并规定购物券只能在促销活动期间使用。当日商场不含税销售额 4 273 504.27 元，增值税销项税额 726 495.73 元，当日共计发放购物券 310 000 元，当日使用购物券 180 000 元。商场财会部门根据现金送款单回单联、银行进账单第一、三联、当日营业结算表编制会计分录如下：

借：销售费用——促销费	310 000. 00	
贷：预计负债		310 000. 00
借：银行存款	4 820 000. 00	
预计负债	180 000. 00	
贷：主营业务收入		4 273 504. 27
应交税费——应交增值税（销项税额）		726 495. 73

小规模纳税人销售货物或提供应税劳务在一般情况下不能开具增值税专用发票，只能开具普通发票；小规模商业企业纳税人销售货物或提供应税劳务，实行简易办法计算增值税额，按销售额的4%计算应交增值税额。

北京宏达服装贸易有限责任公司系增值税小规模纳税人，适用税法规定的增值税征收率3%。2016 年 6 月 18 日，销售服装都乐男西装 175 厘米和 180 厘米各 40 件，取得收入总额 5 428 元，收到转账支票存入银行。财会部门根据普通发票、商品出库单及进账单回单联编制会计分录如下：

借：银行存款	5 428. 00	
贷：主营业务收入		5 269. 90
应交税费——应交增值税		158. 10

在采用简易核算形式下，在商品流通企业会计实务中，日常按照含税价格确认商品销售收入，待月末集中计算当月应交增值税金额，并进行应交增值税计提账务处理。如上例中的宏达公司，2017 年 6 月销售收入总额为 89 440 元，计算应交增值税税额 = 89 440 ÷（1 + 3%）× 3% = 2 605. 05（元）。编制会计分录如下：

借：主营业务收入	2 605. 05	
贷：应交税费——应交增值税		2 605. 05

39. 具有融资性质分期收款销售商品应交增值税主要核算方法

具有融资性质的分期收款销售商品是企业采用特殊信用方式销售商品的一种方法。由于延期收取的货款具有融资性质，其实质是企业向购货方提供了一笔免息贷款。销售方在符合收入确认条件时，企业应当按照其未来现金流量现值或商品现销价格计算确定应收的合同或协议价款的公允价值作为收入的入账金额。应收的合同或协议价款与其公允价值之间的差额，作为未实现融资收益，在合同或协议期间按照应收款项的摊余成本和实际利率计算确定的金额进行摊销，并作为财务费用开支的抵减数额。其中，实际利率是指具有类似信用等级的企业发行类似工具的现实利率，或者将应收的合同或协议价款折现为商品现销价格时的折现率。而在实际工作中，为了简化核算，也可采用直线法进行摊销。

甲有限责任公司2016年1月1日采用分期收款销售方式向乙有限责任公司销售一套大型机械设备。合同约定的销售价格3 000万元，分5次于每年12月31日等额收回。该套机械设备的账面成本2 400万元，若在现销方式下其销售价格2 700万元。企业分期收款发出商品时其有关增值税纳税义务并未发生，而是在合同约定的收款日期才生产增值税纳税义务。根据上述核算资料，确认应以该套机械设备现销方式下销售价格2 700万元作为销售商品的收入金额。而根据下列公式：未来5年收款额的现值＝现销方式下应收款项金额

$600 \times (P/A, r, 5) = 2\ 700 \qquad (P/A, r, 5) = 4.5$

用插值法计算测试折现率4%和3%时的净现值分别是4.4518和4.5793。用内插法计算确定实际利率是3.62%。

根据实际利率3.62%计算制作每期计入财务费用数额表如表9所示：

表9　　财务费用和已收本金计算表　　单位：万元

分期收款时间	未收本金	财务费用	收现总额	已收本金
2016年1月1日	2 700.00			
2016年12月31日	2 700.00	97.74	600.00	502.26

续表

分期收款时间	未收本金	财务费用	收现总额	已收本金
2017 年 12 月 31 日	2 197.74	79.56	600.00	520.44
2018 年 12 月 31 日	1 677.30	60.72	600.00	539.28
2019 年 12 月 31 日	1 138.02	41.20	600.00	558.80
2020 年 12 月 31 日	579.22	20.78	600.00	579.22
数值总额		300.00	3 000.00	2 700.00

2016 年 1 月 1 日，甲有限责任公司采用分期收款销售方式向乙有限责任公司销售该套设备并取得销售收入时，根据相关出库单、设备交接凭证及其信贷合同编制会计分录如下：

借：长期应收款——分期收款商品销售　　30 000 000.00
　　贷：主营业收入　　27 000 000.00
　　　　未实现融资收益　　3 000 000.00
借：主营业务成本　　24 000 000.00
　　贷：库存商品——机械设备　　24 000 000.00

2016 年 12 月 31 日，甲有限责任公司根据增值税专用发票及其款项入账凭证，编制会计分录如下：

借：银行存款　　7 020 000.00
　　贷：长期应收款——分期收款商品销售　　6 000 000.00
　　　　应交税费——应交增值税（销项税额）　　1 020 000.00
借：未实现融资收益　　977 400.00
　　贷：财务费用　　977 400.00

2017 年 12 月 31 日，甲有限责任公司根据增值税专用发票及其款项入账凭证，编制会计分录如下：

借：银行存款　　7 020 000.00
　　贷：长期应收款——分期收款商品销售　　6 000 000.00
　　　　应交税费——应交增值税（销项税额）　　1 020 000.00
借：未实现融资收益　　607 200.00
　　贷：财务费用　　607 200.00

……

2020 年 12 月 31 日，甲有限责任公司根据增值税专用发票及其款项入账凭证，编制会计分录如下：

借：银行存款　　7 020 000.00
　　贷：长期应收款——分期收款商品销售　　6 000 000.00
　　　　应交税费——应交增值税（销项税额）　　1 020 000.00
借：未实现融资收益　　207 800.00
　　贷：财务费用　　207 800.00

若甲有限责任公司采用直线法摊销未实现融资收益，则其每年分摊的未实现融资收益数额 60 万元（300 ÷ 5）。其在 2016 年 1 月 1 日采用分期收款销售方式向乙有限责任公司销售该套设备并取得销售收入时，根据相关出库单、设备交接凭证及其信贷合同编制会计分录如下：

借：长期应收款——分期收款商品销售　　30 000 000.00
　　贷：主营业收入　　27 000 000.00
　　　　未实现融资收益　　3 000 000.00
借：主营业务成本　　24 000 000.00
　　贷：库存商品——机械设备　　24 000 000.00

自 2016 年 12 月 31 日开始，以后每年 12 月 31 日甲有限责任公司根据增值税专用发票及其款项入账凭证，编制会计分录如下：

借：银行存款　　7 020 000.00
　　贷：长期应收款——分期收款商品销售　　6 000 000.00
　　　　应交税费——应交增值税（销项税额）　　1 020 000.00
借：未实现融资收益　　600 000.00
　　贷：财务费用　　600 000.00

……

40. 商品促销方式的不同会带来税种管理核算方面的差异

零售商通常会进行各种方式的促销活动以增加企业的销售业绩，但促销方式的不同往往会带来具体税种负担轻重及其核算方法方面的差异。

促销方式一：某电器经销商进行了液晶平板彩电销售促销活动，规定原价7 999元的彩色电视机，现价6 999元出售。加1元预约，可获得100元优惠券一张（满3 000元减100元）并获699元游戏机一台。该种促销方式实际是在折扣基础上的“买一赠一”。而对于“买一赠一”销售方式，应该认定699元的赠品按照捐赠视同销售货物计算缴纳增值税，依据是《中华人民共和国增值税暂行条例实施细则》第四条（八）规定了将在自产、委托加工或者购进的货物无偿赠送其他单位或者个人的应当视同销售货物。而“满3 000减100”实际上就是折扣。根据《国家税务总局关于折扣额抵减增值税应税销售额问题通知》（国税函2010年56号）规定，《国家税务总局关于印发〈增值税若干具体问题的规定〉的通知》（国税发1993年154号）第二条第（二）项规定的“纳税人采取折扣方式销售货物，如果销售额和折扣额在同一张发票上面分别注明的，可按折扣后的销售额征收增值税。”具体是指纳税人采取折扣方式销售货物，且在同一张发票上面的“金额”栏分别注明了销售额和折扣额，可按折扣后的销售额征收增值税。具体计算如下：该企业促销方式下不含税销售额 =（6 999 +1 −100）÷（1 +17%）= 5 897.44（元）；销项税额 = 5 897.44 ×17% =1 002.56（元）。折算该企业液晶平板彩色电视机正常售价计算的不含税销售额 =5 897.44 ×7 999 ÷（7 999 +699）= 5 423.50（元），销项税额 = 5 423.50 ×17% =922（元）；折算视同销售游戏机不含税销售额 =5 897.44 ×699 ÷（7 999 +699）= 473.94（元），销项税额 =473.94 ×17% =80.56（元）。

《国家税务总局关于确认企业所得税收入若干问题的通知》（国税函2008年875号）第一条第五款规定，企业为促进商品销售而在商品价格上面给予价格折扣属于商业折扣，商品销售涉及商业折扣的，应当按照扣除商业折扣后的金额确定销售商品收入金额。第三条规定，企业以“买一赠一”等方式组合销售本企业商品的，不属于捐赠，应将总的销售金额按照各项商品的公允价值比例来分摊确认各项销售收入。由于《国家税务总局关于企业销售折扣在计征所得税时如何处理问题的批复》（国税函发 1997 年 472 号）文件已经失效，企业所得税现行文件不再强调销售额和折扣额是否在同一张发票上面注明，因而遵循实质重于形式的质量要求进行商业折扣的所得税处理。

《财政部、国家税务总局关于企业促销展业赠送礼品有关个人所得税问题的通知》（财税 2011 年 50 号）第一条规定，企业在向个人销售商品（产品）和提供服务的同时给予赠品不征收个人所得税。

促销方式二：某电信运营商规定客户的消费积分达到 2 000 分，企业会赠送价值 80 元的 U 盘一个。目前不少电商通过“来电有礼”、“积分送礼”、“积分抽奖”等方式进行商品或服务的促销拓展。对其赠送的礼品或奖品，应视同销售征收增值税。根据《中华人民共和国增值税暂行条例实施细则》第四条第（八）项规定，应视同销售货物。同时，对于赠送的货物，应视同销售征收企业所得税。根据《中华人民共和国企业所得税法实施条例》第二十五条规定，企业发生非货币性资产交换，以及将货物、财产、劳务用于捐赠、偿债、赞助、集资、广告、样品、职工福利或者利润分配等用途的，应当视同销售货物、转让财产或者提供劳务，但国务院、财政、税务主管部门另有规定者除外。

《财政部、国家税务总局关于企业促销展业赠送礼品有关个人所得税问题的通知》（财税 2011 年 50 号）第二条规定，企业向个人赠送礼品，属于下列情形之一的，取得该项所得的个人应依法缴纳个人所得税，税款由赠送礼品的企业代扣代缴：（1）企业在业务宣传、广告等活动中，随机向本单位以外的个人赠送礼品，按照“其他所得”项目，全额适用 20% 的税率计算缴纳个人所得税；（2）企业在年会、座谈会、庆典以及其他活动中向本单位以外的个人赠送礼品的，对个人取得的礼品所得，按照“其他所得”项目，全额适用 20% 的税率计算缴纳个人所得税；（3）企业对累计消费达到一定额度的顾客，给予额外抽奖机会，其个人的获奖所得，按照“偶然所得”项目，全额适用 20% 的税率计算缴纳个人所得税。

促销方式三：某电子商务网站联合某手机生产厂家进行手机低价促销活动，进价1 000元的手机在网上促销活动期间只卖 1 000 元。而根据与手机供货商签署的促销协议，商家每卖出一部手机将得到 200 元的返利。这种促销方式实质上是手机供应商以返还利润的方式弥补电商进销差价损失，也称作平销返利。《国家税务总局关于商业企业向货物供应商收取的部分费用征收流转税问题的通知》（国税发 2004 年 136 号）第一条第二款规定，对商业企业向供货方收取的与商品销售量、销售额挂钩（如以一定的比例、金额、数量计算）的各种返还收入、均应按照平销返利行为的有关规定冲减当期增值税进项税额。具体业务会计核算如下：

该电商购进手机并验收入库后，根据入库单、增值税专用发票及其款项结算凭证，编制会计分录如下：

借：库存商品——手机 85 470.00
　　应交税费——应交增值税（进项税额） 14 530.00
　　贷：银行存款 100 000.00

促销活动结束后，根据出库单、增值税专用发票及其款项入账凭证，编制会计分录如下：

借：银行存款 100 000.00
　　贷：主营业务收入 85 470.00
　　　　应交税费——应交增值税（销项税额） 14 530.00
借：主营业务成本 85 470.00
　　贷：库存商品——手机 85 470.00

收到厂家返利时，根据有关划款凭证入账通知编制会计分录如下：

借：银行存款 20 000.00
　　贷：主营业务成本 17 094.00
　　　　应交税费——应交增值税（进项税额转出） 2 906.00

若假设企业无其他税费缴纳问题，则此项业务的会计利润额 = 85 470 - (85 470 - 17 094) = 17 094（元）。该电商应依照此数额计算缴纳企业所得税。

41. "营改增"后提供应税服务销售收入的确认及其计税核算

根据《财政部、国家税务总局关于交通运输业和部分现代服务业营业税改征增值税试点增值税一般纳税人资格认定有关事项的公告》（财税 2013 年 37 号）的规定，扩容后的"营改增"试点涉及的应税服务，包括陆路运输服务、水路运输服务、航空运输服务、管道运输服务、研发和技术服务、信息技术服务、文化创意服务、物流辅助服务、有形动产租赁服务、鉴证咨询服务、广播影视服务。而对于应税服务的确认，大多数情况下会计与税法的确认条件是相同的，即都遵守权责发生制原则。但是，会计确认收入时，需要考虑谨慎性原则，强调预期经济利益很可能流入本企业，而税法不强调流入问题。

某从事运输劳务服务的甲有限责任公司 2016 年 8 月 4 日接受乙企业委托运送一批物资，不含税运费收入为 100 万元。甲有限责任公司 2016 年 8 月 6 日开始运输，9 月 2 日抵达目的地，2016 年 8 月 7 日收到乙企业承付不含税运费价款 50 万元，2016 年 8 月 25 日收到不含税运费价款 20 万元，2016 年 9 月 10 日收到不含税运费价款 30 万元。

财税 2013 年 37 号文件第四十一条关于增值税纳税义务发生时间是：纳税人提供应税服务并收讫销售款项或者取得索取销售款项凭据的当天；先开具发票的，为开具发票的当天。收讫销售款项，指纳税人提供应税服务过程中或者完成后收到款项。取得索取销售款项凭据的当天，指书面合同确定的付款日期；未签订书面合同或者书面合同未确定付款日期的，为应税服务完成的当天。甲有限责任公司 8 月 6 日开始提供运输劳务，其 2016 年 8 月 7 日收到乙企业不含税运费价款 50 万元，2016 年 8 月 25 日收到不含税运费价款 20 万元，2016 年 9 月 10 日收到不含税运费价款 30 万元，属于应税服务发生过程中或者完成后收取的款项，甲有限责任公司应将收到款项的当天作为纳税义务发生时间。甲有限责任公司 8 月销售额不是等到运输劳务提供完成即 9 月 2 日抵达目的地来确定纳税义务，而是以甲有限责任公司 8 月收到款项的当天作为纳税义务发生时间，因此甲有限责任公司 8 月不含税销售额为 50 + 20 = 70 万元。

企业销售货物并负责运输，其收入确认应符合《企业会计准则第 14 号——收入》规定的销售货物收入确认的五个条件。在销售商品收入确认时，着重从企业所出售商品在所有权上的主要风险和报酬是否已经转移给购货方这个标准进行判断。对于采用现销方式的，不论货物是否已经发出，只要是货款已经收到，或者发票账单和提货单已经交给购买方都应确认商品销售收入。甲有限责任公司8月会计处理上确认的销售额也应是实际收到的款项70万元。会计分录如下：

借：银行存款　　777 000.00

　　贷：主营业务收入　　700 000.00

　　　　应交税费——应交增值税（销项税额）　　77 000.00

丙有限责任公司于2016年12月5日为乙企业提供了一项咨询服务，含税合同价款200万元，合同约定2016年12月10日乙企业向丙公司支付含税价款50万元，但实际到2017年1月7日才转账到账。该项劳务甲有限责任公司收到款项的时间是2017年1月7日，由于其2016年12月5日开始提供咨询劳务，并约定2016年12月10日支付含税价款50万元，根据财税2013年37号文件第四十一条的规定，企业间签订了书面合同并且有明确付款日期的，纳税义务发生时间为书面合同确定的付款日期，因此，无论是否收到款项，丙有限责任公司提供含税咨询服务收入50万元的纳税义务发生时间为2016年12月10日（书面合同确定的付款日期），而不是2017年1月7日（实际付款日期）。丙有限责任公司2016年12月10日会计分录如下：

借：银行存款　　500 000.00

　　贷：主营业务收入　　471 698.00

　　　　应交税费——应交增值税（销项税额）　　28 302.00

《营业税改征增值税试点实施办法》第四十五条第（二）项对建筑服务的增值税纳税义务发生时间做了特殊规定：纳税人提供建筑服务采取预收款方式的，其纳税义务发生时间为收到预收款的当天；建筑服务业小规模纳税人和一般纳税人发生的特定项目可以选择简易征收，并从销售额中扣除支付的分包款，实际等于采取差额征税的方式。

从事建筑安装工程的A企业系增值税一般纳税人，采用一般计税方法计税。对其提供适用一般计税方法的建筑服务会计处理如下：

（1）购进原材料一批，取得增值税专用发票，含税价15 000元，根据价税分离数据编制会计分录如下：

借：原材料——××　　12 820.51

应交税费——应交增值税（进项税额） 2 179.49

贷：银行存款 15 000.00

（2）将原材料投入建筑工程，编制会计分录如下：

借：工程施工——合同成本 12 820.51

贷：原材料——×× 12 820.51

（3）接受采用简易征收方式计税的C公司提供的建筑服务，价值12 000元，款项通过银行转账支付，取得税务机关代开的增值税专用发票，编制会计分录如下：

借：工程施工——合同成本 11 650.49

应交税费——应交增值税（进项税额） 349.51

贷：银行存款 12 000.00

（4）按建筑承包合同约定的日期收到预收账款36 000元，开具发票，此时发生纳税义务，应计提增值税额。编制会计分录如下：

借：银行存款 36 000.00

贷：应交税费——应交增值税（销项税额） 3 567.57

预收账款 ——×单位 32 432.43

（5）纳税人期末结转未交增值税，编制会计分录如下：

借：应交税费——应交增值税（转出未交增值税） 1 038.57

贷：应交税费——未交增值税 1 038.57

若增值税一般纳税人采用简易计税方法，其所提供的适用简易计税方法的建筑服务，根据《营业税改征增值税试点有关企业会计处理规定》（财会2012年13号）的规定，应在"应交税费——应交增值税"科目下增设"营改增抵减的销项税额"专栏，专门记录企业因按规定扣减销售额而减少的销项税额。

（1）企业购进原材料或周转材料的含税价格15 000元，无需价税分离，不计算进项税额。根据供方增值税普通发票编制会计分录如下：

借：原材料——×× 15 000.00

贷：银行存款 15 000.00

（2）将原材料投入建筑工程，编制会计分录如下：

借：工程施工——合同成本 15 000.00

贷：原材料——×× 15 000.00

（3）接受采用简易征收方式计税的D公司提供的建筑服务，价值12 000

元，款项已支付，取得普通发票。

借：工程施工——合同成本　　11 650.49

　　应交税费——应交增值税（营改增抵减的销项税额）　　349.51

　　贷：银行存款　　12 000.00

（3）按建筑承包合同约定的日期收到预收账款36 000元，开具增值税发票。编制会计分录如下：

借：银行存款　　36 000.00

　　贷：应交税费——应交增值税（销项税额）　　1 048.54

　　　　预收账款　　34 951.46

（4）B企业期末结转未交增值税，编制会计分录如下：

借：应交税费——应交增值税（转出未交增值税）　　699.03

　　贷：应交税费——未交增值税　　699.03

对于增值税小规模纳税人提供建筑服务，由于“应交税费——应交增值税”科目下不设专栏，按规定扣减销售额而减少的应交增值税应直接冲减“应交税费——应交增值税”科目。其他处理与一般纳税人的简易计税项目基本相同。

42. 企业自有不同区域房产出租出售的计税方法及其核算方法

根据《财政部、国家税务总局关于全面推开营业税改征增值税试点的通知》（财税 2016 年 36 号）附件 1《营业税改征增值税试点实施办法》第四十五条第二款规定，纳税人提供建筑服务、租赁服务采取预收款方式的，其纳税义务发生时间为收到预收款的当天。但在会计实践中，许多纳税人往往会在不同区域有多处房产并取得出租或出售收入，因而会出现机构与房产在同一县（市、区）或者不在同一县（市、区）的问题。纳税人应该弄清楚在两种情形下如何进行预缴税处理。举例来讲：甲公司在北京顺义区注册登记并在自有产权的经营大楼内设置管理机构并将大部分楼层对外进行出租，同时甲公司还在门头沟区置办一处办公大楼并对外出租。甲公司属于一般纳税人资格，两处房产分别在 2015 年 2 月和 2016 年 10 月购置，租期分别是两年和一年，年租金分别是 252 万元和 133.2 万元。甲公司出租两处房产都是一次性全额收取租金，其纳税义务发生时间均为收到预收款的当天。

对于地处顺义区的房产，《国家税务总局关于发布〈纳税人提供不动产经营租赁服务增值税征收管理暂行办法〉的公告》（国家税务总局公告 2016 年 16 号）第三条第一款规定，一般纳税人出租其 2016 年 4 月 30 日前取得的不动产，可以选择适用简易计税方法，按照 5% 的征收率计算应纳税款。不动产所在地与机构所在地不在同一个县（市、区）的，纳税人应按照上述计税方法向不动产所在地主管国税机关预缴税款，向机构所在地主管国税机关申报纳税。不动产所在地与机构所在地在同一个县（市、区）的，纳税人向机构所在地主管国税机关申报纳税。该纳税人位于顺义的办公用楼是其机构注册经营所在地区，属于 2016 年 4 月 30 日之前取得的不动产，不需预缴增值税税款，只需向机构所在地顺义国税局申报纳税。经租赁双方协商，甲公司出租顺义房产选择简易计税方法。甲公司一次性收取 2 年租金 504 万元（252 × 2），应交增值税 = 504 ÷ （1 + 5%） = 24（万元）。根据《企业会计准则第 21 号——租赁》第二十二条规定，对于经营租赁的租金，承租人应当在租赁期内各个时期按照直线法计入相关资产成本或当期损益；其他方法更为系统合理的，也可以采用其他方法。出租企业发生的初始直接费用，应当计入当期损益。甲公司选择简易计税方法，根据《财政部关于印发〈增值税会计处理规定〉的通知》（财会2016年22号）的规定，企业应在“应交税费”会计科目下面设置“简易计税”明细科目，核算一般纳税人采用简易计税方法发生的增值税计提、扣减、预缴及其缴纳业务。

（1）甲公司2017年1月收到顺义房产出租的预缴租金款时编制会计分录如下：

借：银行存款　　5 040 000.00

　　贷：预收账款——某租借方　　5 040 000.00

（2）甲公司计提应交增值税金额＝504÷（1＋5%）＝24（万元），编制会计分录如下：

借：预收账款——某租借方　　240 000.00

　　贷：应交税费——简易计税　　240 000.00

（3）甲公司每月结转房屋租金收入＝480÷（2×12）＝20（万元），编制会计分录如下：

借：预收账款——某租借方　　200 000.00

　　贷：其他业务收入　　200 000.00

（4）2017年2月缴纳计提的应缴增值税，编制会计分录如下：

借：应交税费——简易计税　　240 000.00

　　贷：银行存款　　240 000.00

对于地处门头沟区的房产，根据国家税务总局公告2016年16号第三条第二款的规定，一般纳税人出租其2016年5月1日后取得的不动产，适用一般计税方法计税，纳税人不动产所在地与机构所在地不在同一个县（市、区）的，纳税人应按3%的预征率向不动产所在地主管国税机关预缴税款，向机构所在地主管国税机关申报纳税。一般纳税人出租其2016年4月30日前取得的不动产适用一般计税方法计税，按照上述规定执行。由于地处门头沟地区的办公大楼与甲公司机构所在地顺义区不属于同一县（市、区），且为2016年5月1日后取得的不动产，甲公司出租门头沟区的房产需在顺义区主管国税机关预交增值税，且只能选择一般计税方法。根据国家税务总局公告2016年16号第七条第一款规定，纳税人出租不动产适用一般计税方法计税。

应预缴增值税金额＝133.2÷（1＋11%）×3%＝3.6（万元）。

甲公司应缴增值税＝133.2÷（1＋11%）×11%＝13.2（万元）。

扣除预缴款 3.6 万元后，甲公司应缴增值税款 9.6 万元。根据财会 2016 年 22 号文件规定，在"应交税费"会计科目下设置"预交增值税"明细科目，核算一般纳税人转让不动产、提供不动产经营租赁服务、提供建筑服务、采用预收款方式销售自行开发的房地产、以及其他按照现行增值税制度规定应缴纳的增值税额。

（1）甲公司 2017 年 1 月收到顺义房产出租的预缴租金款时编制会计分录如下：

借：银行存款　　1 332 000.00

　　贷：预收账款——某租借方　　1 332 000.00

（2）2017 年 1 月末，甲公司预缴增值税金额 = 133.2 ÷ （1 + 11%） × 3% = 3.6（万元），编制会计分录如下：

借：应交税费——未交增值税　　36 000.00

　　贷：应交税费——预交增值税　　36 000.00

（3）甲公司计提应交增值税金额 = 133.2 ÷ （1 + 11%） × 11% = 13.2（万元），编制会计分录如下：

借：预收账款——某租借方　　36 000.00

　　贷：应交税费——应缴增值税（销项税额）　　36 000.00

（4）甲公司每月结转房屋租金收入 = 120 ÷ 12 = 10（万元），编制会计分录如下：

借：预收账款——某租借方　　100 000.00

　　贷：其他业务收入　　100 000.00

（5）2017 年 2 月缴纳计提的应缴增值税，编制会计分录如下：

借：应交税费——预交增值税　　240 000.00

　　贷：银行存款　　240 000.00

《国家税务总局关于营业税改征增值税委托地税机关代征税款和代开增值税发票的公告》（国家税务总局公告 2016 年第 19 号）规定，营业税改征增值税后由地税机关继续受理纳税人销售其取得的不动产和其他个人出租不动产的申报缴纳和其他个人出租不动产的申报缴税和代开增值税发票业务，以方便纳税人纳税。《国家税务总局关于发布〈纳税人转让不动产增值税征收管理暂行办法〉的公告》（国家税务总局公告 2016 年第 14 号）第三条规定，一般纳税人销售取得的不动产应向不动产所在地主管税务机关预缴税款，向机构所在地主管税务机关申报纳税。举例来说，若地处石家庄市的乙公司销售其在邯郸市区的一幢办公楼，那么根据上述规定，地处石家庄市注册地的乙公司应向不动产所在地邯郸主管地税机关预缴增值税款，向机构所在地石家庄市主管国税机关申报缴纳增值税。

需要说明的是，《国家税务总局关于全面推开营业税改征增值税试点后增值税纳税申报有关事项的公告》（国家税务总局公告2016年第13号）附件6《增值税预缴税款表》填写说明中指出，本表适用于纳税人发生下列情形按规定在国税机关预缴增值税时填写：（1）纳税人（不含其他人）跨县（市）提供建筑服务；（2）房地产开发企业预售自行开发的房地产项目；（3）纳税人（不含其他人）出租与其机构所在地不在同一县（市）的不动产。同时，“预征项目和栏次”部分的第二栏“销售不动产”栏目限于房地产开发企业预售自行开发的房地产项目预征税款填报，不包括纳税人销售取得的不动产预缴申报。换句话说，纳税人销售其取得的不动产向不动产所在地主管地税机关预缴税款时，不填报《增值税预缴税款表》，仍按照地税原有的申报体系进行。

国家税务总局公告2016年第14号第三条规定，一般纳税人转让其2016年4月30日前取得（不含自建）的不动产，选择适用一般计税方法计税的，以取得的全部价款和价外费用为销售额计算应纳增值税税额。纳税人应以取得的全部价款和价外费用扣除不动产购置原价或者取得不动产时的作价后的余额，依照5%的预征率向不动产所在地主管地税机关预缴税款，向机构所在地主管国税机关申报纳税。国家税务总局公告2016年第14号第六条还进一步规定了其他个人以外的纳税人转让其取得的不动产，区分以下情形应向不动产所在地主管地税机关预缴的税款：（1）以转让不动产取得的全部价款和价外费用作为预缴税款计算依据的，其计算公式是：应预缴税款 = 全部价款和价外费用 ÷（1 + 5%）× 5%；（2）以转让不动产取得的全部价款和价外费用扣除不动产购置原价或者取得不动产时的作价后的余额作为预缴税款计算依据的，计算公式是：应预缴税款金额 =（全部价款和价外费用 − 不动产购置原价或者取得不动产时的作价）÷（1 + 5%）× 5%。

乙公司应预缴增值税 =（11 100 000 − 6 300 000） （1 + 5%） × 5% = 228 571.43（元）。

43. 存货毁损进项税额转出操作要看存货保险价值是否包含有抵扣进项税额

地处郊区的某从事产品制造的有限责任公司属于增值税一般纳税人身份，主要是经营木器加工制作。2017 年因其邻居曙光金属制品有限责任公司抛光车间发生粉尘爆炸而致使该木器加工制作的有限责任公司原料仓库引发火灾，库中储备的部分木材被烧毁。经仓库及其财务人员共同盘点确认木材损失不含增值税价值共计 500 万元，其购进时取得的增值税专用发票上面注明的增值税 85 万元已经认证抵扣。由于经营该木器加工制作的有限责任公司在之前已经投保了财产保险，并且在保险有效期内，保险公司根据合同条款经过认真现场勘察后，最后确认理赔 400 万元并将相关理赔款划入公司结算账户。

在本例中，经营该木器加工制作的有限责任公司发生原材料毁损并需要结转毁损存货价值及保险公司理赔款时，编制会计分录如下：

借：待处理财产损溢——待处理流动资产损溢　　1 000 000. 00

　　其他应收款——保险理赔款　　4 000 000. 00

　　贷：原材料　　5 000 000. 00

经营木器加工制作的有限责任公司按照规定的程序确认了存货专项损失并进行了企业所得税前扣除专项申报后，编制会计分录如下：

借：营业外支出——存货盘亏损毁　　1 000 000. 00

　　贷：待处理财产损溢——待处理流动资产损溢　　1 000 000. 00

在本例中，经营木器加工制作的有限责任公司因火灾损失的金额在增值税处理上符合正常损失情形，其购进时取得的增值税专用发票上面注明的增值税额仍然可以正常作为进项税额进行抵扣。同时，该经营木器加工制作的有限责任公司前期所投保的财产保险对应的是不含税的木材账面价值，因而其在核算上面并未进行进项税额转出处理。根据保险法及其释义规定，保险价值是指保险标的在投保或者出险时的实际价值。增值税一般纳税人在取得进项税额时采用购进扣税方法，属于价税分离的价外税种。在保险实务中，保险法虽未明确增值税是否属于理赔范围，但存货的保险价值是按照存货的账面价值加以确定，因而对于增值税一般纳税人来讲，财产保险理赔应当不包括增值税进项税额。

而与增值税一般纳税人有所不同的是，增值税小规模纳税人即使取得了增值税专用发票，但按照增值税专用发票的规定，仍旧不能抵扣增值税进项税额。换句话说，小规模纳税人取得的增值税进项税额不得抵扣，需要计入存货价值。因此，增值税小规模纳税人的财产保险理赔应当包括存货中的增值税进项税额。

某从事塑料制品生产制造的有限责任公司属于小规模纳税人身份。2017年1月因罕见的寒潮影响而致使厂库内的自来水管爆裂，而购入存放在容器中的化工原料液态助剂全部被冲泡报废。该批原料购入时的含税总价值23 400元。由于供货商属于增值税一般纳税人身份而只能开具增值税专用发票，因而发票上面显示的不含税货物价值20 000元，增值税3 400元。该塑料制品公司前期已经投保了财产保险，并且在财产保险有效期内，因而保险公司根据合同条款经过认真现场勘察后，最后确认理赔22 000元并将相关理赔款划入公司结算账户。

在本例中，从事塑料制品生产制造的有限责任公司发生原材料毁损并需要结转毁损存货价值及保险公司理赔款时，编制会计分录如下：

借：待处理财产损溢——待处理流动资产损溢　　1 400.00
　　其他应收款——保险理赔款　　22 000.00
　　贷：原材料　　23 400.00

经营木器加工制作的有限责任公司按照规定的程序确认了存货专项损失并进行了企业所得税前扣除专项申报后，编制会计分录如下：

借：营业外支出——存货盘亏损毁　　1 400.00
　　贷：待处理财产损溢——待处理流动资产损溢　　1 400.00

44. 适用差额征税办法的主要核算管理

一般纳税人发生应税行为，试点期间按照营业税改征增值税有关规定允许从销售额中扣除其支付给非纳税人价款的，应在"应交税费——应交增值税"科目下增设"营改增抵减的销项税额"专栏，用于记录该企业因按照规定扣减销售额而减少的销项税额；同时，"主营业务收入"、"主营业务成本"相关科目应按经济业务的种类进行明细核算。纳税人从全部价款和价外费用中扣除价款，应当取得符合法律、行政法规和国家税务总局有关规定的凭证。否则，不得扣除（如表10所示）。所称凭证是指：（1）支付给境内单位或者个人的款项，且该单位或者个人发生的行为属于增值税或营业税征收范围的，以该单位或者个人开具的发票为合法有效凭证。（2）支付的行政事业性收费或者政府性基金，以开具的财政票据为合法有效凭证。（3）支付给境外单位或者个人的款项，以该单位或者个人的签收单据为合法有效凭证，税务机关对签收单据有疑义的，可以要求其提供境外公证机构的确认证明。（4）国家税务总局规定的其他凭证。

企业购买服务、无形资产、不动产时，按规定允许扣减销售额而减少的销项税额，借记"应交税费——应交增值税（营改增抵减的销项税额）"科目，按实际支付或应付的金额与上述增值税额的差额，借记"主营业务成本"科目，按实际支付或应付的金额，贷记"银行存款"或"应付账款"科目。而对于期末一次性进行账务处理的企业，期末，按规定当期允许扣减销售额而减少的销项税额，借记"应交税费——应交增值税（营改增抵减的销项税额）"科目，贷记"主营业务成本"科目。

表 10　　一般纳税人提供应税服务差额征税计税销售额计算表

类型	提供的应税服务	含税销售额	支付给其他单位或者个人的含税价款是否能够扣除		计税销售额
			支付给纳税人	支付给非试点纳税人	
一般规定	除交通运输业和国际货运代理服务以外的其他应税服务	取得含税的全部价款和价外费用	不允许扣除	允许扣除（不包括已抵扣进项税额的货物、加工修理修配劳务的价款）	（取得的全部含税价款和价外费用－支付给其他单位或者个人的含税价款）÷（1＋对应征税应税服务适用的增值税税率或征收率）
	交通运输服务	取得含税的全部价款和价外费用	不允许扣除	允许扣除（不包括已抵扣进项税额的货物、加工修理修配劳务的价款）	（取得的全部含税价款和价外费用－支付给其他单位或者个人的含税价款）÷（1＋对应征税应税服务适用的增值税税率或征收率）
特殊规定	国际货运代理服务	取得含税的全部价款和价外费用	允许扣除（不包括取得增值税专用发票的价款）	允许扣除（不包括已抵扣进项税额的货物、加工修理修配劳务的价款）	（取得的全部含税价款和价外费用－支付给其他单位或者个人的含税价款）÷（1＋对应征税应税服务适用的增值税税率或征收率）

依照规定，企业当期发生属于规定扣除项目支付给其他单位或者个人的价款，除了有形动产融资租赁外，可以全部计入当期允许扣除项目申报扣除。当期允许扣除的支付给其他单位或者个人的价款＝上期转入本期允许扣除的支付给其他单位或者个人的价款余额＋本期发生的允许扣除的支付给其他单位或者个人的价款。当期允许扣除的支付给其他单位或者个人的价款小于或等于当期取得的全部含税价款和价外费用的，当期实际扣除的价款为当期允许扣除的支付给其他单位或者个人的价款。当期允许扣除的支付给其他单位或者个人的价款大于或当期取得的全部含税价款和价外费用的，当期实际扣除的价款为当期取得的全部含税价款和价外费用。不足扣除的支付给其他单位或者个人的价款可以转到下期继续扣除。

纳税人销售货物、加工修理修配劳务、服务、无形资产或者不动产适用不同税率或者征收率的，应当分别核算适用不同税率或者征收率的销售额。未分别核算的，按照以下方法适用税率或者征收率：（1）兼有不同税率的销售货物、加工修理修配劳务、服务、无形资产或者不动产，从高适用税率；（2）兼有不同征收率的销售货物、加工修理修配劳务、服务、无形资产或者不动产，从高适用征收率；（3）兼有不同税率和征收率的销售货物、加工修理修配劳务、服务、无形资产或者不动产，从高适用税率。

纳税人兼有多项差额征税应税服务经营的，应根据适用税率的差额征税政策按照具体应税服务项目、免税和免抵退税应税服务项目分别核算含税销售额、扣除项目金额和计税销售额。需分别核算的扣除项目金额主要有：期初余额、本期发生额、本期可抵减金额、本期实际抵减金额和期末余额。

45. “营改增”后非货币性福利发放的主要核算方法

企业向职工提供非货币性福利的，应当按照公允价值计量。如企业以自产的产品作为非货币性福利提供给职工的，应当按照该产品的公允价值和相关税费确定职工薪酬金额，并计算当期损益或相关资产的成本。相关收入的确认、销售成本的结转以及相关税费的处理，与企业正常商品销售的会计处理相同。也就是说，应按照提供非货币性福利资产的公允价值及其增值税率计算的销项税额，计入“应交税费——应交增值税（销项税额）”科目。企业以外购的商品作为非货币性福利提供给职工的，应当按照该商品的公允价值和相关税费确定职工薪酬的金额，并计入当期损益或相关资产成本。同时按照提供非货币性福利资产的公允价值及其增值税率计算的销项税额，计入“应交税费——应交增值税（销项税额）”科目。

黄祥电子有限责任公司是一家从事笔记本电脑产品生产的公司制企业，具备一般纳税人资格。共有职工 2 000 人。2017 年 3 月 17 日，该电子有限责任公司以其生产的笔记本电脑产品作为公司庆典礼物发放给公司的每位员工。每台笔记本电脑的市场售价 1.4 万元，生产成本 1 万元。该有限责任公司适用增值税率 17%，并已开具增值税专用发票。企业 2 000 名职工中，1 700 人为直接参加产品生产人员，另 300 人属于非生产管理人员。笔记本电脑产品已经发给每位职工。计算笔记本电脑的售价总额和销项税额如下：

笔记本电脑产品售价总额 = 1.4 × 1 700 + 1.4 × 300 = 2 380 + 420 = 2 800（万元）

笔记本电脑的销项税额 = 2 380 × 17% + 420 × 17% = 404.6 + 71.4 = 476（万元）

应当计入生产成本的职工薪酬金额 = 2 380 + 404.6 = 2 784.6（万元）

应当计入管理费用的职工薪酬金额 = 420 + 71.4 = 491.4（万元）

黄祥电子有限责任公司财会人员应编制会计分录如下：

借：生产成本——基本生产成本　　27 846 000.00

　　管理费用——职工薪酬　　4 914 000.00

　　贷：应付职工薪酬——非货币性福利　　32 760 000.00

借：应付职工薪酬——非货币性福利　　32 760 000.00

　　贷：主营业务收入　　28 000 000.00

　　　　应交税费——应交增值税（销项税额）　　4 760 000.00

借：主营业务成本　　20 000 000.00

　　贷：库存商品——笔记本电脑　　20 000 000.00

御翔商贸有限责任公司将所购进的100台全自动洗衣机作为春节礼物发放给全体员工。该公司在册员工200名，其中180人属于销售经营人员，另20人属于非经营管理人员。该公司具备一般纳税人资格，其不含增值税全自动洗衣机进货成本每台5 000元，出售价每台5 500元。洗衣机已经全部发放给职工。

计算全自动洗衣机的售价总额和销项税额如下：

笔记本电脑产品售价总额 = 5 500 × 180 + 5 500 × 20 = 990 000 + 110 000

= 1 100 000（元）

笔记本电脑的销项税额 = 990 000 × 17% + 110 000 × 17%

= 168 300 + 18 700 = 187 000（元）

应当计入销售费用的职工薪酬金额 = 990 000 + 168 300 = 1 158 300（元）

应当计入管理费用的职工薪酬金额 = 110 000 + 18 700 = 128 700（元）

御翔商贸有限责任公司财会人员应编制会计分录如下：

借：销售费用——职工薪酬　　1 158 300.00

　　管理费用——职工薪酬　　128 700.00

　　贷：应付职工薪酬——非货币性福利　　1 287 000.00

借：应付职工薪酬——非货币性福利　　1 287 000.00

　　贷：主营业务收入　　1 100 000.00

　　　　应交税费——应交增值税（销项税额）　　187 000.00

借：主营业务成本　　1 000 000.00

　　贷：库存商品——全自动洗衣机　　1 000 000.00

46. “营改增”后自营商品进出口业务的主要核算方法

自营进出口商品业务是指国内具有进出口经营权的企事业单位自己独自经营的商品进口或商品出口业务。

（1）自营出口商品核算。商品流通企业出口商品有多种不同的价格条件，而不同的价格条件所负担的费用是不同的。若以 FOB 价格成交，商品流通企业就不用承担国外运费和保险费；若以 CFR 价格成交，商品流通企业只承担国外运费；若以 CIF 价格成交，商品流通企业则须要承担运费和保险费。商品流通企业在出口贸易过程中，发生的商品自商品流通企业库房至边境、口岸的各项运杂费、装船费等开支应列入“销售费用”科目。国外运费是由出口商支付并负担、从装运港到目的港的运输费用。出口商收到运输单位转来的运输凭证，应认真核对出口发票号码、运输等级、计费重量、运费金额等重要信息。审核无误后据以支付运费。由于自营出口商品销售收入是按 FOB 价格扣除佣金后计算的，因而出口商负担的国外运费和保险费开支应该冲减“主营业务收入”科目。

北京千禧酒业进出口公司与泰国福禧酒业进出口公司签订 10 000 箱喜力罐装啤酒出口合同，每箱 48 元人民币。

2016 年 6 月 16 日，财会部门收到库房转来的商品出库单，编制会计分录如下：

借：发出商品——泰国福禧酒业进出口公司　　480 000.00

　　贷：库存商品——啤酒（喜力罐装啤酒）　　480 000.00

2016 年 6 月 17 日，财会部门收到储运部门转来出口商品统一发票副本，每箱 CIF 计价 20 美元，价款共计 200 000 美元。当日美元买入价 1 美元 = 6.203 元人民币，美元中间价 1 美元 =6.213 元人民币。编制会计分录如下：

借：应收账款——泰国福禧酒业进出口公司　　1 242 600.00

　　贷：主营业务收入　　1 242 600.00

借：主营业务成本　　480 000.00

　　贷：发出商品——泰国福禧酒业进出口公司　　480 000.00

2016 年 6 月 17 日，财会部门收到储运部门转来国内商品运输费用发票及转账支票存根，编制会计分录如下：

借：销售费用——运杂费　　6 306.31

　　应交税费——应交增值税（进项税额）　　693.69

　　贷：银行存款　　7 000.00

2016年6月23日，财会部门向天津远大船务有限公司支付2 000美元国外运费。同日向太平洋保险公司按照费率1‰缴纳保险费1 364.66元（1 240 600×110%×1‰）。当日美元卖出价1美元=6.313元人民币，美元中间价1美元=6.213元人民币。根据有关运费和保费单据，编制会计分录如下：

借：主营业务收入　　13 990.66

　　贷：银行存款　　13 990.66

2016年6月24日，财会部门向泰国福禧酒业进出口公司收取价款200 000美元到账并结汇给开户银行并支付手续费90元。当日美元买入价1美元=6.197元人民币，美元中间价1美元=6.201元人民币。财会部门根据银行入账通知和买汇凭证，编制会计分录如下：

借：银行存款　　1 239 400.00

　　财务费用——手续费　　90.00

　　　　　　——汇兑差额　　3 110.00

　　贷：应收账款——泰国福禧酒业进出口公司　　1 242 600.00

2016年6月25日，财会部门向泰国福禧酒业进出口公司按照3%费率支付佣金6 000美元。当日美元卖出价1美元=6.311元人民币，美元中间价1美元=6.301元人民币。根据汇付凭证编制会计分录如下：

借：主营业务收入　　37 866.00

　　贷：银行存款　　37 866.00

2016年6月25日，北京千禧酒业进出口公司按照13%的退税率向海关申请出口退税62 400元（480 000×13%）；同时按照规定将进项税额转出19 200元［480 000×（17%－13%）］。财会部门根据提单及其退税申请编制会计分录如下：

借：主营业务成本　　19 200.00

　　贷：应交税费——应交增值税（进项税额转出）　　19 200.00

借：其他应收款——出口退税　　62 400.00

　　贷：应交税费——应交增值税（出口退税）　　62 400.00

2016 年 7 月 5 日，财会部门收到银行转账通知单据，应收出口退税 62 400 元收妥入账，编制会计分录如下：

借：银行存款　　62 400.00

　　贷：其他应收款——出口退税　　62 400.00

已销售的出口商品被退回时，企业应冲减已实现的出口销售收入金额，借记“主营业务收入”科目，贷记“应收账款”科目；同时按照出口商品的账面成本，借记“发出商品”科目，贷记“主营业务成本”科目。商品退回企业库房后，借记“库存商品”科目，贷记“发出商品”科目。企业支付的商品退回国外运费开支，应按照付汇当日外汇中间价借记“主营业务收入”科目，按照当日外汇卖出价贷记“银行存款”科目，两者之间的差额借记或贷记“财务费用——汇兑差额”明细科目；而对于国内运费的开支，应该借记“发出商品”科目和“应交税费——应交增值税（进项税额）”明细科目，贷记“银行存款”科目。出口商向进口商理赔损失时，如果属于投保理赔的范围，则按照保险公司的出险金额，借记“其他应收款”科目，按照全部理赔金额贷记“银行存款”科目，按照两者的差额借记“营业外支出”科目。

仍用上述例题资料。2016 年 7 月 10 日，商品运达泰国曼谷后，进口商验收商品时发现质量存在严重缺陷，按照合同规定要求退货并向北京千禧酒业进出口公司索赔款项30 000美元。

2016 年 7 月 10 日，当日美元卖出价 1 美元 =6.311 元人民币，美元中间价 1 美元 =6.211 元人民币。财会部门根据进口商提供的退货函件及其提货单据，编制会计分录如下：

借：主营业务收入　　1 242 200.00

　　贷：应收账款——泰国福禧酒业进出口公司　　1 242 200.00

借：发出商品　——泰国福禧酒业进出口公司　　480 000.00

　　贷：主营业务成本　　480 000.00

2016 年 7 月 17 日，出口商品退回企业库房。库房转来商品验收单，财会部门编制会计分录如下：

借：库存商品——啤酒（喜力罐装啤酒）　　480 000.00

　　贷：发出商品　——泰国福禧酒业进出口公司　　480 000.00

2016 年 7 月 19 日，财会部门向天津远大船务有限公司支付 2 000 美元国外运费。同日向太平洋保险公司按照费率 1‰ 缴纳保险费 1 364.66 元

(1 240 600 ×110% ×1‰)。当日美元卖出价 1 美元 =6.313 元人民币，美元中间价 1 美元 =6.213 元人民币。根据有关运费和保费单据，编制会计分录如下：

借：主营业务收入 13 990.66

　　贷：银行存款 13 990.66

2016 年 7 月 25 日，财会部门向开户银行购汇结算泰国福禧酒业进出口公司进口商品退回索赔款 30 000 美元。当日美元卖出价 1 美元 =6.317 元人民币，美元中间价 1 美元 =6.306 元人民币。财会部门根据购汇凭证及其转账单据编制会计分录如下：

借：营业外支出——出口商品理赔 189 510.00

　　贷：银行存款 189 510.00

2016 年 7 月 25 日，北京千禧酒业进出口公司按照 13% 的退税率计算应向海关退还出口退税 62 400 元（480 000 ×13%）；同时按照规定冲减原进项税额转出金额 19 200 元［480 000 ×（17% −13%）］。财会部门根据海关负数退税申请表编制会计分录如下：

借：应交税费——应交增值税（进项税额转出） 19 200.00

　　贷：主营业务成本 19 200.00

借：应交税费——应交增值税（出口退税） 62 400.00

　　贷：其他应付款——出口退税 62 400.00

2016 年 7 月 27 日，财会部门收到银行转账通知单据，应退还海关原出口退税款62 400元已划转出账，编制会计分录如下：

借：其他应付款——出口退税 62 400.00

　　贷：银行存款 62 400.00

（2）自营进口商品核算。商品流通企业进口国外商品主要采用国际信用证结算方式。企业收到开证银行转来国外全套进口结算单据时，与信用证或合同条款核对，并通过开证银行向国外出口商承付款项，按照折合人民币金额借记“在途物资”科目，购入外汇支付的人民币金额与购入外汇折合的人民币金额之间的差额，借记“财务费用——汇兑损益”明细科目，按照购入外汇支付的人民币金额贷记“银行存款”科目；需要支付国外运费和保险费时，借记“在途物资”科目，贷记“银行存款”科目。进口商品到达国内口岸时，企业应向海关申报缴纳进口关税、消费税和增值税时，借记“在途物资”科目，贷记“应交税费——应交消费税”、“应交税费——应交进口关税”明细科目；收到海关转来完税凭证上注明的增值税额，借记“应交税费——应交增值税（进项税额）”或者“应交税费——应交消费税”、“应交税费—应交进口关税”明细科目，贷记“银行存款”科目。进口商品采购结束验收入库并结转采购成本时，借记“库存商品”科目，贷记“在途物资”科目。

进口商品的采购成本以进口商品的到岸价格为基础。凡进口合同以 FOB 或者 CFR 价格成交的，商品离开对方口岸后，由进口企业负担的国外运费、保险费均作为进口商品的国外进价入账。商品流通企业收到的能够直接认定的进口商品佣金，冲减进口商品的国外进价；不能直接认定的进口商品佣金，冲减销售费用。进口商品到达国内口岸后发生的运输费、装卸费、保险费等进货费用不能计入进价，而直接计入当期损益。进口税金是指计入进口商品成本的各种税金，包括在海关征收的进口关税和消费税。进口商品在国内销售环节缴纳的各种税款不计入商品采购成本。

北京星燕体育用品进出口公司从美国康斯敏斯体育制品公司进口康斯敏斯高尔夫球拍 100 支，FOB 报价 10 000 美元。

2016 年 6 月 7 日，按照规定，北京星燕体育用品进出口公司向开证银行交存人民币 18 945 元，申请开立面值 3 000 美元国际信用证并寄望美国康斯敏斯体育制品公司开户银行。当日外汇银行美元买出价 1 美元 =6.315 元人民币，美元中间价 1 美元 =6.303 元人民币。财会部门编制会计分录如下：

借：其他货币资金——国际信用证	18 945.00	
贷：银行存款		18 945.00

2016 年 6 月 11 日，北京星燕体育用品进出口公司收到开证银行转来全套进口结算单据，审核无误同意付款。当日外汇银行美元买出价 1 美元 =6.315 元人民币，美元中间价 1 美元 =6.303 元人民币。根据有关原始单据，编制会计分录如下：

借：在途物资——美国康斯敏斯体育制品公司	63 030.00	
财务费用——汇兑损益	120.00	
贷：其他货币资金——国际信用证		18 945.00
银行存款		44 205.00

2016 年 6 月 12 日，北京星燕体育用品进出口公司支付国外运费和保险费 1 000 美元。当日外汇银行美元买出价 1 美元 =6.316 元人民币，美元中间价 1 美元 =6.301 元人民币。根据有关原始单据，编制会计分录如下：

借：在途物资——美国康斯敏斯体育制品公司　　6 301.00
　　财务费用——汇兑损益　　15.00
　　贷：银行存款　　6 316.00

2016 年 6 月 15 日，北京星燕体育用品进出口公司收到美国康斯敏斯体育制品公司汇来佣金 500 美元。当日外汇银行美元买入价 1 美元 =6.291 元人民币，美元中间价 1 美元 =6.303 元人民币。根据有关结汇单据，编制会计分录如下：

借：银行存款　　3 145.50
　　财务费用——汇兑损益　　6.00
　　贷：在途物资——美国康斯敏斯体育制品公司　　3 151.50

2016 年 6 月 17 日，北京星燕体育用品进出口公司向海关履行报关手续，申报应缴纳进口关税 6 617.95 元 [（63 030.00 + 6 301.00 − 3 151.50）× 10%]；进口消费税8 088.61元（66 179.5 +6 617.95）÷（1 −10%）；进口增值税 13 750.63 元（（66 179.50 +6 617.95 +8 088.61）×17%）。财会部门根据税款申报单据编制会计分录如下：

借：在途物资——美国康斯敏斯体育制品公司　　14 706.56
　　贷：应交税费——应交进口关税　　6 617.95
　　　　　　　　——应交消费税　　8 088.61

2016 年 6 月 19 日，北京星燕体育用品进出口公司收到海关转来完税凭证，根据完税凭证列示的进口关税、消费税和增值税额，编制会计分录如下：

借：应交税费——应交增值税（进项税额）　　13 750.63
　　　　　　——应交进口关税　　6 617.95
　　　　　　——应交消费税　　8 088.61
　　贷：银行存款　　28 457.19

2016 年 6 月 21 日，北京星燕体育用品进出口公司财会部门根据库房转来商品入库单及进口商提供的进货发票，编制会计分录如下：

借：库存商品——高尔夫球具（康斯敏斯高尔夫球拍）
　　80 886.06
　　贷：在途物资——美国康斯敏斯体育制品公司　　80 886.06

2016 年 6 月 28 日，北京星燕体育用品进出口公司向天津恒大高尔夫俱乐部销售康斯敏斯高尔夫球拍 100 支，不含税价格 128 205.13 元，增值税销项税额 21 794. 87 元。财会部门已收到增值税专用发票记账联、出库单及其银行进账单第一、三联、商品销售成本计算表。编制会计分录如下：

借：银行存款　150 000. 00
　贷：主营业务收入　128 205. 13
　　应交税费——应交增值税（销项税额）　21 794. 87
借：主营业务成本　80 886. 06
　贷：库存商品——高尔夫球具（康斯敏斯高尔夫球拍）
　　80 886. 06

汇付结算方式是建立在进口商和出口商之间商业信用基础之上的货款结算方式。交易双方根据合同或者经济事项预付账款或者货到付款。在实际贸易活动中，由于预付货款的进口商可能拿不到商品，而货到付款的出口商可能收不到货款，因而汇付结算方式下必须建立在进出口双方彼此信任的良好基础之上。目前，在结算货款尾差、支付佣金、归还垫款、索赔理赔、出售少量样品结算方面使用汇付结算方式比较多。

北京裕达服装贸易进出口公司从意大利圣玛蒂琪服装公司进口男士西服套装 100 套。2016 年 6 月 13 日，按照合同规定需要预付 60% 的价款到对方指定账户，共计 60 000 美元。汇款当日外汇银行美元卖出价 1 美元 =6. 290 元人民币，美元中间价 1 美元 =6. 251 元人民币。财会部门根据汇款单据编制会计分录如下：

借：预付账款——意大利圣玛蒂琪服装公司　377 400. 00
　贷：银行存款　377 400. 00

2017 年 6 月 23 日，收到意大利圣玛蒂琪服装公司快件发来的男士西服套装 100 套，货物总价值 100 000 美元，验收无误并进入保税区库房。财会部门已经收到转来的运费和保费单据，共须支付 10 000 美元；同时还需要结算 40 000美元给出口商。当日美元卖出价 1 美元 =6. 291 元人民币，美元中间价 1 美元 =6. 241 元人民币。编制会计分录如下：

借：预付账款——意大利圣玛蒂琪服装公司　251 640. 00
　贷：银行存款　251 640. 00
借：在途物资——意大利圣玛蒂琪服装公司　624 100. 00
　财务费用——汇兑损益　4 940. 00
　贷：预付账款——意大利圣玛蒂琪服装公司　629 040. 00

借：在途物资——意大利圣玛蒂琪服装公司　　62 410.00
　　财务费用——汇兑损益　　500.00
　　贷：银行存款　　62 910.00

财会部门根据报关单和进口关税、进口增值税完税凭证，计算企业应负担进口关税 34 325.50 元（686 510 × 5%）、进口增值税 122 542.04 元（720 835.5 × 17%）。根据报关单和进口关税、进口增值税完税凭证进口关税、进口增值税完税凭证分别编制会计分录如下：

借：在途物资——意大利圣玛蒂琪服装公司　　34 325.50
　　贷：应交税费——应交进口关税　　34 325.50
借：应交税费——应交进口关税　　34 325.50
　　　　　　——应交增值税（进项税额）　　122 542.04
　　贷：银行存款　　156 867.54

2016 年 7 月 5 日，北京裕达服装贸易进出口公司财会部门根据库房转来商品入库单及进口商提供的进货发票，编制会计分录如下：

借：库存商品——男西服（圣玛蒂琪男士西服套装）720 835.50
　　贷：在途物资——意大利圣玛蒂琪服装公司　　720 835.50

托收是委托人出口商开立汇票或者连同货运单据委托托收行通过其在付款人所在地的分行或者代理行向进口商收取款项的结算方式。按照托收汇票是否附有商业货运单据，托收结算分为光票托收和跟单托收两种。其中，光票托收是指委托人出口商仅开立汇票而不附任何商业货运单据而委托银行收取款项。虽附有发票、垫付清单等单据，但不是整套货运单据的，也属于光票托收。光票托收常见于收取尾款、代垫运费、佣金、样品费和索赔款等小额款项业务结算。跟单托收是委托人出口商开立跟单汇票，连同整套货运单据一并交给银行并委托银行收取款项的结算方式。跟单托收根据交单的条件不同，又可分为付款交单（D/P）和承兑交单（D/A）两种。其中，付款交单是指代收行必须在付款人付清票款后，才将货物单据交给付款人进口商的一种交单条件。付款交单可以是付款人在见票后立即付款赎单的即期交单条件；也可以是代收行将提示汇票给付款人要求承兑，待汇票到期付款人承兑汇票后赎取货运单据的远期交单条件。承兑交单是指代收行待付款人进口商承兑汇票后，将货运单据交给付款人，于汇票到期日由付款人进口商履行付款义务的一种交单条件。

北京丰龢粮食进出口公司从澳门雨莲堂有限责任公司进口礼品装手信 300

盒，价值30 000美元。开户银行转来汇票及全套货运单据，财会部门审核无误后承付全部款项。当日美元买出价1美元=6.310元人民币、美元中间价1美元=6.240元人民币。付款交单条件下财会部门编制会计分录如下：

借：在途物资——澳门雨莲堂有限责任公司　　187 200.00
　　财务费用——汇兑损益　　2 100.00
　　贷：银行存款　　189 300.00

若北京丰龢粮食进出口公司财会部门采用承兑交单条件，应在接到银行转来托收凭证后，编制会计分录如下：

借：在途物资——澳门雨莲堂有限责任公司　　189 300.00
　　贷：应付票据——澳门雨莲堂有限责任公司　　189 300.00

期满付款后，财会部门根据有关划款通知单据编制会计分录如下：

借：应付票据——澳门雨莲堂有限责任公司　　189 300.00
　　贷：银行存款　　189 300.00

自营进口商品运达我国港口后，若在验收时发现商品质量与合同规定严重不符，商品流通企业可以根据商检部门出具的商品检验证明书，按照合同规定与国外出口商进行联系，将进口商品退回给出口商，同时收回货款并办理已交进口关税和进口增值税的退税事宜。若进出口贸易合同中约定有理赔条款，进口商应区分以下责任分别处理：属于货物运输公司或者保险公司理赔的范围，应向运输公司或者保险公司进行索赔；属于出口商承担的责任，应向出口商进行索赔。

北京红岩机械进出口公司从英国比里斯顿机械制造有限责任公司进口3409型组合工具台100台套。运抵天津塘沽港区的时候，商检局出具了商品检验证明书，证明该进口商品属于不合格产品。经与出口商英国比里斯顿机械制造有限责任公司联系后，同意作退货处理。

2016年6月14日，企业向开户银行买入美元，用来垫付组合工具台套100台套退回给出口商的运输费和保险费共计1 000美元。当日美元卖出价1美元=6.311元人民币，美元中间价1美元=6.211元人民币。根据付汇凭证及其美元买入凭证，编制会计分录如下：

借：应收账款——英国比里斯顿机械制造有限责任公司
　　63 110.00
　　贷：银行存款　　63 110.00

2016年6月16日，向海关申请退还已支付的进口关税14 106元。进口组合工具入账价值155 166元。根据有关退税凭证和商品出库单单据，编制会计分录如下：

借：应收账款——英国比里斯顿机械制造有限责任公司　　141 060.00

　　应交税费——应交进口关税　　14 106.00

　　贷：在途物资——英国比里斯顿机械制造有限责任公司　　155 166.00

2016年6月24日，收到英国比里斯顿机械制造有限责任公司退回的货款及其代垫运费和保险费共计31 706美元。当日外汇银行美元买入价1美元 = 6.107元人民币，美元中间价1美元 = 6.210元人民币。根据银行入账通知和结汇凭证，编制会计分录如下：

借：银行存款　　193 628.54

　　财务费用——汇兑损益　　10 541.46

　　贷：应收账款——英国比里斯顿机械制造有限责任公司　　204 170.00

2016年6月27日，收到海关退还的进口关税14 106元、进口增值税26 378.22元。根据天津新港海关的退税单据，编制会计分录如下：

借：银行存款　　40 484.22

　　贷：应交税费——应交进口关税　　14 106.00

　　　　　　　　——应交增值税（进项税额）　　26 378.22

2016年7月7日，收到英国比里斯顿机械制造有限责任公司转来的理赔款2 815美元结汇到开户银行。当日外汇银行美元买入价1美元 = 6.105元人民币，美元中间价1美元 = 6.113元人民币。根据银行入账通知和结汇凭证，编制会计分录如下：

借：银行存款　　17 185.58

　　财务费用——汇兑损益　　22.52

　　贷：营业外收入——进口商品理赔　　17 208.10

47. “营改增”后代理商品进出口业务的主要核算方法

代理商品进出口业务是指国内有货物进出口需求的客户，由于其对进出口业务的不熟悉或者由于没有进出口权，而需要委托具有进出口经营权的船运公司、货代公司、报关行或者贸易公司由其代办商品进口或者出口业务。进出口代理商在整个进出口贸易过程中只是作为发货人和收货人之外的中间人，在操作过程中收取佣金，但一般不承担信用、汇兑和市场风险，不拥有进口商品的所有权。现代物流企业有实力的，可能会同时提供备货融资，进口资金代垫等服务，资金需求量大的时候会产生这种服务需要，是供应链管理的一种模式。代理商品进出口细分为代理进口商品和代理出口商品。

（1）代理出口商品核算。代理出口商品的形式主要有视同买断方式和收取手续费方式。其中，视同买断方式须由受托方与国内委托方签订代理出口协议，受托方按照协议价格向委托方支付代理出口商品国内采购价款，而后再根据自定的销售价格向国外进口商结算销售价款。国外销售价与国内采购价之间的差额是受托方所赚取的盈利。视同买断方式出口商品的核算方法与出口商自营方式出口商品的核算方法基本相同。而收取手续费方式是指受托方根据代理出口商品金额的一定比例向委托方收取手续费的销售方式。受托方收到代销商品时，按照商品原账面成本，借记“受托代销商品”科目，贷记“受托代销商品款”科目；收到储运部门转来代理出口商品出库单时，借记“发出商品”科目，贷记“受托代销商品”科目；同时按照受托代销商品的销售价格及当日外汇买入价，借记“应收账款”科目，贷记“应付账款”科目；根据代销出口商品清单所载代理出口商品原账面成本，借记“受托代销商品款”科目，贷记“发出商品”科目；受托方与委托方结算手续费时，按照原账面成本减除国内外运费和保险费后金额及其当日外汇卖出价借记“应付账款”科目，按照应结算金额（原账面成本减除国内外运费和保险费后及其手续费后的金额）以及当日外汇卖出价贷记“银行存款”科目，按照手续费及其外汇中间价计算的金额贷记“其他业务收入”科目；其差额借记或贷记“财务费用——汇兑差额”明细科目。

北京美星机械进出口公司接受国内石家庄五菱机械有限责任公司委托代理

出口其自动挖掘机产品给塞尔维亚斯坎普机械进出口公司，代理手续费按照CIF价格2%计算。

2016年6月20日，财会部门收到储运部门转来的代理进口商品入库单，列明出口挖掘机入库数量100台，单价36 000元。编制会计分录如下：

借：受托代销商品——挖掘机（五菱自动挖掘机） 3 600 000.00

贷：受托代销商品款——石家庄五菱机械有限责任公司 3 600 000.00

2016年6月23日，财会部门收到储运部门转来出口商品出库单，列明出口挖掘机入库数量100台，单价36 000元。编制会计分录如下：

借：发出商品——塞尔维亚斯坎普机械进出口公司 3 600 000.00

贷：受托代销商品——挖掘机（五菱自动挖掘机） 3 600 000.00

2016年6月24日，财会部门收到储运部门转来的出口商品统一发票及其开户银行托收凭证回单，托收出口挖掘机100台，每台CIF报价10 000美元，共计1 000 000美元，佣金20 000美元。当日美元买入价1美元=6.300元人民币。财会部门根据出口商品统一发票、银行托收凭证回单、商品销售成本计算表编制会计分录如下：

借：应收账款——塞尔维亚斯坎普机械进出口公司 6 174 000.00

贷：应付账款——石家庄五菱机械有限责任公司 6 174 000.00

借：受托代销商品款——石家庄五菱机械有限责任公司 3 600 000.00

贷：发出商品——塞尔维亚斯坎普机械进出口公司 3 600 000.00

2016年6月25日，财会部门支付挖掘机国内运杂费10 000元，根据运输公司开来的运费发票及其转账支票存根单据，编制会计分录如下：

借：应付账款——石家庄五菱机械有限责任公司 10 000.00

贷：银行存款 10 000.00

2016年6月25日，财会部门支付挖掘机国外运费10 000美元，保险费3 000美元。当日美元卖出价1美元=6.301元人民币。财会部门根据国际运费发票和保费单据编制会计分录如下：

借：应付账款——石家庄五菱机械有限责任公司 81 913.00

贷：银行存款 81 913.00

2016年7月9日，财会部门收到塞尔维亚斯坎普机械进出口公司汇来销售款 980 000 美元。当日美元买入价 1 美元 =6. 297 元人民币。根据银行入账通知及其结汇单据编制会计分录如下：

借：银行存款　6 171 060. 00
　财务费用——汇兑差额　2 940. 00
　贷：应收账款——塞尔维亚斯坎普机械进出口公司　6 174 000. 00

2016 年 7 月 14 日，财会部门向国内挖掘机厂商石家庄五菱机械有限责任公司结算出口商品款项。当日美元卖出价 1 美元 =6. 303 元人民币，美元中间价 1 美元 = 6. 294 元人民币。根据银行转账通知及其购汇凭证，编制会计分录如下：

借：应付账款——石家庄五菱机械有限责任公司　6 082 087. 00
　财务费用——汇兑差额　128 820. 00
　贷：银行存款——美元户　6 085 027. 00
　　其他业务收入　125 880. 00

（2）代理进口商品核算。有进口权限的商品流通企业经营代理进口商品业务并不需要垫付进口商品的货款和进口税金，当然也不需要负担国外和国内相关费用。出口商付来的进口佣金和国外对进口商的理赔款项全部交付给国内委托方。进口商根据进口商品到岸价格按照合同约定的比例收取代理手续费。委托方必须预付进口商品的资金给进口商，进口商收妥款项后才会与国外出口商签订进口合同或对外开立国际信用证。

商品流通企业代理进口商品应以开出进口结算单据，向国内委托方办理货款结算的时间确认商品销售收入的实现。当开户银行转来国外全套结算单据并审核无误后，在支付进口商品货款的同时，应向国内委托方办理款项结算。商品流通企业收到委托方预付货款时，借记“银行存款”科目，贷记“预收账款”科目；收到国外出口商转来全套结算单据并在核对后承付货款时，借记“预收账款”科目，贷记“银行存款”科目；进口商根据代理进口商品的到岸价格一定比例计算手续费并向委托方开具手续费发票的时候，根据手续费发票所载金额，借记“预收账款”科目，贷记“其他业务收入”科目。

北京红岩机械进出口公司接受北京三番机械商业有限责任公司委托，代理进口美国罗德维尔机械制造有限责任公司威林牌 2814 型精密测距仪 50 台（套），总价 10 000 美元。

2016 年 7 月 11 日，财会部门收到银行进账单第一、三联及其现金收据，系北京三番机械商业有限责任公司交来测距仪首付款30 000元。财会部门编制会计分录如下：

借：银行存款　　30 000.00

　　贷：预收账款——北京三番机械商业有限责任公司　　30 000.00

2016年7月13日，财会部门购汇支付美国罗德维尔机械制造有限责任公司测距仪国外运费和保险费1 500美元。当日美元卖出价1美元=6.301元人民币，美元中间价1美元=6.289元人民币。财会部门根据汇款凭证及其买汇单据，编制会计分录如下：

借：预收账款——北京三番机械商业有限责任公司　　9 451.50

　　贷：银行存款　　9 451.50

2016年7月15日，财会部门收到美国罗德维尔机械制造有限责任公司转来全套测距仪结算单据。总价10 000美元，进口佣金300美元。当日美元卖出价1美元=6.309元人民币，美元中间价1美元=6.292元人民币。按照扣除首付款和进口佣金后的金额，财会部门填制汇款凭证及其买汇单据，编制会计分录如下：

借：预收账款——北京三番机械商业有限责任公司　　33 090.00

　　贷：银行存款　　33 090.00

2016年7月16日，财会部门按照进口测距仪报价加佣金的全额64 982.7元（63 090+300 × 6.309）及其合同规定3%比例计算应向委托方收取进口手续费1 949.48元。财会部门根据手续费发票编制会计分录如下：

借：预收账款——北京三番机械商业有限责任公司　　1 949.48

　　贷：其他业务收入　　1 949.48

2016年7月19日，100台套测距仪运抵天津塘沽口岸，按照规定须向海关申报进口关税1 949.48元、进口增值税11 378.47元。根据报关单和进口关税、进口增值税完税凭证，编制会计分录如下：

借：预收账款——北京三番机械商业有限责任公司　　13 327.95

　　贷：应交税费——应交进口关税　　1 949.48

　　　　　　　　——应交增值税（进项税额）　　11 378.47

2016年7月23日，财会部门根据进口关税、进口增值税完税凭证，编制会计分录如下：

借：应交税费——应交进口关税　　1 949.48

——应交增值税（进项税额）　　11 378. 47

贷：银行存款　　13 327. 95

2016 年 7 月 23 日，财会部门结清全部款项，当日收到北京三番机械商业有限责任公司交来转账支票一张，结算进口商品余款 27 818. 93 元 。财会部门根据银行进账单第一、三联编制会计分录如下：

借：银行存款　　27 818. 93

贷：预收账款——北京三番机械商业有限责任公司　　27 818. 93

易货进口商品是指国内进口商与国外出口商签订易货贸易合同，约定在一定时期内用一种或几种等价的出口商品换取一种或几种等价的进口商品的贸易业务方式。由于是以货易货，不用担心应收账款的回收安全性问题，既有利于企业资金的回笼，又有利于降低企业的库存。以货易货在交易时间上也非常灵活，可以先进口后出口，也可以先出口后进口。从会计实务来看，易货贸易由出口业务和进口业务两个部分的核算组成；而且由于商品流通企业没有生产加工的能力，因而商品流通企业易货出口的商品并非自己生产而是来自国内采购形成；而易货进口的商品并非自己使用而是为了销售获利。

北京联利轻工产品进出口公司与俄罗斯符拉迪沃斯托克市圣乔治桑金属制品公司签订了一份易货贸易合同，以联利提供的出口产品海信 258 升智能电冰箱 200 台，换取圣乔治桑的等价金属配件 1 000 箱。合同交易总值 200 000 美元。

2016 年 7 月 5 日，企业财会部门已经收到采购商品入库单及其增值税专用发票记账联单据，款项未付。编制会计分录如下：

借：库存商品——电冰箱（海信 258 升智能电冰箱）854 700. 85

应交税费——应交增值税（进项税额）　　145 299. 15

贷：应付账款——海信电器股份有限责任公司　　1 000 000. 00

2016 年 7 月 7 日，出口电冰箱已经报关出境。当日美元买入价 1 美元 = 6. 341 元人民币，美元中间价 1 美元 = 6. 351 元人民币。财会部门根据出口商品报关单、出口商品发票、商品出库单及商品销售成本计算表等原始凭证，编制会计分录如下：

借：应收账款——圣乔治桑金属制品公司　　1 270 200. 00

贷：主营业务收入　　1 270 200. 00

借：主营业务成本——电冰箱　　854 700. 85

贷：库存商品——电冰箱（海信258升智能电冰箱） 854 700.85

2016年7月10日，财会部门收到出口电冰箱国外运费发票和保险发票共计6 000元。根据转账支票存根及运费和保费发票，编制会计分录如下：

借：主营业务收入 6 000.00

贷：银行存款 6 000.00

2016年7月11日，财会部门收到圣乔治桑金属制品公司货物到港报关单据，当日同时按照3%和17%税率计提应交进口关税和进口增值税。当日美元卖出价1美元=6.339元人民币，美元中间价1美元= 6.324元人民币。财会部门根据报关单、进口关税和增值税完税凭证，编制会计分录如下：

借：应交税费——应交进口关税 37 944.00

——应交增值税（进项税额） 221 466.48

贷：银行存款 259 410.48

2016年7月11日，财会部门收到库房转来商品验收单、进货发票、进口关税和增值税完税凭证单据，编制会计分录如下：

借：库存商品——标准件（金属标准件） 1 302 744.00

应交税费——应交进口关税 37 944.00

贷：应收账款——圣乔治桑金属制品公司 1 270 200.00

财务费用——汇兑差额 70 488.00

2016年7月14日，财会部门填写出口退税申请表，按照退税率13%水平应收出口退税111 111.11元（854 700.85×13%），同时按照规定将进项税额转出34 188.03元(854 700.85×（17% -13%）)。编制会计分录如下：

借：主营业务成本——电冰箱 34 188.03

贷：应交税费——应交增值税（进项税额转出） 34 188.03

借：其他应收款——出口退税 111 111.11

贷：应交税费——应交增值税（出口退税） 111 111.11

2016年7月24日，以1 598 290.60元不含税价格将进口标准件销售，增值税销项税额271 709.40元。财会部门根据网银收款凭证、增值税专用发票记账联、商品出库单及其商品销售成本计算表，编制会计分录如下：

借：银行存款 1 870 000.00

贷：主营业务收入 1 598 290.60

应交税费——应交增值税（销项税额） 271 709.40

借：主营业务成本——标准件　　　　　　　　　　1 302 744.00

　　贷：库存商品——标准件（金属标准件）　　　　　　1 302 744.00

2016年8月5日，财会部门收到银行转账通知单据，应收出口退税111 111.11元收妥入账，编制会计分录如下：

借：银行存款　　　　　　　　　　　　　　　　111 111.11

　　贷：其他应收款——出口退税　　　　　　　　　　111 111.11

48. 增值税一般纳税人简易计税业务的主要核算方法

现行增值税纳税人有两种计税方法，即一般计税方法和简易计税方法。一般计税方法适用一般纳税人，简易计税方法适用小规模纳税人和一般纳税人的特定业务。而在《营业税改征增值税试点有关事项的规定》出台之前，增值税一般纳税人适用简易计税办法的特定业务主要是以下三种类型：（1）特定货物。特定货物主要包括有《财政部、国家税务总局关于部分货物适用增值税低税率和简易计税办法征收增值税政策的通知》（财税 2009 年 9 号）第二条第三项规定，可选择简易计税办法依照 6% 征收率计算缴纳增值税的商品混凝土货物；财税 2009 年 9 号文件第二条第四项规定的暂按简易办法依照 4% 征收率计算缴纳增值税的寄售物品货物；财税 2009 年 9 号文件第二条第二项还规定了按照简易计税办法依照 4% 征收率减半征收增值税的旧货。（2）固定资产。《财政部、国家税务总局关于全国实施增值税转型改革若干问题的通知》（财税 2008 年 170 号）第四条第二项和第三项规定的依照 4% 征收率减半征收增值税的固定资产。财税 2009 年 9 号文件第二条第一项规定了按照简易办法依照 4% 征收率减半征收增值税的固定资产。（3）特定服务。《交通运输业和部分现代服务业营业税改征增值税试点有关事项的规定》第一条第五项第二款规定了可以按照简易计税办法计算缴纳增值税的公共运输服务。《财政部、国家税务总局关于交通运输业和部分现代服务业营业税改征增值税试点若干税收政策的补充通知》（财税 2012 年 53 号）第二条规定了可以选择简易计税方法计算缴纳增值税的动漫服务。财税 2012 年 53 号文件第四条还规定了可以选择简易计税方法计算缴纳增值税的经营租赁服务。随后《财政部、国家税务总局关于交通运输业和部分现代服务业营业税改征增值税试点若干税收政策的补充通知》（财税 2013 年 37 号）又规定了新的《交通运输业和部分现代服务业营业税改征增值税试点有关事项的规定》自 2013 年 8 月 1 日起执行。而新《规定》第一条第七项继续明确了可以选择按照简易计税方法计算缴纳增值税的公共交通运输服务和经营租赁服务。

而在营改增在全国全面推行的 2016 年，根据《营业税改征增值税试点有关事项的规定》，一般纳税人发生下列应税行为可以选择适用简易计税方法计税：（1）公共交通运输服务。公共交通运输服务包括轮客渡、公交客运、地铁、城市轻轨、出租车、长途客运、班车。其中，班车是指按固定线路、固定时间运营并在固定站点停靠的运送旅客的陆路运输服务。（2）经认定的动漫企业为开发动漫产品提供的动漫脚本编撰、形象设计、背景设计、动画设计、分镜、动画制作、摄制、描线、上色、画面合成、配音、配乐、音效合成、剪辑、字幕制作、压缩转码（面向网络动漫、手机动漫格式适配）服务，以及在境内转让动漫版权（包括动漫品牌、形象或者内容的授权及再授权）。动漫企业和自行开发、生产动漫产品的认定标准和认定程序，按照《文化部、财政部、国家税务总局关于印发〈动漫企业认定管理办法（试行）〉的通知》（文市发 2008 年 51 号）的规定执行。（3）电影放映服务、仓储服务、装卸搬运服务、收派服务和文化体育服务。（4）以纳税人营改增试点之日前取得的有形动产为标的物提供的经营租赁服务。（5）在纳入营改增试点之日前签订的尚未执行完毕的有形动产租赁合同。

根据《营业税改征增值税试点有关事项的规定》中第三十四条，简易计税方法的应纳税额，是指按照销售额和增值税征收率计算的增值税额，不得抵扣进项税额。应纳税额计算公式如下：应纳税额 = 销售额 × 征收率。但需要说明的是，第一，该条所称销售额是指不含税销售额，征收率是 3%，同时采取简易计税办法计算应纳税额时，不得抵扣进项税额。第二，简易计税方法的销售额不包括其应纳税额，纳税人采用销售额和应纳税额合并定价方法的，按照下列公式计算其销售额：

销售额 = 含税销售额 ÷（1 + 征收率）。

当然，简易计税方法中的销售额也不包括向购买方收取的税额。

某从事交通运输服务的有限责任公司含税销售额 206 万元，在计算时应先扣除税额，即不含税销售额 = 206 ÷ （1 + 3%） = 200（万元），增值税应纳税额 = 200 × 3% = 6（万元）。

《营业税改征增值税试点有关事项的规定》中第三十六条，纳税人适用简易计税方法计税的，因销售折让、中止或者退回而退还给购买方的销售额，应当从当期销售额中扣减。扣减当期销售额后仍有余额造成多缴的税款，可以从以后的应纳税额中扣减。本条规定是针对小规模纳税人以及选择简易计税方法计税的一般纳税人销售服务、无形资产或者不动产并收取价款后，发生销售折让、中止或者退回的情况，依照本条规定将所退的款项扣减当期销售额。若已申请代开或者已经自行开具增值税专用发票的，按照开具红字增值税专用发票的方法处理。

某小规模纳税人适用简易计税方法计算缴纳增值税额。2017 年 6 月份发生一笔不含税销售额 100 000 元的销货业务并就此在当月计算缴纳了增值税额，而 7 月份由于合理原因发生了该笔销售的退款。若 7 月份不含税销售额 500 000（元），则在 7 月份销售额中扣除退款 1 00 000 元，则 7 月份计税销售额是 500 000 - 100 000 = 400 000（元）；7 月份应交增值税 = 400 000 × 3% = 12 000（元）。若 7 月份不含税销售额只有 50 000 元规模，则在 7 月份销售额中只能扣除退款 50 000 元，则 7 月份计税销售额是 50 000 - 50 000 = 0（元）；7 月份应交增值税 = 0 × 3% = 0（元）。若 8 月份不含税销售额 350 000 万元，则 8 月份计税销售额 = 350 000 - 50 000 = 300 000（元），8 月份应交增值税 = 300 000 × 3% = 9 000（元）。

目前，财政部就增值税一般纳税人适用一般计税方法和小规模纳税人适用简易计税方法的会计处理已经做出了相应规定，但一般纳税人适用简易计税方法下的会计处理并未给予明确规定。当前，在会计实践中普遍采取以下两种办法进行具体账务处理。第一种方法是，将应纳增值税额记入"应交税费——应交增值税（销项税额）"科目，即在发生采用简易计税方法下的销货业务后，编制会计分录如下：

借：银行存款或其他相关会计科目

　　贷：主营业务收入

　　　　应交税费——应交增值税（销项税额）

需要说明的是，上述会计分录中的销项税额是指按照简易计税方法规定计算的当期应交增值税额。但需要指出的是，当一般纳税人出现期末留抵税额时，这种会计核算方法将会与其适用的《增值税纳税申报表》产生冲突。举例如下，某经营贸易业务的有限责任公司经营的甲类货物和乙类货物分别适用一般计税方法和简易计税方法。甲类货物销售额 800 万元，当期采购额 900 万元；而乙类货物当期含税销售额 618 万元。该有限责任公司会计分录编制如下：

借：应收账款——某有限责任公司	9 360 000.00	
贷：主营业务收入——甲类货物		8 000 000.00
应交税费——应交增值税（销项税额）		1 360 000.00

借：应收账款——某有限责任公司　　6 180 000.00
　贷：主营业务收入——乙类货物　　6 000 000.00
　　应交税费——应交增值税（销项税额）　　180 000.00
借：库存商品——甲类货物　　9 000 000.00
　应交税费——应交增值税（进项税额）　　1 530 000.00
　贷：应付账款——某有限责任公司　　10 530 000.00

若该纳税人上期留抵税额为0，则其本期应纳增值税额 = 1 360 000 + 180 000 - 1 530 000 = 10 000（元）。该纳税人在填报增值税纳税申报表时，适用一般计税方法的甲类货物经营，其销项税额1 360 000元填入主表第十一行，进项税额1 530 000元填入主表第十二行，而第十九行“应纳税额”应当填0，第二十行“期末留抵税额”应该填170 000元。乙类货物经营由于适用简易计税方法计算的销项税额180 000元填入主表的第二十一行，而第二十四行“应纳税额合计”数值 = 第十九行数值 + 第二十一行数值 = 180 000元。也就是说，该纳税人本期应纳税额的会计核算结果和纳税申报表填写的结果出现了不一致的现象，其原因是会计核算时将两种计税方法的纳税结果在未考虑留抵实际问题时，提前进行了合并。建议该纳税人适用简易计税方法的乙类货物销售业务发生后应该编制如下会计分录：

借：应收账款——某有限责任公司　　6 180 000.00
　贷：主营业务收入——乙类货物　　6 000 000.00
　　应交税费——未交增值税　　180 000.00

这样做，上例中甲类货物的销项税额只有1 360 000元，而进项税额仍为1 530 000元，按照适用一般计税方法的应纳税额仍然是0，但期末留抵税额是170 000元。而按照简易计税方法的应纳税额为180 000元，与增值税纳税申报表完全一致。应该讲，采用简易计税方法，将本期应纳税额记入“未交增值税”明细科目，当纳税人出现期末留抵税额实际情况时，不会出现会计核算结果和增值税纳税申报表信息填写结果不一致的问题。

需要提醒大家注意的是，减半征收是简易计税方法的重要组成部分。目前，会计实践中对于减半征收主要有两种处理方法：一是按照简易计税方法征收率4%全额计提应纳增值税额，然后将减半的部分金额作为纳税人的财政补贴收入；二是纳税人直接减半核算，按照2%征收率计提应纳增值税额。直观两种核算方法，方法二简单直观，但在填报增值税纳税申报表时，由于并没有设计安排2%征收率这一栏，因而会出现不能“对号入座”的问题，而且主表第二十三行“应纳税额减征额”不再填写，不能完整体现纳税人享受税收优惠政策的完整信息。如某有限责任公司2016年11月销售一台2007年4月购进的机器设备，取得变价收入104 000元已经存入银行。则该纳税人正确的会计分录编制如下：

借：银行存款	104 000.00	
贷：固定资产清理		100 000.00
应交税费——未交增值税		4 000.00
借：应交税费——未交增值税	2 000.00	
贷：营业外收入——政府补助收入		2 000.00

纳税人采用该种办法处理不动产收入，其固定资产清理的销售额100 000元填入增值税纳税申报表附表一第十行第三列，增值税额4 000元填入增值税纳税申报表附表一第十行第四列，减半征收增值税额2 000元填入增值税纳税申报表主表第二十三行。这种会计处理方法，既保证了增值税纳税申报表相关信息的对号入座问题，同时还完整体现了税收优惠享受数额的信息。

49. 融资租赁借款利息抵减销项税额会计核算注意“时间差”问题

金融租赁企业在计算融资租赁业务销售额的时候，借款利息可以作为营业税改征增值税销售扣减额，对于借款利息扣减销售额可以相应减少销项税额。但问题也随之而来：会计核算中借款利息是按照权责发生制来计提的，而扣减销售额是以取得银行结算单据来确定，两者之间存在着时间差。

《财政部、国家税务总局关于将铁路运输和邮政业纳入营业税改征增值税试点的通知》（财税 2013 年 106 号）附件二《营业税改征增值税试点有关事项的规定》对融资租赁企业的销售额进行了如下规定：

（1）经中国人民银行、中国银监会或者商务部批准从事融资租赁业务的纳税人，提供有形动产融资性售后回租服务，以取得的全部价款和价外费用，扣除向承租方收取的有形动产价款本金以及对外支付的借款利息（包括外汇借款和人民币借款利息）、发行债券利息后的余额作为销售额。其中，融资性售后回租是指承租方以融资为目的，将资产出售给从事融资租赁业务的企业后，又将该资产租回的业务活动。试点纳税人提供融资性售后回租服务，向承租方收取的有形动产的价款本金不得开具增值税专用发票，但可以开具普通发票。

（2）经中国人民银行、中国银监会或者商务部批准从事融资租赁业务的纳税人，提供除融资性售后回租服务以外的有形动产融资租赁服务，以取得的全部价款和价外费用，扣除支付的借款利息（包括外汇借款和人民币借款利息）、发行债券利息、保险费、安装费和车辆购置税后的余额为销售额。财税 2013 年 106 号）附件二《营业税改征增值税试点有关事项的规定》中对融资租赁企业的扣税凭证进行了如下规定：试点纳税人从全部价款和价外费用中扣除价款、应当收取符合法律、行政法规和国家税务总局规定的有效凭证。否则，不得扣除。而对这些凭证的具体规定包括：支付给国内运输单位或者个人的款项，以发票为合法的有效凭证；支付给境外单位或者个人的款项，以该单位或者个人的签收单据为合法有效凭证；税务机关对签收单据有疑义的，可以要求其提供境外公证机构的确认证明；缴纳的税款，以完税凭证为合法有效凭证；融资性售后回租服务中向承租方收取的有形动产价款本金，以承租方开具的发票为合法有效凭证；扣除政府性基金或者行政事业性收费，以省级以上财政部门印制的财政票据为合法有效凭证；国家税务总局规定的其他凭证。

纳税人提供融资租赁服务，不能取得增值税专用发票的有借款利息、债券利息、保险费、安装费和车辆购置税等业务支出。而根据相关文件规定，如果这些费用可以扣减融资租赁销售额，那么将不能以企业计量为准，而应当以企业取得的符合规定的票据为准。根据《财政部关于印发〈营业税改征增值税试点有关企业会计处理规定〉的通知》（财会 2012 年 13 号）试点纳税人差额征税的会计处理规定，一般纳税人提供应税服务，试点期间按照营业税改征增值税有关规定，允许其从销售额中扣除其支付给非试点纳税人的价款，并在"应交税费——应交增值税"科目下增设"营改增抵减的销项税额"明细科目，用于专门记载企业因为按照规定扣减销售额而减少的销项税额。同时，"主营业务收入"、"主营业务成本"科目也应按照相关业务的经营种类进行明细核算。

融资租赁企业接受应税服务时，按照规定允许扣减销售额而减少的销项税额，借记"应交税费——应交增值税（营改增抵减的销项税额）"科目，按实际支付或者应付的金额与上述增值税额的差额，借记"主营业务成本"科目，按实际支付或应付的金额，贷记"银行存款"或者"应付账款"科目。而对于期末一次性进行账务处理的融资租赁企业，于期末时按规定当期允许扣减销售额而减少的销项税额，借记"应交税费——应交增值税（营改增抵减的销项税额）"科目，贷记"主营业务成本"科目。

某金融租赁有限责任公司每月应计提利息 1 000 000 元并于次月进行支付。其当月计提应付利息金额后应编制会计分录如下：

借：主营业务成本　　1 000 000.00

　　贷：应付利息　　1 000 000.00

次月取得结算单据时，根据结算单据所载金额 [1 000 000 − (1 + 17%) × 17% = 145 300 元] 编制会计分录如下：

借：应交税费——应交增值税（营改增抵减的销项税额）

　　145 300.00

　　贷：主营业务成本　　145 300.00

或者该融资租赁企业当月直接计提不含销售税额的利息数额 [1 000 000 − (1 + 17%) = 854 700 元]，编制会计分录如下：

借：主营业务成本　　854 700.00

　　贷：应付利息　　854 700.00

次月取得结算单据时，根据结算单据所载金额［1 000 000 -（1 +17%）×17% =145 300 元］编制会计分录如下：

借：应交税费——应交增值税（营改增抵减的销项税额）　　145 300.00

　　贷：应付利息　　145 300.00

实际支付时，根据相关划款凭证编制会计分录如下：

借：应付利息　　145 300.00

　　贷：银行存款　　145 300.00

50. 房地产开发企业与非房地产开发企业房屋建筑出售印花税和土地增值税核算区别

对于房屋建筑业务，房地产开发企业与非房地产开发企业在营改增后都会涉及印花税和土地增值税两个主要税种，但两者在核算上面还是有着许多不同之处。房地产开发企业自建筑房屋从一开始就是以最终出售为目的，其商品性特征非常明显，因而房屋建筑过程中发生的印花税和土地增值税都应该包括在开发费用和营业税金之中，并从当期取得的房屋出售收入之中一次性扣除。所不同的是，由于经营产生的印花税其发生额比较小且不是经常性发生，因而在核算上采取简易核算方法，即在其发生时直接计入当期企业管理费用开支。而土地增值税不同，它是政府对从事房地产建筑并通过出售取得收入的企业开征的重要税种，征收数额较大，因而需要在营业税金及附加项目中单独列支。房地产开发企业以外的企业，若将自行建筑的房屋出售也需要计算缴纳印花税，但其在核算上计入固定资产清理，并不是像房地产开发企业那样计入开发费用之中，而且在其后计算土地增值税应纳税额时，可以单独从计税项目金额中扣除。这样做的主要理由是，由于固定资产出售业务而产生的印花税计提缴纳问题第一是不经常发生，第二是其相关数额较之企业平时发生的由于经营产生的印花税数额还是比较大的，单独反映能够比较明晰说明固定资产出售业务产生的相关税费而便于税费管理与税费稽查。

从法规规定来看，《财政部、国家税务总局关于土地增值税一些具体问题规定的通知》（财税字 1995 年 48 号）第九条规定，关于计算土地增值额时扣除已缴纳印花税的问题，"细则中规定允许扣除的印花税，是在转让房地产时缴纳的印花税。房地产开发企业按照《施工、房地产开发企业财务制度》的有关规定，其缴纳的印花税列入管理费用开支并相应予以扣除。其他的土地增值税纳税义务人在计算土地增值税时允许扣除在转让时缴纳的印花税。"在核算中，房地产开发企业销售房产的印花税在计算提取土地增值税时不得单独扣除，而房地产开发以外的企业可以将印花税金额扣除。

某房地产开发商出售一栋写字楼，总价款 50 000 万元。该房地产开发商有关该楼盘的开发支出如下：支付土地出让金开支 5 000 万元，基础设施开发成本15 000万元，利息支付2 500万元（可按转让项目计算分摊并提供金融机构证明），但其中有250万元属于加罚的利息开支，发生的开发费用包括印花税开支4 000万元，房地产转让环节发生的不含印花税的有关税费开支共计2 775万元。该房地产开发商所在地区政府规定房地产开发费用计算扣除比例是5%。若假定该写字楼一次销售完毕，则其相关税费计算及其会计核算如下：

取得写字楼项目土地使用权支付的价款及其有关费用开支金额5 000万元；

写字楼项目开发成本支出15 000万元；

写字楼项目开发费用支出：2 500 - 250 + （5 000 + 15 000） ×5% = 3 250（万元）；

写字楼项目允许扣除的税费2 775万元；

写字楼项目允许扣除的项目金额合计 = （5 000 + 15 000） × （1 + 20%） + 3 250 + 2 775 = 30 025（万元）；

增值额 = 50 000 - 30 025 = 19 975（万元）；

增值率 = 19 975 ÷ 30 025 = 66.53%；

应纳土地增值税额 = 19 975 ×40% - 30 025 ×5% = 6 488.75（万元）。编制会计分录如下：

（1）支付土地出让金时，根据相关划款凭证编制会计分录如下：

借：开发成本　　50 000 000.00

　贷：银行存款　　50 000 000.00

（2）支付开发土地成本时，根据相关成本支付凭证编制会计分录如下：

借：开发成本　　150 000 000.00

　贷：银行存款　　150 000 000.00

（3）支付开发土地费用时，根据相关费用支付凭证编制会计分录如下：

借：管理费用　　40 000 000.00

　贷：银行存款　　40 000 000.00

（4）房地产开发商销售楼盘并将出售收入收进银行存款账户，编制会计分录如下：

借：银行存款　　500 000 000.00

　贷：主营业务收入　　500 000 000.00

借：主营业务成本　　200 000 000.00

　　贷：开发成本　　200 000 000.00

（5）房地产开发商计提应纳土地增值税税额时，根据计提凭证编制会计分录如下：

借：营业税金及附加　　64 887 500.00

　　贷：应交税费——应交土地增值税　　64 887 500.00

在上例中，房地产开发商缴纳的印花税直接计入了期间费用开支，并作为企业成本费用开支的构成项目，一同在计算增值额和增值率时被扣除，印花税并未作为单独的税费项目进行扣除记载。但与之不同的是，非房地产开发企业自建房屋销售时，其印花税金额可以进行单独记载。举例如下：

某经营商业贸易业务的有限责任公司曾自建办公用楼一座。建造当初支付土地出让金及其相关费用开支 3 700 万元，开发成本支出 3 250 万元，开发费用支出 425 万元，能提供金融机构证明的利息支出 60 万元。该办公楼竣工验收后，由于业务转型，企业将该办公楼作价 9 800 万元出售。若印花税率 0.05%，企业所在地区政府规定房地产开发费用计算扣除比例是 5%，同时假定该办公楼一次销售完毕并结清全部款项，则其相关税费计算及其会计核算如下：

取得土地使用权出让金及其相关费用开支 3 700 万元；

办公楼项目开发成本支出 3 250 万元；

办公楼项目开发费用支出：60 + （3 700 +3 250） ×5% =407.5（万元）；

办公楼项目允许扣除的印花税金额 ：9 800 ×0.05% =4.9（万元）；

办公楼项目允许扣除的项目金额合计 = 3 700 + 3 250 + 407.5 + 4.9 =7 362.4（万元）；

增值额 =9 800 −7 362.4 =2 437.6（万元）；

增值率 =2 437.6 ÷7 362.4 =33%；

应纳土地增值税额 =2 437.6 ×30% −7 362.4 ×0 =731.28（万元）。编制会计分录如下：

（1）支付土地出让金时，根据相关划款凭证编制会计分录如下：

借：无形资产——土地使用权　　37 000 000.00

　　贷：银行存款　　37 000 000.00

借：在建工程——办公用楼工程　　37 000 000.00

贷：无形资产——土地使用权　　37 000 000.00

（2）支付开发成本时，根据相关成本支付凭证编制会计分录如下：

借：在建工程——办公用楼工程　　32 500 000.00

贷：银行存款　　32 500 000.00

（3）支付开发费用时，根据相关费用支付凭证编制会计分录如下：

借：在建工程——办公用楼工程　　4 250 000.00

贷：银行存款　　4 250 000.00

（4）办公楼达到预定可使用状态，办理竣工结算手续。根据竣工结算凭证编制会计分录如下：

借：固定资产——生产经营用固定资产（办公用楼）

73 750 000.00

贷：在建工程——办公用楼工程　　73 750 000.00

（5）该企业于业务转型时将该项办公楼转作待售状态，根据相关结转待售凭证编制会计分录如下：

借：固定资产清理——办公用楼清理　　73 750 000.00

贷：固定资产——生产经营用固定资产（办公用楼）

73 750 000.00

（6）该企业出售办公楼并将出售收入收进银行存款账户，编制会计分录如下：

借：银行存款　　98 000 000.00

贷：固定资产清理——办公用楼清理　　98 000 000.00

（7）该企业分别计提应纳印花税和土地增值税税额时，根据计提凭证编制会计分录如下：

借：固定资产清理——办公用楼清理　　49 000.00

贷：应交税费——应交印花税　　49 000.00

借：固定资产清理——办公用楼清理　　7 312 800.00

贷：应交税费——应交土地增值税　　7 312 800.00

51. 企业支付境外费用必须取得相关证明文件才能顺利通过税务稽查

地处北京市区的一家经营特殊机械设备销售和维修工作的有限责任公司属于一般纳税人身份。2016 年 4 月，该有限责任公司与荷兰普兰斯特机械制造有限公司签订了一份技术支持及其许可合同。按照合同的约定，该有限责任公司应自 2016 年开始的 5 年里，每年 4 月 10 日按当日汇率向荷兰这家公司支付技术支持及其许可费用 75 万欧元并按照中国法律规定代扣代缴相关税费开支。已知该国内公司于 2016 年 4 月 10 日和 2017 年 4 月 10 日分两次等额支付技术支持及其许可费用 75 万欧元。该有限责任公司于 2016 年 4 月 10 日第一次支付时，当日的汇率是 1 欧元 =7.65 元人民币，而按照该汇率计算应扣缴税费如下：

应扣缴增值税金额 = 750 000 × 7.65 ÷ （1 + 6%） × 6% = 324 764.15（元）；

应扣缴城市维护建设税、教育费附加和地方教育附加金额 = 324 764.15 ×（7% + 3% + 2%） = 38 971.70（元）；

应扣缴企业所得税金额 = 750 000 × 7.65 ÷ （1 + 6%） × 10% = 541 273.59（元）。

该有限责任公司第二次于 2016 年 4 月 10 日第二次支付时，当日汇率是 1 欧元 =7.08 元人民币，按照该汇率计算应扣缴税费如下：

应扣缴增值税、城市维护建设税、教育费附加和地方教育附加金额是 0；

应扣缴企业所得税金额 = 750 000 × 7.08 ÷ （1 + 6%） × 10% = 500 943.40（元）。

该纳税人所在地区国税局稽查科的审计人员在对该有限责任公司进行例行审计时，对该公司两次支付境外费用提出了质疑：第一次有扣缴增值税金额，而第二次扣缴增值税却是零；而且两次计算企业所得税扣缴金额的方法是相同的。

审计人员查阅了该有限责任公司与荷兰普兰斯特机械制造有限公司签订的技术支持与许可合同文本。文本规定了荷兰普兰斯特里瓦机械制造有限公司以许可方式授予北京这家经营特殊机械设备销售和维修工作的有限责任公司使用普兰斯特机械制造有限公司的技术进行国内该品牌机械设备的技术维护并保证得到最正规最全面的技术服务和专门培训。而对于境外费用支付问题，《财政部、国家税务总局关于将铁路运输和邮政业纳入营业税改征增值税试点的通知》（财税 2013 年 106 号）附件一《营业税改征增值税试点实施办法》第十七条规定，境外单位或者个人在境内提供应税服务，在境内未设有经营机构的，扣缴义务人按照下列公式计算应扣缴税额：

应扣缴税额 = 接受方支付的价款 ÷ （1 + 税率） × 税率。

财税 2013 年 106 号文件附件三《营业税改征增值税试点过渡政策的规定》第一条规定，试点纳税人提供技术转让、技术开发和与之相关的技术咨询、技术服务，免征增值税额。但试点纳税人申请免征增值税时，须持有技术转让、技术开发的书面合同，并到试点纳税人所在省级科技主管部门进行认定，并持有关的书面合同和科技主管部门审核意见证明文件报主管的国家税务局备查。

《中华人民共和国企业所得税法实施条例》第九十一条规定，非居民企业取得企业所得税法第二十七条第五项规定的所得，减按 10% 的税率计算征收企业所得税。

国税局的审计人员根据上述的规定与该经营特殊机械设备销售和维修工作的有限责任公司的财务经理进行了充分沟通。指出了该公司在 2016 年 4 月第一次向主管税务机关进行纳税申报时就没有及时提供省级科技主管部门的审核证明文件，因而不符合免征增值税的规定。该有限责任公司应该全额计算扣缴增值税、城市维护建设税、教育费附加和地方教育附加金额。而该公司 2017 年 4 月 10 日支付技术支持及其许可费用 75 万欧元时，由于提供了省级科技主管部门出具的审核通过证明文件，符合免征增值税政策，同时还应相应免征城市维护建设税、教育费附加和地方教育附加款项。因而其计算的应扣缴增值税、城市维护建设税、教育费附加和地方教育附加金额均是零也是正确无误的。

经审计后确认的是，该公司 2017 年 4 月 10 日计算扣缴的企业所得税金额错误。理由是支付境外特许权使用费用开支虽然免征增值税，但并不须价税分离计算扣缴企业所得税金额。正确计算应扣缴企业所得税的金额应该如下：750 000 × 7.08 × 10% = 531 000（元）。换句话说，该公司少上缴应扣企业所得税款 30 056.60 元（531 000 - 500 943.40）。审计人员建议该公司应主动向所属国家税务局进行补税申报，同时建议该公司技术部门与普兰斯特机械制造有限公司取得联系，在以后支付的款项中扣回。该公司欣然接受了国家税务局审计人员的意见并迅速处理了相关事宜。

52. 取得农产品销售发票抵扣进项税额须分清楚具体情形

某家经营粮食购销的私营企业从增值税一般纳税人处购进小麦用于销售。由于对方生产销售的小麦属于自产初级农产品，按照规定可以免征增值税，不得开具增值税专用发票而只得开具增值税普通发票。因而该私营企业想弄清楚是否应该按照对方开具的增值税普通发票金额的11%比例抵扣进项税额。

根据《增值税暂行条例》第八条第（三）项规定，购进农产品，除取得增值税专用发票或者海关进口增值税专用缴款书外，按照农产品收购发票或者销售发票上面注明的农产品买价和13%的扣除率计算进项税额。依此规定，该企业似乎可以按照取得的增值税普通发票票面金额的13%抵扣进项税额。但是，《财政部、国家税务总局关于免征部分鲜活肉蛋产品流通环节增值税政策的通知》（财税2012年75号）第三条规定，《增值税暂行条例》第八条所列准予从销项税额中扣除的进项税额的第三项所称的“销售发票”，是指小规模纳税人销售农产品依照3%征收率按简易办法计算缴纳增值税而自行开具或委托税务机关代开的普通发票。批发、零售纳税人享受免税政策后开具的普通发票不得作为计算进项抵扣税额的凭证。根据上述补充性解释规定，上述私营企业取得的普通发票不得抵扣进项税额。纳税人在执行农产品销售发票抵扣相关政策时，对《财政部、国家税务总局关于免征部分鲜活肉蛋产品流通环节增值税政策的通知》文件第三条规定的准确理解至关重要。第一，增值税一般纳税人取得用于抵扣的农产品销售发票一般情况下应从小规模纳税人取得，从增值税一般纳税人处取得的增值税专用发票不得抵扣进项税额。第二，小规模纳税人开具的农产品销售发票所涉品目必须是应税农产品且已经缴纳增值税，像小规模纳税人因销售免税农产品而开具的销售发票不得抵扣进项税额。

对于取得农产品销售发票抵扣进项税额问题，纳税人应该注意以下几个方面的问题：第一，要关注农产品销售发票开具方是否已经享受了免税政策优惠。由于政策规定购货方取得农产品销售发票可以抵扣的前提是销售方没有享受增值税免税优惠政策，但是在会计实践中购货方其实很难及时了解掌握销售方是否已经享受了增值税免税优惠待遇。《国家税务总局关于小微企业免征增值税和营业税有关问题的公告》（国家税务总局公告2014年第57号）规定，自2014年10月1日起，增值税小规模纳税人月销售额不超过3万元的免征增值税，以季度为纳税期的销售额不超过9万元的免征增值税。若小规模纳税人是按季申报纳税，季度中间开具发票，销售方往往自己也确定不了是否应该纳税，因为其确定不了季度销售额是否超过了规定的起征点。同时还由于商业秘密的原因，购货方其实无法了解销售方是否享受税收优惠的信息。擅自抵扣进项税额无疑会给购货方取得农产品发票抵扣进项税额带来涉税风险。第二，要注意可以抵扣的隐含条件问题。《增值税暂行条例》第八条第（三）项规定，购进农产品按照农产品收购发票或者销售发票上面注明的农产品买价和13%的扣除率计算应抵扣的进项税额。其中的"农产品"的定义在《增值税暂行条例实施细则》第三十五条第（一）项进行了界定，而农产品的范围在《农业产品征税范围注释》（财税字1995年52号）具体来限定。纳税人所购进的货物如果不属于《农业产品征税范围注释》范围的农产品，则同样不能抵扣进项税额。第三，要关注征税过程中的特例规定问题。尽管财税2012年75号文件对增值税一般纳税人取得农产品销售发票抵扣进项税额做了限制性规定，但相关的限制性规定与《财政部、国家税务总局关于农民专业合作社有关税收政策的通知》（财税2008年81号）第二条的规定是相悖的。财税2008年81号文件规定，增值税一般纳税人从农民专业合作社购进的免税农业产品，可按13%的扣除率计算应抵扣的进项税额。因而增值税一般纳税人从农民专业合作社购进免税农产品并取得其开具的增值税普通发票（农民专业合作社即使具备一般纳税人资格由于销售农业产品免税因而只能开具增值税普通发票），可按普通发票上面注明的农产品买价和13%的扣除率计算应抵扣的进项税额。但是如果按照财税2012年75号文件第三条的规定，农民专业合作社开具的普通发票就不得作为增值税进项税额。原因是它既不属于小规模纳税人销售农产品，依照3%征收率按简易办法计算缴纳增值税后开具增值税普通发票，也不属于小规模纳税人销售农产品依照3%征收率按照简易办法计算缴纳增值税后再委托税务机关代开增值税普通发票的情形。

需要说明的是，在财政部、国家税务总局于2017年5月3日联合发布的《关于简并增值税税率有关政策的通知》中，规定自2017年7月1日起取消13%的增值税税率。纳税人销售或者进口农产品，税率为11%。纳税人购进农产品，取得一般纳税人开具的增值税专用发票或海关进口增值税专用缴款书的，以增值税专用发票或海关进口增值税专用缴款书上注明的增值税税额为进项税额；按照简易计税方法依照3%征收率计算缴纳增值税的小规模纳税人取得增值税专用发票的，以增值税专用发票上注明的金额和11%的扣除率计算进项税额；取得（开具）农产品销售发票或收购发票的，以农产品销售发票或收购发票上注明的农产品买价和11%的扣除率计算进项税额。营业税改征增值税试点期间，纳税人购进用于生产销售或委托受托加工17%税率货物的农产品维持原扣除力度不变。

某综合购物超市农产品经营柜台从农民手中购进有机种植的绿豆5 000公斤，收购价款共计30 000元。双方约定货到验收入库后，使用现金结算款项，同时向对方开具农副产品收购发票。依照农副产品收购抵扣税额管理办法规定，其准予抵扣的进项税额 = 买价 × 扣除率 = 30 000 × 11% = 3 300（元），同时编制会计分录如下：

借：库存商品——有机豆类（绿豆）　　26 700.00
　　应交税费——应交增值税（进项税额）　　3 300.00
　　贷：库存现金　　30 000.00

53. "营改增"后融资性售后回租业务核算方法的改变要引起重视

《营业税改征增值税试点实施办法》（财税 2017 年 36 号）文件对融资性售后回租业务的会计政策做了重大调整，主要表现在：（1）税目调整为贷款服务，税率调整为 6%，售后回租从有形动产租赁服务调整为金融服务下的贷款服务。新政策承认了售后回租的融资性质，将其从原有的有形动产租赁的外在形式中剥离出来，更加符合售后回租业务的本质特点。（2）由于销售额不包括本金，继续享受差额征收待遇。由于贷款服务的销售额为全部利息和利息性质的收入，因而售后回租业务的销售额不再包含本金，解决了 2012 年营改增开始试点以来困扰售后回租纳税人许久的本金发票问题。同时财税 2017 年 36 号文件还延续了差额征收的政策，纳税人可以从销售额中扣除口对外支付的借款利息、发行债券利息。（3）售后回租利息不得作为下游企业的进项抵扣项目。财税 2017 年 36 号文件规定了纳税人购进的贷款服务不得从销项税额中抵扣。主要售后回租业务属于贷款服务，因而承租方从租赁方取得的租金部分专用发票将不能够抵扣进项税额。应该讲，从事有形动产租赁售后回租的纳税人需要从以下几个方面进行认真辨别：

（1）要区分清楚融资租赁与融资性售后回租业务的区别。"营改增"后的新政策将融资租赁服务（直租）与融资性售后回租（回租）分置在不同的税目之下，对于从事有形动产租赁的纳税人来讲，直租与回租在税率、差额扣除和抵扣范围的政策都不一样。从税率上看，直租仍属于租赁服务范围，适用税率 17% 水平，而售后回租适用税率仅有 6% 水平。从差额征收政策上来看，售后回租扣除的范围为借款利息与债券利息，而直租的扣除范围除了借款和债券利息外，还包括有车辆购置税。同时，出租方与承租方的抵扣范围也不一样。直租业务下，出租方可以抵扣其购入有形动产的进项税额，承租方可以抵扣租赁费专用发票中的进项税额。售后回租业务下，承租方销售环节不征收增值税，出租方出租环节仅就利息部分征收增值税，但承租方不得抵扣相应的进项税额。

（2）对于 2016 年 4 月 30 日之前签订的有形资产售后回租合同，在合同到期前可以继续按照有形动产融资租赁服务缴纳增值税，且还可以选择两种销售额计算方式。对于原有合同来讲，有三种选择：一是选择贷款服务。贷款服务适用6%的税率，销售额不包含本金，且可以扣除借款利息和债券利息，但是下游客户不得抵扣利息的进项税额。而是选择扣除本金的融资租赁服务。出租方销售额可以扣除本金、借款利息和债券利息，且向承租方收取的本金部分不得开具增值税专用发票。该种方式延续了原来的规定。下游客户可以抵扣利息部分的进项税额，但出租方差额扣除本金的发票问题仍然存在。第三种选择是不扣除本金的融资租赁服务。出租方可以从销售额中扣除借款利息和债券利息，与贷款服务一样不扣除本金。但不同的是，本金作为销售额的一部分，出租方可以向承租方全额开具增值税专用发票，且在该种方式下承租方获益较大，相当于重复抵扣了同一标的物所含的进项税额。但对于出租方来讲，需要就包含本金和利息在内的价款缴纳增值税，其承担的增值税税负较重。

甲有限责任公司从事售后回租业务并购入乙公司融资租赁设备。融资租赁设备的公允价值1 200万元，租赁合同规定的起租日是2017年1月1日，租赁期3年，年利率8%。甲有限责任公司每年末收取等额租金465.46万元，其中本金369.64万元、利息96万元。最低租赁收款额369.64×3＝1 396.92（万元）。甲有限责任公司购进设备时编制会计分录如下：

借：融资租赁资产——设备	12 000 000.00	
贷：银行存款		12 000 000.00

甲有限责任公司出租该套设备时编制会计分录如下：

借：长期应收款——应收融资租赁款	13 969 200.00	
贷：融资租赁资产——设备		12 000 000.00
未实现融资收益		1 969 200.00

甲有限责任公司每年收取等额租金时编制会计分录如下：

借：银行存款	4 654 600.00	
贷：长期应收款——应收融资租赁款		4 654 600.00
借：未实现融资收益	960 000.00	
贷：租赁收入		905 700.00
应交税费——应交增值税（销项税额）		54 300.00

54. 一般纳税人和小规模纳税人增值税纳税申报表的填列方法

“营改增”后，一般纳税人需要填报的增值税纳税申报资料主要有增值税申报表（一般纳税人适用）、增值税纳税申报表附列资料一（本期销售情况明细）、附列资料二（本期进项税额明细）、附列资料三（服务、不动产和无形资产扣除项目明细）、附列资料四（税额抵减情况表）、附列资料五（不动产分期抵扣计算表）、固定资产（不含不动产）进项税额抵扣情况表、本期抵扣进项税额结构明细表、增值税减免税申报明细表、增值税申报表（小规模纳税人适用）、增值税申报表（小规模纳税人适用）附列资料及增值税预缴款表。现将其中的增值税申报表（一般纳税人适用）、增值税纳税申报表附列资料一（本期销售情况明细）、附列资料二（本期进项税额明细）、附列资料三（服务、不动产和无形资产扣除项目明细）及增值税申报表（小规模纳税人适用）的表格样式及其填列方法说明如表 11 所示。

表 11　　　　增值税纳税申报表

（一般纳税人适用）

根据国家税收法律法规及增值税相关规定制定本表。纳税人不论有无销售额，均应按税务机关核定的纳税期限填写本表，并向当地税务机关申报。

税款所属时间：自____年____月____日至____年____月____日

填表日期：____年____月____日　　　　金额单位：元至角分

纳税人识别号					所属行业：		
纳税人名称	（公章）	法定代表人姓名		注册地址		生产经营地址	
开户银行及账号		登记注册类型				电话号码	

项目		栏次	一般项目		即征即退项目	
			本月数	本年累计	本月数	本年累计
销售额	（一）按适用税率计税销售额	1				
	其中，应税货物销售额	2				
	应税劳务销售额	3				
	纳税检查调整的销售额	4				
	（二）按简易办法计税销售额	5				
	其中，纳税检查调整的销售额	6				
	（三）免、抵、退办法出口销售额	7			—	—
	（四）免税销售额	8			—	—
	其中，免税货物销售额	9			—	—
	免税劳务销售额	10			—	—

续表

项目		栏次	一般项目		即征即退项目	
			本月数	本年累计	本月数	本年累计
税款计算	销项税额	11				
	进项税额	12				
	上期留抵税额	13				—
	进项税额转出	14				
	免、抵、退应退税额	15			—	—
	按适用税率计算的纳税检查应补缴税额	16			—	—
	应抵扣税额合计	17=12+13-14-15+16		—		—
	实际抵扣税额	18(如17<11,则为17,否则为11)				
税款计算	应纳税额	19=11-18				
	期末留抵税额	20=17-18				—
	简易计税办法计算的应纳税额	21				
	按简易计税办法计算的纳税检查应补缴税额	22			—	—
	应纳税额减征额	23				
	应纳税额合计	24=19+21-23				
税款缴纳	期初未缴税额（多缴为负数）	25				
	实收出口开具专用缴款书退税额	26			—	—
	本期已缴税额	27=28+29+30+31				
	①分次预缴税额	28		—		—
	②出口开具专用缴款书预缴税额	29		—	—	—
	③本期缴纳上期应纳税额	30				
	④本期缴纳欠缴税额	31				
	期末未缴税额（多缴为负数）	32=24+25+26-27				
	其中：欠缴税额（≥0）	33=25+26-27		—		—
	本期应补（退）税额	34=24-28-29		—		—
	即征即退实际退税额	35	—	—		—
	期初未缴查补税额	36			—	—
	本期入库查补税额	37			—	—
	期末未缴查补税额	38=16+22+36-37			—	—

授权声明		申报人声明	
	如果你已授权委托代理人申报，请填写下列资料： 为代理一切税务事宜，现授权 （地址）　　　　　　为本纳税人的代理申报人，任何与本申报表有关的往来文件，都可寄予此人。 授权人签字：		此纳税申报表是根据国家会随手法律法规及相关规定填报的，我确定它是真实的、可靠的、完整的。 声明人签字：

以下由税务机关填写：

收到日期：　　　　接收人：　　　　主管税务机关盖章：

《增值税纳税申报表（一般纳税人适用）》填写说明如下：

（1）"税款所属时间"：指纳税人申报的增值税应纳税额的所属时间，应填写具体的起止年、月、日。

（2）"填表日期"：指纳税人填写本表的具体日期。

（3）"纳税人识别号"：填写纳税人的税务登记证件号码。

（4）"所属行业"：按照国民经济行业分类与代码中的小类行业填写。

（5）"纳税人名称"：填写纳税人单位名称全称。

（6）"法定代表人姓名"：填写纳税人法定代表人的姓名。

（7）"注册地址"：填写纳税人税务登记证件所注明的详细地址。

（8）"生产经营地址"：填写纳税人实际生产经营地的详细地址。

（9）"开户银行及账号"：填写纳税人开户银行的名称和纳税人在该银行的结算账户号码。

（10）"登记注册类型"：按纳税人税务登记证件的栏目内容填写。

（11）"电话号码"：填写可联系到纳税人的常用电话号码。

（12）"即征即退项目"列：填写纳税人按规定享受增值税即征即退政策的货物、劳务和服务、不动产、无形资产的征（退）税数据。

（13）"一般项目"列：填写除享受增值税即征即退政策以外的货物、劳务和服务、不动产、无形资产的征（免）税数据。

（14）"本年累计"列：一般填写本年度内各月"本月数"之和。其中，第13、20、25、32、36、38栏及第18栏"实际抵扣税额""一般项目"列的"本年累计"分别按本填写说明第（27）（34）（39）（46）（50）（52）（32）条要求填写。

（15）第1栏"（一）按适用税率计税销售额"：填写纳税人本期按一般计税方法计算缴纳增值税的销售额，包含在财务上不作销售但按税法规定应缴纳增值税的视同销售和价外费用的销售额；外贸企业作价销售进料加工复出口货物的销售额；税务、财政、审计部门检查后按一般计税方法计算调整的销售额。

营业税改征增值税的纳税人，服务、不动产和无形资产有扣除项目的，本栏应填写扣除之前的不含税销售额。

本栏"一般项目"列"本月数"＝《附列资料（一）》第9列第1至5行之和－第9列第6、7行之和；本栏"即征即退项目"列"本月数"＝《附列资料（一）》第9列第6、7行之和。

（16）第2栏“其中，应税货物销售额”：填写纳税人本期按适用税率计算增值税的应税货物的销售额。包含在财务上不作销售但按税法规定应缴纳增值税的视同销售货物和价外费用销售额，以及外贸企业作价销售进料加工复出口货物的销售额。

（17）第3栏“应税劳务销售额”：填写纳税人本期按适用税率计算增值税的应税劳务的销售额。

（18）第4栏“纳税检查调整的销售额”：填写纳税人因税务、财政、审计部门检查，并按一般计税方法在本期计算调整的销售额。但享受增值税即征即退政策的货物、劳务和服务、不动产、无形资产，经纳税检查属于偷税的，不填入“即征即退项目”列，而应填入“一般项目”列。营业税改征增值税的纳税人，服务、不动产和无形资产有扣除项目的，本栏应填写扣除之前的不含税销售额。本栏“一般项目”列“本月数”＝《附列资料（一）》第7列第1至5行之和。

（19）第5栏“按简易办法计税销售额”：填写纳税人本期按简易计税方法计算增值税的销售额。包含纳税检查调整按简易计税方法计算增值税的销售额。营业税改征增值税的纳税人，服务、不动产和无形资产有扣除项目的，本栏应填写扣除之前的不含税销售额；服务、不动产和无形资产按规定汇总计算缴纳增值税的分支机构，其当期按预征率计算缴纳增值税的销售额也填入本栏。本栏“一般项目”列“本月数”≥《附列资料（一）》第9列第8至13b行之和—第9列第14、15行之和；本栏“即征即退项目”列“本月数”≥《附列资料（一）》第9列第14、15行之和。

（20）第6栏“其中：纳税检查调整的销售额”：填写纳税人因税务、财政、审计部门检查，并按简易计税方法在本期计算调整的销售额。但享受增值税即征即退政策的货物、劳务和服务、不动产、无形资产，经纳税检查属于偷税的，不填入“即征即退项目”列，而应填入“一般项目”列。营业税改征增值税的纳税人，服务、不动产和无形资产有扣除项目的，本栏应填写扣除之前的不含税销售额。

（21）第7栏“免、抵、退办法出口销售额”：填写纳税人本期适用免、抵、退税办法的出口货物、劳务和服务、无形资产的销售额。营业税改征增值税的纳税人，服务、无形资产有扣除项目的，本栏应填写扣除之前的销售额。

本栏"一般项目"列"本月数" =《附列资料(一)》第9列第16、17行之和。

(22)第8栏"免税销售额":填写纳税人本期按照税法规定免征增值税的销售额和适用零税率的销售额,但零税率的销售额中不包括适用免、抵、退税办法的销售额。营业税改征增值税的纳税人,服务、不动产和无形资产有扣除项目的,本栏应填写扣除之前的免税销售额。本栏"一般项目"列"本月数" =《附列资料(一)》第9列第18、19行之和。

(23)第9栏"其中,免税货物销售额":填写纳税人本期按照税法规定免征增值税的货物销售额及适用零税率的货物销售额,但零税率的销售额中不包括适用免、抵、退税办法出口货物的销售额。

(24)第10栏"免税劳务销售额":填写纳税人本期按照税法规定免征增值税的劳务销售额及适用零税率的劳务销售额,但零税率的销售额中不包括适用免、抵、退税办法的劳务的销售额。

(25)第11栏"销项税额":填写纳税人本期按一般计税方法计税的货物、劳务和服务、不动产、无形资产的销项税额。营业税改征增值税的纳税人,服务、不动产和无形资产有扣除项目的,本栏应填写扣除之后的销项税额。本栏"一般项目"列"本月数" =《附列资料(一)》(第10列第1、3行之和—第10列第6行) + (第14列第2、4、5行之和—第14列第7行);本栏"即征即退项目"列"本月数" =《附列资料(一)》第10列第6行 + 第14列第7行。

(26)第12栏"进项税额":填写纳税人本期申报抵扣的进项税额。本栏"一般项目"列"本月数" + "即征即退项目"列"本月数" =《附列资料(二)》第12栏"税额"。

(27)第13栏"上期留抵税额"。上期留抵税额按规定须挂账的纳税人,按以下要求填写本栏的"本月数"和"本年累计"。上期留抵税额按规定须挂账的纳税人是指试点实施之日前一个税款所属期的申报表第20栏"期末留抵税额""一般货物、劳务和应税服务"列"本月数"大于零,且兼有营业税改征增值税服务、不动产和无形资产的纳税人(下同)。其试点实施之日前一个税款所属期的申报表第20栏"期末留抵税额""一般货物、劳务和应税服务"列"本月数",以下称为货物和劳务挂账留抵税额。① 本栏"一般项目"列"本月数":试点实施之日的税款所属期填写"0";以后各期按上期申报表第

20 栏“期末留抵税额”“一般项目”列“本月数”填写。② 本栏“一般项目”列“本年累计”：反映货物和劳务挂账留抵税额本期期初余额。试点实施之日的税款所属期按试点实施之日前一个税款所属期的申报表第 20 栏“期末留抵税额”“一般货物、劳务和应税服务”列“本月数”填写；以后各期按上期申报表第 20 栏“期末留抵税额”“一般项目”列“本年累计”③ 本栏“即征即退项目”列“本月数”：按上期申报表第 20 栏“期末留抵税额”“即征即退项目”列“本月数”填写。

其他纳税人，按以下要求填写本栏“本月数”和“本年累计”。① 本栏“一般项目”列“本月数”：按上期申报表第 20 栏“期末留抵税额”“一般项目”列“本月数”填写。② 本栏“一般项目”列“本年累计”：填写“0”。③ 本栏“即征即退项目”列“本月数”：按上期申报表第 20 栏“期末留抵税额”“即征即退项目”列“本月数”填写。

（28）第 14 栏“进项税额转出”：填写纳税人已经抵扣，但按税法规定本期应转出的进项税额。本栏“一般项目”列“本月数” + “即征即退项目”列“本月数” = 《附列资料（二）》第 13 栏“税额”。

（29）第 15 栏“免、抵、退应退税额”：反映税务机关退税部门按照出口货物、劳务和服务、无形资产免、抵、退办法审批的增值税应退税额。

（30）第 16 栏“按适用税率计算的纳税检查应补缴税额”：填写税务、财政、审计部门检查，按一般计税方法计算的纳税检查应补缴的增值税税额。本栏“一般项目”列“本月数” ≤ 《附列资料（一）》第 8 列第 1 至 5 行之和 + 《附列资料（二）》第 19 栏。

（31）第 17 栏“应抵扣税额合计”：填写纳税人本期应抵扣进项税额的合计数。按表中所列公式计算填写。

（32）第 18 栏“实际抵扣税额”。上期留抵税额按规定须挂账的纳税人，按以下要求填写本栏的“本月数”和“本年累计”。① 本栏“一般项目”列“本月数”：按表中所列公式计算填写。② 本栏“一般项目”列“本年累计”：填写货物和劳务挂账留抵税额本期实际抵减一般货物和劳务应纳税额的数额。将“货物和劳务挂账留抵税额本期期初余额”与“一般计税方法的一般货物及劳务应纳税额”两个数据相比较，取二者中小的数据。其中，货物和劳务挂账留抵税额本期期初余额 = 第 13 栏“上期留抵税额”“一般项目”列“本年累计”；一般计税方法的一般货物及劳务应纳税额 = （第 11 栏“销项税额”

"一般项目"列"本月数"—第18栏"实际抵扣税额""一般项目"列"本月数")×一般货物及劳务销项税额比例；一般货物及劳务销项税额比例=(《附列资料(一)》第10列第1、3行之和—第10列第6行)÷第11栏"销项税额"③"一般项目"列"本月数"×100%。本栏"即征即退项目"列"本月数"：按表中所列公式计算填写。

其他纳税人，按以下要求填写本栏的"本月数"和"本年累计"：①本栏"一般项目"列"本月数"：按表中所列公式计算填写。②本栏"一般项目"列"本年累计"：填写"0"。③本栏"即征即退项目"列"本月数"：按表中所列公式计算填写。

(33)第19栏"应纳税额"：反映纳税人本期按一般计税方法计算并应缴纳的增值税额。按以下公式计算填写：本栏"一般项目"列"本月数"=第11栏"销项税额""一般项目"列"本月数"—第18栏"实际抵扣税额""一般项目"列"本月数"—第18栏"实际抵扣税额""一般项目"列"本年累计"。本栏"即征即退项目"列"本月数"=第11栏"销项税额""即征即退项目"列"本月数"—第18栏"实际抵扣税额""即征即退项目"列"本月数"。

(34)第20栏"期末留抵税额"。上期留抵税额按规定须挂账的纳税人，按以下要求填写本栏的"本月数"和"本年累计"：①本栏"一般项目"列"本月数"：反映试点实施以后，货物、劳务和服务、不动产、无形资产共同形成的留抵税额。按表中所列公式计算填写。②本栏"一般项目"列"本年累计"：反映货物和劳务挂账留抵税额，在试点实施以后抵减一般货物和劳务应纳税额后的余额。按以下公式计算填写：本栏"一般项目"列"本年累计"=第13栏"上期留抵税额""一般项目"列"本年累计"—第18栏"实际抵扣税额""一般项目"列"本年累计"。③本栏"即征即退项目"列"本月数"：按表中所列公式计算填写。

其他纳税人，按以下要求填写本栏"本月数"和"本年累计"：①本栏"一般项目"列"本月数"：按表中所列公式计算填写。②本栏"一般项目"列"本年累计"：填写"0"。③本栏"即征即退项目"列"本月数"：按表中所列公式计算填写。

(35)第21栏"简易计税办法计算的应纳税额"：反映纳税人本期按简易计税方法计算并应缴纳的增值税额，但不包括按简易计税方法计算的纳税检查应补缴税额。按以下公式计算填写：本栏“一般项目”列“本月数” =《附列资料（一）》（第 10 列第 8、9 本月数、10、11 行之和—第 10 列第 14 行）+（第 14 列第 9 本年累计、12、13a、13b 行之和 —第 14 列第 15 行）本栏“即征即退项目”列“本月数” =《附列资料（一）》第 10 列第 14 行 + 第 14 列第 15 行。营业税改征增值税的纳税人，服务、不动产和无形资产按规定汇总计算缴纳增值税的分支机构，应将预征增值税额填入本栏。预征增值税额 = 应预征增值税的销售额 × 预征率。

（36）第 22 栏“按简易计税办法计算的纳税检查应补缴税额”：填写纳税人本期因税务、财政、审计部门检查并按简易计税方法计算的纳税检查应补缴税额。

（37）第 23 栏“应纳税额减征额”：填写纳税人本期按照税法规定减征的增值税应纳税额。包含按照规定可在增值税应纳税额中全额抵减的增值税税控系统专用设备费用以及技术维护费。

当本期减征额小于或等于第 19 栏“应纳税额”与第 21 栏“简易计税办法计算的应纳税额”之和时，按本期减征额实际填写；当本期减征额大于第 19 栏“应纳税额”与第 21 栏“简易计税办法计算的应纳税额”之和时，按本期第 19 栏与第 21 栏之和填写。本期减征额不足抵减部分结转下期继续抵减。

（38）第 24 栏“应纳税额合计”：反映纳税人本期应缴增值税的合计数。按表中所列公式计算填写。

（39）第 25 栏“期初未缴税额（多缴为负数）”：“本月数”按上一税款所属期申报表第 32 栏“期末未缴税额（多缴为负数）”“本月数”填写。“本年累计”按上年度最后一个税款所属期申报表第 32 栏“期末未缴税额（多缴为负数）”“本年累计”填写。

（40）第 26 栏“实收出口开具专用缴款书退税额”：本栏不填写。

（41）第 27 栏“本期已缴税额”：反映纳税人本期实际缴纳的增值税额，但不包括本期入库的查补税款。按表中所列公式计算填写。

（42）第 28 栏“分次预缴税额”：填写纳税人本期已缴纳的准予在本期增值税应纳税额中抵减的税额。营业税改征增值税的纳税人，分以下几种情况填写：服务、不动产和无形资产按规定汇总计算缴纳增值税的总机构，其可以从本期增值税应纳税额中抵减的分支机构已缴纳的税款，按当期实际可抵减数填入本栏，不足抵减部分结转下期继续抵减。销售建筑服务并按规定预缴增值税的纳税人，其可以从本期增值税应纳税额中抵减的已缴纳的税款，按当期实际可抵减数填入本栏，不足抵减部分结转下期继续抵减。销售不动产并按规定预缴增值税的纳税人，其可以从本期增值税应纳税额中抵减的已缴纳的税款，按当期实际可抵减数填入本栏，不足抵减部分结转下期继续抵减。出租不动产并按规定预缴增值税的纳税人，其可以从本期增值税应纳税额中抵减的已缴纳的税款，按当期实际可抵减数填入本栏，不足抵减部分结转下期继续抵减。

（43）第 29 栏"出口开具专用缴款书预缴税额"：本栏不填写。

（44）第 30 栏"本期缴纳上期应纳税额"：填写纳税人本期缴纳上一税款所属期应缴未缴的增值税额。

（45）第 31 栏"本期缴纳欠缴税额"：反映纳税人本期实际缴纳和留抵税额抵减的增值税欠税额，但不包括缴纳入库的查补增值税额。

（46）第 32 栏"期末未缴税额（多缴为负数）"："本月数"反映纳税人本期期末应缴未缴的增值税额，但不包括纳税检查应缴未缴的税额。按表中所列公式计算填写。"本年累计"与"本月数"相同。

（47）第 33 栏"其中，欠缴税额（≥0）"：反映纳税人按照税法规定已形成欠税的增值税额。按表中所列公式计算填写。

（48）第 34 栏"本期应补（退）税额"：反映纳税人本期应纳税额中应补缴或应退回的数额。按表中所列公式计算填写。

（49）第 35 栏"即征即退实际退税额"：反映纳税人本期因符合增值税即征即退政策规定，而实际收到的税务机关退回的增值税额。

（50）第 36 栏"期初未缴查补税额"："本月数"按上一税款所属期申报表第 38 栏"期末未缴查补税额""本月数"填写。"本年累计"按上年度最后一个税款所属期申报表第 38 栏"期末未缴查补税额""本年累计"填写。

（51）第 37 栏"本期入库查补税额"：反映纳税人本期因税务、财政、审计部门检查而实际入库的增值税额，包括按一般计税方法计算并实际缴纳的查补增值税额和按简易计税方法计算并实际缴纳的查补增值税额。

（52）第 38 栏"期末未缴查补税额"："本月数"反映纳税人接受纳税检查后应在本期期末缴纳而未缴纳的查补增值税额。按表中所列公式计算填写，"本年累计"与"本月数"相同。

《增值税纳税申报表附列资料（一）》（本期销售情况明细）如表 12 所示，填写说明如下：

表 12 增值税纳税申报表附列资料（表一）（本期销售情况明细）

税款所属时间：自____年__月__日至____年__月__日

填表日期：____年__月__日

金额单位：元至角分

项目及栏次				开具增值税专用发票		开具其他发票		未开具发票		纳税检查调整	
				销售额	销项（应纳）税额	销售额	销项（应纳）税额	销售额	销项（应纳）税额	销售额	销项(应纳)税额
				1	2	3	4	5	6	7	8
一、一般计税方法计税	全部征税项目	17%税率的货物及加工修理修配劳务	1								
		17%税率的服务、不动产和无形资产	2								
		13%税率	3								
		11%税率	4								
		6%税率	5								
	其中：即征即退项目	即征即退货物及加工修理修配劳务	6	—	—	—	—	—	—	—	—
		即征即退服务、不动产和无形资产	7	—	—	—	—	—	—	—	—
二、简易计税方法计税	全部征税项目	6%征收率	8							—	—
		5%征收率的货物及加工修理修配劳务	9							—	—
		5%征收率的服务、不动产和无形资产									
		4%征收率	10							—	—
		3%征收率的货物及加工修理修配劳务	11							—	—
		3%征收率的服务、不动产和无形资产	12							—	—
		预征率 %	13a							—	—
		预征率 %	13b							—	—
		预征率 %	13c							—	—
	其中：即征即退项目	即征即退货物及加工修理修配劳务	14	—	—	—	—	—	—	—	—
		即征即退服务、不动产和无形资产	15	—	—	—	—	—	—	—	—
三、免抵退税	货物及加工修理修配劳务		16	—	—		—		—	—	—
	服务、不动产和无形资产		17	—	—		—		—	—	—
四、免税	货物及加工修理修配劳务		18				—		—	—	—
	服务、不动产和无形资产		19	—	—		—		—	—	—

续表

项目及栏次				合计			应税服务扣除项目本期实际扣除金额	扣除后	
				销售额	销项（应纳）税额	价税合计		含税（免税）销售额	销项(应纳)税额
				9 =1 +3 +5 +7	10 =2 +4 +6 +8	11 =9 +10	4	5	6
一、一般计税方法计税	全部征税项目	17%税率的货物及加工修理修配劳务	1			—	—	—	—
		17%税率的服务、不动产和无形资产	2						
		13%税率	3			—	—	—	—
		11%税率	4						
		6%税率	5						
	其中：即征即退项目	即征即退货物及加工修理修配劳务	6	—	—	—	—	—	—
		即征即退服务、不动产和无形资产	7						
二、简易计税方法计税	全部征税项目	6%征收率	8			—	—	—	—
		5%征收率的货物及加工修理修配劳务	9			—	—	—	—
		5%征收率的服务、不动产和无形资产							
		4%征收率	10			—	—	—	—
		3%征收率的货物及加工修理修配劳务	11			—	—	—	—
		3%征收率的服务、不动产和无形资产	12						
		预征率　%	13a						
		预征率　%	13b						
		预征率　%	13c						
	其中：即征即退项目	即征即退货物及加工修理修配劳务	14	—	—	—	—	—	—
		即征即退服务、不动产和无形资产	15	—	—	—			—
三、免抵退税	货物及加工修理修配劳务		16	—	—	—	—	—	—
	服务、不动产和无形资产		17	—	—	—	—	—	—
四、免税	货物及加工修理修配劳务		18				—		—
	服务、不动产和无形资产		19	—	—		—		—

（1）第1至2列“开具增值税专用发票”：反映本期开具增值税专用发票（含税控机动车销售统一发票，下同）的情况。

（2）第3至4列“开具其他发票”：反映除增值税专用发票以外本期开具的其他发票的情况。

（3）第5至6列“未开具发票”：反映本期未开具发票的销售情况。

（4）第7至8列“纳税检查调整”：反映经税务、财政、审计部门检查并在本期调整的销售情况。

（5）第9至11列“合计”：按照表中所列公式填写。营业税改征增值税的纳税人，服务、不动产和无形资产有扣除项目的，第1至11列应填写扣除之前的征（免）税销售额、销项（应纳）税额和价税合计额。

（6）第12列“服务、不动产和无形资产扣除项目本期实际扣除金额”：营业税改征增值税的纳税人，服务、不动产和无形资产有扣除项目的，按《附列资料（三）》第5列对应各行次数据填写，其中本列第5栏等于《附列资料（三）》第5列第3行与第4行之和；服务、不动产和无形资产无扣除项目的，本列填写“0”。其他纳税人不填写。营业税改征增值税的纳税人，服务、不动产和无形资产按规定汇总计算缴纳增值税的分支机构，当期服务、不动产和无形资产有扣除项目的，填入本列第13行。

（7）第13列“扣除后”“含税（免税）销售额”：营业税改征增值税的纳税人，服务、不动产和无形资产有扣除项目的，本列各行次＝第11列对应各行次—第12列对应各行次。其他纳税人不填写。

（8）第14列“扣除后”“销项（应纳）税额”：营业税改征增值税的纳税人，服务、不动产和无形资产有扣除项目的，按以下要求填写本列，其他纳税人不填写。

① 服务、不动产和无形资产按照一般计税方法计税。本列各行次＝第13列÷（100%＋对应行次税率）×对应行次税率。本列第7行“按一般计税方法计税的即征即退服务、不动产和无形资产”不按本列的说明填写。具体填写要求见“各行说明”第2条第（2）项第③点的说明。

②服务、不动产和无形资产按照简易计税方法计税。本列各行次＝第13列÷（100%＋对应行次征收率）×对应行次征收率。本列第13行“预征率%”不按本列的说明填写。具体填写要求见“各行说明”第4条第②项。

③服务、不动产和无形资产实行免抵退税或免税的，本列不填写。

各行说明如下：

（1）第1至5行“一、一般计税方法计税”“全部征税项目”各行：按不同税率和项目分别填写按一般计税方法计算增值税的全部征税项目。有即征即退征税项目的纳税人，本部分数据中既包括即征即退征税项目，又包括不享受即征即退政策的一般征税项目。

（2）第6至7行“一、一般计税方法计税”“其中：即征即退项目”各行：只反映按一般计税方法计算增值税的即征即退项目。按照税法规定不享受即征即退政策的纳税人，不填写本行。即征即退项目是全部征税项目的其中数。

① 第6行“即征即退货物及加工修理修配劳务”：反映按一般计税方法计算增值税且享受即征即退政策的货物和加工修理修配劳务。本行不包括服务、不动产和无形资产的内容。

本行第9列“合计”“销售额”栏：反映按一般计税方法计算增值税且享受即征即退政策的货物及加工修理修配劳务的不含税销售额。该栏不按第9列所列公式计算，应按照税法规定据实填写。

本行第10列“合计”“销项（应纳）税额”栏：反映按一般计税方法计算增值税且享受即征即退政策的货物及加工修理修配劳务的销项税额。该栏不按第10列所列公式计算，应按照税法规定据实填写。

②第7行“即征即退服务、不动产和无形资产”：反映按一般计税方法计算增值税且享受即征即退政策的服务、不动产和无形资产。本行不包括货物及加工修理修配劳务的内容。

本行第9列“合计”“销售额”栏：反映按一般计税方法计算增值税且享受即征即退政策的服务、不动产和无形资产的不含税销售额。服务、不动产和无形资产有扣除项目的，按扣除之前的不含税销售额填写。该栏不按第9列所列公式计算，应按照税法规定据实填写。

本行第10列“合计”“销项（应纳）税额”栏：反映按一般计税方法计算增值税且享受即征即退政策的服务、不动产和无形资产的销项税额。服务、不动产和无形资产有扣除项目的，按扣除之前的销项税额填写。该栏不按第10列所列公式计算，应按照税法规定据实填写。

本行第14列“扣除后”“销项（应纳）税额”栏：反映按一般计税方法征收增值税且享受即征即退政策的服务、不动产和无形资产实际应计提的销项税额。服务、不动产和无形资产有扣除项目的，按扣除之后的销项税额填写；

服务、不动产和无形资产无扣除项目的，按本行第 10 列填写。该栏不按第 14 列所列公式计算，应按照税法规定据实填写。

③第 8 至 12 行“二、简易计税方法计税”“全部征税项目”各行：按不同征收率和项目分别填写按简易计税方法计算增值税的全部征税项目。有即征即退征税项目的纳税人，本部分数据中既包括即征即退项目，也包括不享受即征即退政策的一般征税项目。

④第 13a 至 13c 行“二、简易计税方法计税”“预征率 %”：反映营业税改征增值税的纳税人，服务、不动产和无形资产按规定汇总计算缴纳增值税的分支机构，预征增值税销售额、预征增值税应纳税额。其中，第 13a 行“预征率 %”适用于所有实行汇总计算缴纳增值税的分支机构试点纳税人；第 13b、13c 行“预征率 %”适用于部分实行汇总计算缴纳增值税的铁路运输试点纳税人。

第 13a 至 13c 行第 1 至 6 列按照销售额和销项税额的实际发生数填写。第 13a 至 13c 行第 14 列，纳税人按“应预征缴纳的增值税 = 应预征增值税销售额 × 预征率”公式计算后据实填写。

（5）第 14 至 15 行“二、简易计税方法计税”“其中，即征即退项目”各行：只反映按简易计税方法计算增值税的即征即退项目。按照税法规定不享受即征即退政策的纳税人，不填写本行。即征即退项目是全部征税项目的其中数。

① 第 14 行“即征即退货物及加工修理修配劳务”：反映按简易计税方法计算增值税且享受即征即退政策的货物及加工修理修配劳务。本行不包括服务、不动产和无形资产的内容。

本行第 9 列“合计”“销售额”栏：反映按简易计税方法计算增值税且享受即征即退政策的货物及加工修理修配劳务的不含税销售额。该栏不按第 9 列所列公式计算，应按照税法规定据实填写。

本行第 10 列“合计”“销项（应纳）税额”栏：反映按简易计税方法计算增值税且享受即征即退政策的货物及加工修理修配劳务的应纳税额。该栏不按第 10 列所列公式计算，应按照税法规定据实填写。

② 第 15 行“即征即退服务、不动产和无形资产”：反映按简易计税方法计算增值税且享受即征即退政策的服务、不动产和无形资产。本行不包括货物及加工修理修配劳务的内容。

本行第 9 列“合计”“销售额”栏：反映按简易计税方法计算增值税且享

受即征即退政策的服务、不动产和无形资产的不含税销售额。服务、不动产和无形资产有扣除项目的，按扣除之前的不含税销售额填写。该栏不按第 9 列所列公式计算，应按照税法规定据实填写。

本行第 10 列"合计""销项（应纳）税额"栏：反映按简易计税方法计算增值税且享受即征即退政策的服务、不动产和无形资产的应纳税额。服务、不动产和无形资产有扣除项目的，按扣除之前的应纳税额填写。该栏不按第 10 列所列公式计算，应按照税法规定据实填写。

本行第 14 列"扣除后""销项（应纳）税额"栏：反映按简易计税方法计算增值税且享受即征即退政策的服务、不动产和无形资产实际应计提的应纳税额。服务、不动产和无形资产有扣除项目的，按扣除之后的应纳税额填写；服务、不动产和无形资产无扣除项目的，按本行第 10 列填写。

（6）第 16 行"三、免抵退税""货物及加工修理修配劳务"：反映适用免、抵、退税政策的出口货物、加工修理修配劳务。

（7）第 17 行"三、免抵退税""服务、不动产和无形资产"：反映适用免、抵、退税政策的服务、不动产和无形资产。

（8）第 18 行"四、免税""货物及加工修理修配劳务"：反映按照税法规定免征增值税的货物及劳务和适用零税率的出口货物及劳务，但零税率的销售额中不包括适用免、抵、退税办法的出口货物及劳务。

（9）第 19 行"四、免税""服务、不动产和无形资产"：反映按照税法规定免征增值税的服务、不动产、无形资产和适用零税率的服务、不动产、无形资产，但零税率的销售额中不包括适用免、抵、退税办法的服务、不动产和无形资产。

表 13　　增值税纳税申报表附列资料（二）（本期进项税额明细）

税款所属时间：自____年__月__日至____年__月__日

填表日期：____年__月__日　　　　金额单位：元至角分

一、申报抵扣的进项税额				
项目	栏次	份数	金额	税额
（一）认证相符的税控增值税专用发票	1＝2＋3			
其中，本期认证相符且本期申报抵扣	2			

续表

一、申报抵扣的进项税额				
项目	栏次	份数	金额	税额
前期认证相符且本期申报抵扣	3			
（二）其他扣税凭证	4 =5 +6 +7 +8			
其中，海关进口增值税专用缴款书	5			
农产品收购发票或者销售发票	6			
代扣代缴税收缴款凭证	7		——	
其他	8			
（三）本期用于构建不动产的扣税凭证	9			
（四）本期不动产允许抵扣进项税额	10	——	——	
（五）外贸企业进项税额抵扣证明	11	——	——	
当期申报抵扣进项税额合计	12 =1 +4 +11			

二、进项税额转出额				
项目	栏次	份数	金额	税额
本期进项税转出额	13 = 14 至 23 之和			
其中，免税项目用	14			
集体福利、个人消费	15			
非正常损失	16			
简易计税方法征税项目用	17			
免抵退税办法不得抵扣的进项税额	18			
纳税检查调减进项税额	19			
红字专用发票信息表注明的进项税额	20			
上期留抵税额抵减欠税	21			
上期留抵税额退税	22			
其他应作进项税额转出的情形	23			

续表

三、待抵扣进项税额				
项目	栏次	份数	金额	税额
（一）认证相符的税控增值税专用发票	24	—	—	—
期初已认证相符但未申报抵扣	25			
本期认证相符且本期未申报抵扣	26			
期末已认证相符但未申报抵扣	27			
其中，按照税法规定不允许抵扣	28			
（二）其他扣税凭证	29 = 30 至 33 之和			
其中，海关进口增值税专用缴款书	30			
农产品收购发票或者销售发票	31			
代扣代缴税收缴款凭证	32			
运输费用结算单据	33			
其他	34			

四、其他				
项目	栏次	份数	金额	税额
本期认证相符的税控增值税专用发票	35			
代扣代缴税额	36	—	—	

《增值税纳税申报表附列资料（二）》（本期进项税额明细）如表13 所示，填写说明如下：

第1 至12 栏"一、申报抵扣的进项税额"：分别反映纳税人按税法规定符合抵扣条件，在本期申报抵扣的进项税额。

（1）第1 栏"（一）认证相符的税控增值税专用发票"：反映纳税人取得的认证相符本期申报抵扣的增值税专用发票情况。该栏应等于第2 栏"本期认证相符且本期申报抵扣"与第3 栏"前期认证相符且本期申报抵扣"数据之和。

（2）第2 栏"其中，本期认证相符且本期申报抵扣"：反映本期认证相符且本期申报抵扣的增值税专用发票的情况。本栏是第1栏的其中数，本栏只填写本期认证相符且本期申报抵扣的部分。

适用取消增值税发票认证规定的纳税人，当期申报抵扣的增值税发票数据，也填报在本栏中。

（3）第3栏“前期认证相符且本期申报抵扣”：反映前期认证相符且本期申报抵扣的增值税专用发票的情况。

辅导期纳税人依据税务机关告知的稽核比对结果通知书及明细清单注明的稽核相符的增值税专用发票填写本栏。本栏是第1栏的其中数，只填写前期认证相符且本期申报抵扣的部分。

（4）第4栏“（二）其他扣税凭证”：反映本期申报抵扣的除增值税专用发票之外的其他扣税凭证的情况。具体包括：海关进口增值税专用缴款书、农产品收购发票或者销售发票（含农产品核定扣除的进项税额）、代扣代缴税收完税凭证和其他符合政策规定的抵扣凭证。该栏应等于第5栏至8栏之和。

（5）第5栏“海关进口增值税专用缴款书”：反映本期申报抵扣的海关进口增值税专用缴款书的情况。按规定执行海关进口增值税专用缴款书先比对后抵扣的，纳税人需依据税务机关告知的稽核比对结果通知书及明细清单注明的稽核相符的海关进口增值税专用缴款书填写本栏。

（6）第6栏“农产品收购发票或者销售发票”：反映本期申报抵扣的农产品收购发票和农产品销售普通发票的情况。执行农产品增值税进项税额核定扣除办法的，填写当期允许抵扣的农产品增值税进项税额，不填写“份数”“金额”。

（7）第7栏“代扣代缴税收缴款凭证”：填写本期按规定准予抵扣的完税凭证上注明的增值税额。

（8）第8栏“其他”：反映按规定本期可以申报抵扣的其他扣税凭证情况。纳税人按照规定不得抵扣且未抵扣进项税额的固定资产、无形资产、不动产，发生用途改变，用于允许抵扣进项税额的应税项目，可在用途改变的次月将按公式计算出的可以抵扣的进项税额，填入“税额”栏。

（9）第9栏“（三）本期用于购建不动产的扣税凭证”：反映按规定本期用于购建不动产并适用分2年抵扣规定的扣税凭证上注明的金额和税额。购建不动产是指纳税人2016年5月1日后取得并在会计制度上按固定资产核算的不动产或者2016年5月1日后取得的不动产在建工程。

取得不动产，包括以直接购买、接受捐赠、接受投资入股、自建以及抵债等各种形式取得不动产，不包括房地产开发企业自行开发的房地产项目。

本栏次包括第1栏中本期用于购建不动产的增值税专用发票和第4栏中本期用于购建不动产的其他扣税凭证。

本栏"金额""税额" < 第1栏 + 第4栏且本栏"金额""税额" ≥0。

纳税人按照规定不得抵扣且未抵扣进项税额的不动产，发生用途改变，用于允许抵扣进项税额的应税项目，可在用途改变的次月将按公式计算出的可以抵扣的进项税额，填入"税额"栏。

本栏"税额"列 =《附列资料（五）》第2列"本期不动产进项税额增加额"。

（10）第10栏"（四）本期不动产允许抵扣进项税额"：反映按规定本期实际申报抵扣的不动产进项税额。

本栏"税额"列 =《附列资料（五）》第3列"本期可抵扣不动产进项税额"

（11）第11栏"（五）外贸企业进项税额抵扣证明"：填写本期申报抵扣的税务机关出口退税部门开具的《出口货物转内销证明》列明允许抵扣的进项税额。

（12）第12栏"当期申报抵扣进项税额合计"：反映本期申报抵扣进项税额的合计数。按表中所列公式计算填写。

第13至23栏"二、进项税额转出额"各栏：分别反映纳税人已经抵扣但按规定应在本期转出的进项税额明细情况。

（1）第13栏"本期进项税额转出额"：反映已经抵扣但按规定应在本期转出的进项税额合计数。按表中所列公式计算填写。

（2）第14栏"免税项目用"：反映用于免征增值税项目，按规定应在本期转出的进项税额。

（3）第15栏"集体福利、个人消费"：反映用于集体福利或者个人消费，按规定应在本期转出的进项税额。

（4）第16栏"非正常损失"：反映纳税人发生非正常损失，按规定应在本期转出的进项税额。

（5）第17栏"简易计税方法征税项目用"：反映用于按简易计税方法征税项目，按规定应在本期转出的进项税额。

营业税改征增值税的纳税人，服务、不动产和无形资产按规定汇总计算缴纳增值税的分支机构，当期应由总机构汇总的进项税额也填入本栏。

（6）第18栏“免抵退税办法不得抵扣的进项税额”：反映按照免、抵、退税办法的规定，由于征税税率与退税税率存在税率差，在本期应转出的进项税额。

（7）第19栏“纳税检查调减进项税额”：反映税务、财政、审计部门检查后而调减的进项税额。

（8）第20栏“红字专用发票信息表注明的进项税额”：填写主管税务机关开具的《开具红字增值税专用发票信息表》注明的在本期应转出的进项税额。

（9）第21栏“上期留抵税额抵减欠税”：填写本期经税务机关同意，使用上期留抵税额抵减欠税的数额。

（10）第22栏“上期留抵税额退税”：填写本期经税务机关批准的上期留抵税额退税额。

（11）第23栏“其他应作进项税额转出的情形”：反映除上述进项税额转出情形外，其他应在本期转出的进项税额。

第24栏至34栏“三、待抵扣进项税额”各栏：分别反映纳税人已经取得，但按税法规定不符合抵扣条件，暂不予在本期申报抵扣的进项税额情况及按税法规定不允许抵扣的进项税额情况。

（1）第24栏至28栏均为增值税专用发票的情况。

（2）第25栏“期初已认证相符但未申报抵扣”：反映前期认证相符，但按照税法规定暂不予抵扣及不允许抵扣，结存至本期的增值税专用发票情况。辅导期纳税人填写认证相符但未收到稽核比对结果的增值税专用发票期初情况。

（3）第26栏“本期认证相符且本期未申报抵扣”：反映本期认证相符，但按税法规定暂不予抵扣及不允许抵扣，而未申报抵扣的增值税专用发票情况。辅导期纳税人填写本期认证相符但未收到稽核比对结果的增值税专用发票情况。

（4）第27栏“期末已认证相符但未申报抵扣”：反映截至本期期末，按照税法规定仍暂不予抵扣及不允许抵扣且已认证相符的增值税专用发票情况。辅导期纳税人填写截至本期期末已认证相符但未收到稽核比对结果的增值税专用发票期末情况。

（5）第28栏“其中：按照税法规定不允许抵扣”：反映截至本期期末已认证相符但未申报抵扣的增值税专用发票中，按照税法规定不允许抵扣的增值税专用发票情况。

（6）第29栏“（二）其他扣税凭证”：反映截至本期期末仍未申报抵扣的除增值税专用发票之外的其他扣税凭证情况。具体包括：海关进口增值税专用缴款书、农产品收购发票或者销售发票、代扣代缴税收完税凭证和其他符合政策规定的抵扣凭证。该栏应等于第30至33栏之和。

（7）第30栏“海关进口增值税专用缴款书”：反映已取得但截至本期期末仍未申报抵扣的海关进口增值税专用缴款书情况，包括纳税人未收到稽核比对结果的海关进口增值税专用缴款书情况。

（8）第31栏“农产品收购发票或者销售发票”：反映已取得但截至本期期末仍未申报抵扣的农产品收购发票和农产品销售普通发票情况。

（9）第32栏“代扣代缴税收缴款凭证”：反映已取得但截至本期期末仍未申报抵扣的代扣代缴税收完税凭证情况。

（10）第33栏“其他”：反映已取得但截至本期期末仍未申报抵扣的其他扣税凭证的情况。

第35栏至36栏“四、其他”各栏。

（1）第35栏“本期认证相符的税控增值税专用发票”：反映本期认证相符的增值税专用发票的情况。

（2）第36栏“代扣代缴税额”：填写纳税人根据《中华人民共和国增值税暂行条例》第十八条扣缴的应税劳务增值税额与根据营业税改征增值税有关政策规定扣缴的服务、不动产和无形资产增值税额之和。

表14　　增值税纳税申报表附列资料（三）

（服务、不动产和无形资产扣除项目明细）

税款所属时间：自____年__月__日至____年__月__日

填表日期：____年__月__日　　金额单位：元至角分

项目及栏次	本期服务、不动产和无形资产价税合计额（免税销售额）	服务、不动产和无形资产扣除项目				
		期初余额	本期发生额	本期应扣除金额	本期实际扣除金额	期末余额
	1	2	3	4=2+3	5（5≤1且5≤4）	6=4-5

续表

项目及栏次		本期服务、不动产和无形资产价税合计额（免税销售额）	服务、不动产和无形资产扣除项目				
			期初余额	本期发生额	本期应扣除金额	本期实际扣除金额	期末余额
		1	2	3	4=2+3	5（5≤1且5≤4）	6=4-5
17%税率的项目	1						
11%税率的项目	2						
6%税率的项目（不含金融商品转让）	3						
6%税率的金融商品转让项目	4						
5%征收率的项目	5						
3%征收率的项目	6						
免税的项目	7						
免税的项目	8						

《增值税纳税申报表附列资料（三）》（服务、不动产和无形资产扣除项目明细）填写说明如下：

（1）第1列“本期服务、不动产和无形资产价税合计额（免税销售额）”：

营业税改征增值税的服务、不动产和无形资产属于征税项目的，填写扣除之前的本期服务、不动产和无形资产价税合计额；营业税改征增值税的服务、不动产和无形资产属于免抵退税或免税项目的，填写扣除之前的本期服务、不动产和无形资产免税销售额。本列各行次等于《附列资料（一）》第11列对应行次，其中本列第3行和第4行之和等于《附列资料（一）》第11列第5栏。营业税改征增值税的纳税人应以服务、不动产和无形资产按规定汇总计算缴纳增值税的分支机构，本列各行次之和等于《附列资料（一）》第11列第13a、13b行之和。

（2）第2列“服务、不动产和无形资产扣除项目”“期初余额”应填写服务、不动产和无形资产扣除项目上期期末结存的金额，试点实施之日的税款所属期填写“0”。本列各行次等于上期《附列资料（三）》第6列对应行次。本列第4行“6%税率的金融商品转让项目”“期初余额”首期年初填报进应填

"0"。

（3）第3列"服务、不动产和无形资产扣除项目""本期发生额"应填写本期取得的按税法规定准予扣除的服务、不动产和无形资产扣除项目金额。

（4）第4列"服务、不动产和无形资产扣除项目""本期应扣除金额"应填写服务、不动产和无形资产扣除项目本期应扣除的金额。本列各行次 = 第2列对应各行次 + 第3列对应各行次。

（5）第5列"服务、不动产和无形资产扣除项目""本期实际扣除金额"应填写服务、不动产和无形资产扣除项目本期实际扣除的金额。本列各行次≤第4列对应各行次，且本列各行次≤第1列对应各行次。

（6）第6列"服务、不动产和无形资产扣除项目""期末余额"应填写服务、不动产和无形资产扣除项目本期期末结存的金额。本列各行次 = 第4列对应各行次 - 第5列对应各行次。

《增值税纳税申报表（小规模纳税人适用）》如表15所示，填写说明如下：

表15　　增值税纳税申报表（小规模纳税人适用）

纳税人识别号：□□□□□□□□□□□□□□□□□□□□□□

纳税人名称（公章）：　　　　金额单位：元至角分

税款所属期：____年__月__日至____年__月__日

填表日期：____年__月__日

	项　目	栏次	本期数		本年累计	
			货物及劳务	服务、不动产和无形资产	货物及劳务	服务、不动产和无形资产
一、计税依据	（一）应征增值税不含税销售额	1				
	税务机关代开的增值税专用发票不含税销售额	2				
	税控器具开具的普通发票不含税销售额	3				
	（二）销售、出租不动产不含税销售额	4	—		—	
	税务机关代开的增值税专用发票不含税销售额	5	—		—	
	税控器具开具的普通发票不含税销售额	6	—		—	
	（三）销售使用过的固定资产不含税销售额	7（7≥8）		—		—
	其中：税控器具开具的普通发票不含税销售额	8		—		—
	（四）免税销售额	9 = 10 + 11 + 12				

续表

	项　　目	栏次	本期数		本年累计	
			货物及劳务	服务、不动产和无形资产	货物及劳务	服务、不动产和无形资产
一、计税依据	其中：小微企业免税销售额	10				
	未达起征点销售额	11				
	其他免税销售额	12				
	（五）出口免税销售额	13（13≥14）				
	其中：税控器具开具的普通发票销售额	14				
二、税款计算	本期应纳税额	15				
	本期应纳税额减征额	16				
	本期免税额	17				
	其中：小微企业免税额	18				
	未达起征点免税额	19				
	应纳税额合计	20 = 15 - 16				
	本期预缴税额	21			—	—
	本期应补（退）税额	22 = 20 - 21			—	—

<table>
<tr><td rowspan="5">纳税人或代理人声明：
本纳税申报表是根据国家税收法律法规及相关规定填报的，我确定它是真实的、可靠的、完整的。</td><td>如纳税人填报，由纳税人填写以下各栏：</td></tr>
<tr><td>办税人员（签章）：　　　　财务负责人（签章）：
法定代表人（签章）：　　　　联系电话：</td></tr>
<tr><td>如委托代理人填报，由代理人填写以下各栏：</td></tr>
<tr><td>代理人名称：:　　　　经办人（签章）：　　　　联系电话：</td></tr>
<tr><td>代理人（公章）：</td></tr>
</table>

主管税务机关：　　　　接收人：　　　　接收日期：

（1）第1栏“应征增值税不含税销售额（3%征收率）”：填写本期销售货物及劳务、发生应税行为适用3%征收率的不含税销售额，不包括应税行为适用5%征收率的不含税销售额、销售使用过的固定资产和销售旧货的不含税销售额、免税销售额、出口免税销售额、查补销售额。

纳税人发生适用3%征收率的应税行为且有扣除项目的，本栏填写扣除后的不含税销售额，与当期《增值税纳税申报表（小规模纳税人适用）附列资料》第8栏数据一致。

(2) 第2栏"税务机关代开的增值税专用发票不含税销售额": 填写税务机关代开的增值税专用发票销售额合计。

(3) 第3栏"税控器具开具的普通发票不含税销售额": 填写税控器具开具的货物及劳务、应税行为的普通发票金额换算的不含税销售额。

(4) 第4栏"应征增值税不含税销售额(5%征收率)": 填写本期发生应税行为适用5%征收率的不含税销售额。纳税人发生适用5%征收率应税行为且有扣除项目的，本栏填写扣除后的不含税销售额，与当期《增值税纳税申报表(小规模纳税人适用)附列资料》第16栏数据一致。

(5) 第5栏"税务机关代开的增值税专用发票不含税销售额": 填写税务机关代开的增值税专用发票销售额合计。

(6) 第6栏"税控器具开具的普通发票不含税销售额": 填写税控器具开具的发生应税行为的普通发票金额换算的不含税销售额。

(7) 第7栏"销售使用过的固定资产不含税销售额": 填写销售自己使用过的固定资产(不含不动产，下同)和销售旧货的不含税销售额，销售额=含税销售额/(1+3%)。

(8) 第8栏"税控器具开具的普通发票不含税销售额": 填写税控器具开具的销售自己使用过的固定资产和销售旧货的普通发票金额换算的不含税销售额。

(9) 第9栏"免税销售额": 填写销售免征增值税的货物及劳务、应税行为的销售额，不包括出口免税销售额。应税行为有扣除项目的纳税人，填写扣除之前的销售额。

(10) 第10栏"小微企业免税销售额": 填写符合小微企业免征增值税政策的免税销售额，不包括符合其他增值税免税政策的销售额。个体工商户和其他个人不填写本栏次。

(11) 第11栏"未达起征点销售额": 填写个体工商户和其他个人未达起征点(含支持小微企业免征增值税政策)的免税销售额，不包括符合其他增值税免税政策的销售额。本栏次由个体工商户和其他个人填写。

(12) 第12栏"其他免税销售额": 填写销售免征增值税的货物及劳务、应税行为的销售额，不包括符合小微企业免征增值税和未达起征点政策的免税销售额。

（13）第 13 栏“出口免税销售额”：填写出口免征增值税货物及劳务、出口免征增值税应税行为的销售额。应税行为有扣除项目的纳税人，填写扣除之前的销售额。

（14）第 14 栏“税控器具开具的普通发票销售额”：填写税控器具开具的出口免征增值税货物及劳务、出口免征增值税应税行为的普通发票销售额。

（15）第 15 栏“本期应纳税额”：填写本期按征收率计算缴纳的应纳税额。

（16）第 16 栏“本期应纳税额减征额”：填写纳税人本期按照税法规定减征的增值税应纳税额。包含可在增值税应纳税额中全额抵减的增值税税控系统专用设备费用以及技术维护费，可在增值税应纳税额中抵免的购置税控收款机的增值税税额。当本期减征额小于或等于第 15 栏“本期应纳税额”时，按本期减征额实际填写；当本期减征额大于第 15 栏“本期应纳税额”时，按本期第 15 栏填写，本期减征额不足抵减部分结转下期继续抵减。

（17）第 17 栏“本期免税额”：填写纳税人本期增值税免税额，免税额根据第 9 栏“免税销售额”和征收率计算。

（18）第 18 栏“小微企业免税额”：填写符合小微企业免征增值税政策的增值税免税额，免税额根据第 10 栏“小微企业免税销售额”和征收率计算。

（19）第 19 栏“未达起征点免税额”：填写个体工商户和其他个人未达起征点（含支持小微企业免征增值税政策）的增值税免税额，免税额根据第 11 栏“未达起征点销售额”和征收率计算。

（20）第 21 栏“本期预缴税额”：填写纳税人本期预缴的增值税额，但不包括查补缴纳的增值税额。